Blockchain Hühnerfarm

Xiaowei Wang

Blockchain Hühnerfarm

Geschichten über Technologie und KI im ländlichen China

Aus dem Englischen von
Sabine Schulz

DIAPHANES

Titel der Originalausgabe:
Blockchain Chicken Farm
and Other Stories of Tech in China's Countryside

Published by arrangement with FSG Originals x Logic,
an imprint of Farrar, Straus and Giroux, New York.

ISBN 978-3-0358-0565-9

Satz und Layout: 2edit, Zürich
Druck: Steinmeier, Deiningen

www.diaphanes.net

Inhalt

Vorbemerkung

Die Entstehung eines Buches folgt einer gemächlicheren Gangart als das Weltgeschehen. In diesem Buch geht es um Technologie in China, einem Land, in dem der Wandel mit geradezu rasendem Tempo voranschreitet. Wie nicht anders zu erwarten, haben sich zahlreiche Technologieunternehmen an staatlicher Gewalt, Verfolgung und strukturellem Rassismus mitschuldig gemacht und an der Unterdrückung jeden Abweichlertums in vielen Regionen Chinas beteiligt – darunter auch in Xinjiang, der Heimat des indigenen Volkes der Uiguren. Dass solche Unternehmen in diesem Buch auftauchen, bedeutet keineswegs, dass ich ihr Agieren gutheiße. Ich bekämpfe und verurteile jegliche Form staatlicher Gewalt auf das Schärfste und ermuntere zur eingehenden kritischen Auseinandersetzung mit der Arbeit von Forschenden und Journalisten, um der Frage auf den Grund zu gehen, welche Rolle Technologieunternehmen bei der Aufrechterhaltung eines weltumspannenden *racial capitalism* spielen.

Einleitung

Es ist Abend, und während ich mir die Zähne putze, ringeln und kringeln sich Dutzende kleiner schwarzer Würmer auf den weißen Fliesen um mich herum. Socken und Unterwäsche eines Kindes sind auf einem kleinen Gestell neben dem Waschbecken zum Trocknen aufgehängt. Es hat den ganzen Tag geregnet. Ich bin in einem kleinen Dorf im Süden Chinas an der Grenze zwischen Jiangzi und Guangdong. Ich bin hier, um herauszufinden, wie der E-Commerce das Leben hier im Dorf beeinflusst. Nach wie vor verkaufen die Bauern ihre Waren direkt an ihre Kunden, verwenden dafür aber das mobile Zahlungssystem WeChat. Den letzten Bus in die Stadt habe ich verpasst und bin nun wohl oder übel zur inneren Einkehr gezwungen.

Weil ich Amerikanerin bin, unterstellen mir meine Gastgeber, außerordentlich anspruchsvoll in puncto Komfort und Platzbedürfnis zu sein, weshalb ich nun ganz allein im modernsten Haus des Dorfes wohne, einem zweistöckigen Betonbau. In einem Nebengelass nur ein paar Schritte neben dem Hauseingang befindet sich eine Hocktoilette aus Keramik.

Im Haus ist es so kalt, dass ich meinen Atem sehen kann. Es gibt keine Heizkörper, nur ein kleines Heizgerät aus Plastik, das kraftlos ein lauwarmes Lüftchen ins Zimmer schickt. Sein jammerndes Heulen mischt sich mit einem leisen Plätschergeräusch und dem Geklapper der zugigen Fenster, durch die der Wind pfeift.

Es herrscht tiefdunkle, undurchdringliche Nacht, es gibt keine Straßenbeleuchtung und nur wenige Häuser, die unheimliche Stille im Dorf tut ein Übriges. Ich bewege mich verlangsamt, wie durch Watte. Als eine, die die meiste Zeit ihres Lebens in Städten gelebt hat, bin ich solche Einsamkeit nicht gewöhnt. Furcht befällt mich – gefangen an einem fremden Ort, zum Reden nur die Würmer und das eine oder andere Gespenst, das mir gruselige Szenen aus Horrorfilmen vor meinem inneren Auge vorspielt. Ohne Licht, ohne Geräusche, von allen äußeren Reizen abgeschnitten beginnt in meinem Kopf das Gedankenkarussell zu laufen, spulen sich irgendwelche belanglosen Erinnerungsreste wieder und wieder ab: Hält Xinghai mich für eine blöde Schnepfe, weil ich vergaß mich zu bedanken, als er mich vorhin abgesetzt hat? Habe ich am Schluss meiner E-Mail an Gu einen falschen Ton angeschlagen? Wenn ich nun für immer in diesem Dorf festsitze? Wie ungeschickt ich mich wohl bei der Reisernte anstellen würde… Irgendwann habe ich mein eigenes Gegrübel satt, und ich lade mir eine Nachtlicht-App aufs Handy, nicht ohne zuvor seitenweise App Store Reviews studiert zu haben.

»Warum sind Sie hier?« Einer meiner Gastgeber, ein alter Reisbauer, hatte mich das vorhin gefragt. Ich war mehrere Tage unterwegs gewesen, und erschöpft, wie ich war, traf mich seine Frage in einem existentielleren Sinne, als sie wohl gemeint war. Ich musste mich kurz sammeln, bevor ich hastig murmelte: »Ich bin hier, um Sie zu treffen.«

Die Anziehungskraft des ländlichen China empfand ich erstmals vor etwa drei Jahren, als ich einige Dörfer in Guizhou besuchte und dort eine Seite Chinas erlebte, die so ganz anders war, als es in den Medien zumeist dargestellt wird. Verstärkt wurde dieses Gefühl durch meinen Drang, meiner eigenen »Metronormativität« auf den Grund zu gehen – ein Kunstwort aus *Metropole* und *normativ*, das der Theoretiker Jack Halberstam geprägt hat.

Metronormativität ist ein allgegenwärtiges Phänomen. Zumeist wird standardmäßig vorausgesetzt, dass Kultur und Bevölkerung des ländlichen Raums per se rückständig, konservativ und intolerant seien und dass nur in hochvernetzten städtischen Oasen ein Leben in Freiheit überhaupt möglich ist. Metronormativität schürt die Vorstellung, Internet, Technologie und Medienkompetenz wären irgendwie in der Lage, die Landbevölkerung zu »retten« oder zu »bilden«, indem sie die große weite Welt erfahrbar machen, neue Lebensgrundlagen eröffnen und gegen die allgemeine Uninformiertheit vorgehen.

Diese Metronormativität zu hinterfragen ist für mich von ausschlaggebender Bedeutung. Die nicht enden wollende Abfolge von Krisen und der Aufstieg des autoritären Populismus in der ganzen Welt resultieren zu einem erheblichen Teil aus der Globalisierung. Eine ihrer Triebfedern ist die Stadt-Land-Dynamik, wobei den eigentlichen Motor dabei die ländlichen Gebiete darstellen, wo die gesamte Rohstoffindustrie angesiedelt ist – von der industrialisierten Landwirtschaft bis hin zum Abbau seltener Erden. Ich bin der Überzeugung, dass unsere Fähigkeit, der Metronormativität die Stirn zu bieten, über unsere gemeinsame Zukunft entscheiden wird. Denn wir sind aufeinander angewiesen und durch materielle Grundbedürfnisse aneinandergebunden: über Städte, Dörfer und Staatsgrenzen hinweg.

Meine Reisen führten mich zu Kupferminen und Lagerstätten seltener Erden bis in die Innere Mongolei, vorbei an endlosen Windparks und Rechenzentren, in Dörfer, in denen Trainingsdaten für Künstliche Intelligenz bereitgestellt werden oder die fast menschleer sind, weil die gesamte jüngere Bevölkerung abgewandert ist, um in den Elektronikfabriken der Städte zu arbeiten. Recht schnell verkehrte sich allerdings mein Blickwinkel. Lag mein Augenmerk zuerst darauf, welche Umwälzungen der Lebensbedingungen die Technologie im ländlichen China herbeigeführt hat, musste ich anerkennen, wie gerade dieses ländliche China die Technologie vorantreibt, die wir alle benutzen – jeden Tag, und auf dem gesamten Erdball. Die Metronormativität in Frage zu stellen heißt, etwas geltend zu machen, was sich dem Schematismus von Land versus Stadt, natürlich versus menschengemacht, digital versus physisch und entlegenem, sprich: entkoppeltem Nirgendwo versus vernetzter Metropole entzieht. Die Metronormativität in Frage zu stellen bedeutet, die Vision einer Lebensweise zu entwickeln, die dem Leben selbst dient – nicht nur dem Leben in den Städten. Diese kritische Herangehensweise forderte von mir, meine eigenen Grundüberzeugungen auf den Kopf zu stellen.

Die Dynamiken des ländlichen China sind kein Phänomen, das sich auf China isolieren ließe. Doch aufgrund ihrer geographischen Entlegenheit (zumal aus US-amerikanischer Perspektive) gelten die ländlichen Gebiete Chinas nach wie vor als eine Art Peripherie. Unseren Blicken verborgen, versetzen die ländlichen Peripherien »am Ende der Welt« unsere Stadtexistenzen allererst in die Lage zu existieren. Es wird in diesen Gebieten alles produziert – von der Baumwolle, aus der unsere Klamotten gemacht sind, bis zu Mineralien für die Produktion von Computern in Rechenzentren. Sie erzeugen auch die Lebensmittel, die wir essen. Es ist unmöglich, den ländlichen Raum losgelöst von unser aller Ernährung zu betrachten – Nahrung bildet den Kern der rural-globalen Dynamik. Wir sind Menschen, wir müssen essen, um zu leben, und unser Appetit hat die Erdoberfläche verändert und neue Technologien in die Welt gebracht. Insbesondere der Appetit der Stadtbewohner hat in den letzten Jahrzehnten zu einer Verschiebung in den ländlichen Ökonomien, Ökologien und Gesellschaften geführt.

Es fällt mir schwer, Phänomene wie den Klimawandel, der globale ökonomische und ökologische Zusammenhänge in schwindelerregendem Umfang verändert, in ihrer ganzen Dynamik zu erfassen. Doch die Landwirtschaft und das, was wir essen, sind greifbare Manifestationen dieser hochkomplexen globalen Probleme, die uns alle betreffen. Laut einem Bericht der Vereinten Nationen ist ein Drittel der menschlichen Treibhausgas-Emissionen auf die Praktiken der industriellen Landwirtschaft zurückzuführen. Ebendiese Praktiken der industriellen Landwirtschaft haben auch die Lebensweise ländlicher Gemeinschaften völlig umgestaltet und weltweit politische Veränderungen befeuert.

Dass ich meine Forschungen im ländlichen China betrieb, hieß für mich, nicht ganz uneigennützigerweise, dass ich immer wieder in Dörfer und Gegenden reisen konnte, in denen ich sehr gerne bin. Ich fühlte mich auf eigenartige Weise davon angezogen, in einem Tempo und mit einem Horizont zu leben, die mir überschaubar und damit begreifbar vorkamen, an Orten, die irgendwie geerdet wirkten. Es ist verführerisch, das chinesische Dorf als idyllisch, naturnah und weltabgeschieden zu romantisieren. Dabei sind diese Dörfer oft genug Schauplätze ökonomischer und landwirtschaftlicher Praktiken, die für unsere heutige Welt grundlegend sind. Und wie zahlreiche Historiker, darunter Robert Brenner und Sue Headlee, gezeigt haben, haben Veränderungen im Agrarsektor und in der Politik in den ländlichen Gebieten auf der ganzen Welt den Übergang zu Industrialisierung und Kapitalismus entscheidend geprägt, wenn nicht angestoßen.

Mein Versuch, den ländlich-agrarischen Raum im Zusammenhang mit Zugehörigkeit und Verortung zu begreifen, verdankt sich in vielem den Arbeiten von bell hooks und Wendell Berry, deren Denken um »being« und »belonging«, Sein und Zugehörigkeit kreist. Im Hinblick auf ein politisches und wirtschaftliches System, das Menschen von ihrem angestammten Ort und ihrer Gemeinschaft entfremdet, erschien mir diese Herangehensweise besonders dringlich. Ein Leichtes wäre es gewesen, den Verlust der Zugehörigkeit und das Gefühl der Ortlosigkeit der Technologie als solcher zuzuschreiben, die uns alle unweigerlich in die Vereinzelung stürzt. Doch meine eigene Metronormativität zu hinterfragen, hieß gleichzeitig, diese Vorstellung eines

Gegensatzes zwischen digitaler und physischer Welt in Frage zu stellen und von der fixen Idee loszukommen, dass Technikverweigerung und Rückzug der einzige Weg sind, wieder ein Gefühl der Zugehörigkeit zu erlangen.

»Warum sind Sie hier?« Ich bin hier, weil meine Beschäftigung mit dem Thema Technologie im ländlichen China – an Orten, wo die Technologie produziert wird, die wir nutzen, Orten, die zeigen, wie unverbrüchlich wir alle miteinander zusammenhängen – mich in die Lage versetzt, der beängstigenden Grundfrage der Technologie ins Auge zu blicken: Was bedeutet es, heute zu leben, heute Mensch zu sein? Der Blick auf die Technologie im ländlichen China zwang mich, jene Ideologien offenzulegen, auf deren Grundlage Unternehmen KI-basierte Systeme für die Landwirtschaft vorantreiben, die Blockchain-Technologie in die Lebensmittelproduktion implementieren, Shoppingplattformen und Bezahlsysteme entwickeln lassen. Denn ideologische Grundannahmen über das Wesen des Menschen und den angeblichen Lauf der Welt sind für die Entwicklung neuer Technologien und Kanäle ein weit mächtigerer Antrieb als bloße technische Neugier. Die Grundannahmen ihrer Entwickler und Hersteller, was menschliche Wesen brauchen und wie sie gefälligst interagieren sollten, sind diesen Werkzeugen eingebaut. Es reicht allerdings nicht, diese Grundannahmen zu kritisieren, denn dadurch verfangen wir uns im altbekannten Schwarz-Weiß-Denken: Technik ist entmenschlichend, Technik bringt die Befreiung. Die Technik hat die Welt in das Schlamassel geführt, in dem sie sich befindet, nur die Technik kann die Welt aus dem ganzen Schlamassel befreien. Technik schafft Isolation, die Technik vernetzt marginalisierte Gemeinschaften miteinander. Wir stehen vor der schwierigen Aufgabe, jenseits binärer Kategorien und Annahmen weiterzuleben und fortzubestehen – und andere dazu zu befähigen. Wie sollen wir diese Aufgabe angehen?

Mit fünfundneunzig Jahren, fünf Jahre vor ihrem Tod, schrieb die Aktivistin Grace Lee Boggs *The Next American Revolution*. Das Buch, 2010 erschienen, verstand sich als schrilles Alarmsignal in unserer gegenwärtigen Situation – einer Zeit, in der Politik nicht länger *politics as usual* war, herkömmliche Formen des Protests offenbar keine Veränderungen mehr bewirkten und sich drohend der ökologische Kollaps abzeichnete, herbeigeführt durch ungebremstes materielles und technologisches Wachstum. Bei all dem gebe es jedoch etwas, aus dem Hoffnung geschöpft werden könne: »der Große Wandel«. Der große Wandel, ein aus dem Buddhismus entlehnter Begriff, bezeichnet eine immer größer werdende Bewegung von Menschen, die hier und jetzt den ersten Schritt in Richtung einer Veränderung tun: durch spirituelle Entsagung. »In diesen Zeiten geht es darum, unsere Seelen wachsen zu lassen«, schreibt Boggs. Ein Weg aus der Dauerkrise sei praktiziertes Mitgefühl, um den Kreislauf des Leidens zu verändern. Wir alle sind in irgendeiner Weise in der Lage, aktiv Mitgefühl zu üben, ob wir im Gesundheitsbereich tätig sind, an einer Schule unterrichten oder im Management eines Unternehmens arbeiten. Auch Ingenieure, Entwickler und Technologieproduzenten haben diese Möglichkeit, und ich hoffe, dieses Buch stößt auch in ihnen etwas an. Schließlich ist Programmiercode nichts anderes als Sprache, ausführbar gemachter Text. Wir müssen bewusst Sorge tragen für das, was wir sagen. Und für jene, die im Code nichts als apokryphen Text sehen und aus deren Sicht die Technologie unseren Weg in eine ausweglose, streng kontrollierte Welt beschleunigt, hoffe ich, dass dieses Buch sie in ihrer Macht, die sie in ihrem *Menschsein* besitzen, bestärkt und Wege aufzeigt, wie bestimmte Technologien offenen Systemen sogar dienlich sein können. Um den großen Wandel in Gang zu bringen, müssen wir unsere mitfühlenden Fähigkeiten, unsere Vorstellungskraft und unsere Gesellschaft verändern – es reicht nicht, uns allein auf die Re-formation unserer Technologien zu fokussieren. Vor allem aber ist es mir ein Anliegen, dass dieses Buch Sie in Gegenden Chinas führt, die Sie womöglich nie besuchen werden, weit über die Grenzen einer Landkarte der Abstraktionen hinaus, jenseits eines flachen, metronormativ geprägten Bildes der Welt.

In meiner unfreiwilligen Meditationsklause stehe ich inzwischen kurz davor, in Panik zu geraten. Ich klammere mich an mein Handy, es gibt 4G-Empfang, und ich scrolle durch Twitter, lese Zeitung, checke immer wieder meinen WeChat-Feed, um der Finsternis etwas entgegenzusetzen. Ringsum herrscht undurchdringliche Nacht, unaufhaltsam kriecht mir die Kälte in die Glieder. Es ist bedrückend still. Beim Gedanken an die in den Ritzen des Plumpsklos lauernden Würmer wirken die Zeilen auf der Website der *New York Times* unendlich weit weg und kümmerlich. Meine eigenen Gedanken wirken kümmerlich.

Während mein Handy schwach leuchtet – ich habe es auf meine neue Nachtlicht-App eingestellt –, falle ich endlich in Schlummer.

Am nächsten Morgen um 7.00 Uhr weckt mich trübes Tageslicht. Die Welt um mich ist wie verändert, weniger furchteinflößend, weniger unheimlich, als mein Geist es mir vorgaukeln wollte, als es Nacht war und um mich herum alles schwieg. Ich höre die geschäftigen Geräusche von Enten und Hühnern, weit weg ein einzelnes Auto. Ich räume meine Sachen zusammen, bringe alles in Ordnung und mache mich auf den Weg, an Reisfeldern vorbei und einen kleinen Bach entlang bis zur Hauptstraße. Dort stehe ich nun und warte auf den Bus.

Geister in der Maschine

1.

Der Hunger hat sein eigenes Vokabular, das noch lange nachwirkt und sich kaum austreiben lässt. Mein Großonkel, neunundneunzig Jahre alt, spricht die Sprache des Hungers bis heute. Einmal, es war im Winter, besuchte ich ihn in Tianjin. Er führt mich in den Food Court im Kerry Center aus, in dessen Nähe er wohnt, um mich groß zum Essen einzuladen. Zwar verfügt er über eine hübsche kleine Rente, doch er lebt genügsam. Er isst sonst nie auswärts. Aber mein Besuch ist etwas Besonderes, meint er, und ich begreife, dass er aus seiner eigenen Erinnerung an den Hunger heraus seine Zuneigung durch Essen ausdrückt. In der Mall erwartet uns eine unübersehbare Fülle an Speisen.

Wir gehen zu Fuß von seiner Wohnung dorthin. Nach über siebzig Jahren Tai-Chi-Praxis ist sein Gang immer noch rüstig. Wir kommen am Skelett eines Wolkenkratzers im Bau vorbei, aus dem erstarrte Betongedärme hervorquellen.

»Gab es diese Baustelle nicht schon vor fünf Jahren, als ich das letzte Mal hier war?«, frage ich. Im heutigen China kommt es nur selten vor, dass so lange an etwas gebaut wird, vor allem in einer Riesenstadt wie Tianjin, die Teil der Megalopolenregion Peking ist.

Der Blick meines Großonkels wandert an dem Wolkenkratzer empor. »Dieses Gebäude wurde von einem Immobilienunternehmer hochgezogen. Er war der Sohn eines reichen Mannes. Während Xi Jinpings Antikorruptionskampagne wanderte er ins Gefängnis, der Bau wurde konfisziert. Die Regierung wollte das Projekt fortsetzen und das Gebäude fertigstellen. Irgendwann sahen sie sich die Pläne mal genauer an und stellten fest, dass die einzelnen Apartments nicht bewohnbar waren: Wohnräume kleiner als vier Quadratmeter, Fenster, die direkt auf Mauern hinausgingen … der Bauunternehmer hatte überhaupt nie die Absicht, Leute dort einziehen und wohnen zu lassen. Und jetzt steht das Ding da, als halbfertige Ruine.«

Es ist ein Dienstag, und die Fressmeile ist bis auf ein paar ältere Leute halbleer. Jeder isst für sich. Das Szenario ist von einer beiläufigen Würdelosigkeit, die einem das Herz zerreißt: grelles Neonlicht und in regelmäßigen Abständen das von einem offensichtlich gestörten Bewegungsmelder ausgelöste »Hallo, hereinspaziert« einer körperlosen Roboterstimme. An einem Plastiktischchen sitzt ein weißhaariger alter Mann, dem an einer Schnur ein Geldbeutel aus Stoff um den Hals hängt. In sich zusammengesunken schlürft er Nudelsuppe aus einer Schüssel und dämmert dem Tod entgegen. An einem anderen Tisch trinkt eine Frau Saft aus einem mit einer gefalteten Serviette umwickelten Becher, die greisenhaften Mundwinkel schlaff herabhängend. Am Wochenende ist die Fressmeile von jungen Familien aus den benachbarten Wohnanlagen bevölkert, aber unter der Woche regieren hier die Alten. Ebendies ist eine Heimsuchung, die im heutigen China immer mehr um sich greift – die allgegenwärtige Einsamkeit im Alter. Während die Jungen aus ihren Dörfern und Heimatstädten fortziehen, ja außer Landes gehen, um Jobs und Karrierechancen nachzujagen, während die Schlinge der Einkommensungleichheit noch das letzte bisschen Freizeit abwürgt, bleiben die Alten auf sich allein gestellt zurück. Das ist befremdlich für eine Kultur, die derart auf Familienbanden und kindlicher Frömmigkeit gründet wie die chinesische.

Ich spreche die Sprache des Hungers nicht, aber unter dem grellen Neonlicht an einem Tisch, auf dem sich Plastikteller mit betäubend scharfem Gemüse, Jiaozi und Nudeln häufen, wird klar, dass sie meinem Großonkel immer noch wohlvertraut ist. »Iss.« Er macht eine auffordernde Handbewegung. Und ich esse, auch wenn wir beide wissen, dass das, was wir da essen, im Grunde Junkfood ist, dass zuhause im Kühlschrank noch Essen auf uns wartet, dass wir viel zu viel bestellt haben. Aber darum geht es nicht, denn wenn man einmal gehungert hat, ist es der Inbegriff des Luxus, Nahrung wegwerfen zu können – und sei es auch nur einen kleinen Rest.

2.

Bei meinem Besuch in Tianjin wird mir bewusst, dass sich das Bild, welches das heutige urbane China abgibt, nur schwer mit dessen Vergangenheit in Einklang bringen lässt. Ebendiese Spannung, diese verführerische Widersprüchlichkeit ist es, die westliche Autoren und Medien so fesselt, wenn sie immer wieder auf das Nebeneinander von hypermodernen, gleißenden Wolkenkratzern und improvisierten Straßenküchen abheben, auf chaotische Menschenmassen im Visier allgegenwärtiger Überwachungskameras, auf die im bläulichen Licht eines iPhone-Displays gespiegelten Ausdünstungen eines zischenden Woks. Diese Darstellungen haben zwar ihren Wahrheitswert, aber sie missfallen mir genauso wie eine gewisse Art von Büchern über China, die Geschichte auf bloßen demographischen Wandel oder ökonomische Ursachen und Wirkungen reduzieren. Derlei Szenarien legen sich über das eigentliche Leben wie ein Schleier, sie bedienen genau die Formeln und Schablonen, die ohnehin schon in den Köpfen herumspuken. Es verfestigt sich das Bild einer nichtmenschlichen, nur in Zahlen auszudrückenden grauen Masse.

Im Laufe der Geschichte war das politische Handeln des Westens gegenüber dem Osten stets von Klischees bestimmt.

»Wann wird der Westen anfangen, den Osten zu verstehen oder es zumindest zu versuchen? Es ist für uns Asiaten immer wieder erschütternd, was für ein absonderliches Gestrüpp aus Tatsachen und Phantasievorstellungen uns betreffend dort vorherrscht. Man bildet sich ein, wir würden uns vom Duft der Lotosblume ernähren, oder wahlweise von Mäusen und Kakerlaken«, schrieb Kakuzo Okakura im Jahr 1906.[1] Oberflächenbilder und -geschichten fügen sich bruchlos in die allgegenwärtigen Ängste vor der »Gelben Gefahr«, die ich in den Vereinigten Staaten am Werk erkenne und die die politische Linie der Regierung ebenso infiltrieren wie den Alltag.

Unverwandt aus dem Fenster seines Apartments nach draußen starrend, kramt mein Großonkel in seinen Erinnerungen, und mir entrollt sich eine ganz andere Art von Geschichte. Heute lebt er ein ruhiges Leben im Takt seiner täglichen Routinen, praktiziert jeden Morgen Tai Chi und telefoniert gelegentlich mit einem alten Freund. Er erzählt, wie er sich in seine spätere Frau verliebte, als er mit Tuberkulose in einem Pekinger Krankenhaus lag – sie war dort Ärztin. Er lässt das turbulente Leben seiner Frau Revue passieren; ihr Vater, von den Kommunisten als Klassenfeind gebrandmarkt, floh nach Taiwan, ihre beiden Brüder begingen Selbstmord, nachdem sie ins Visier von Maos Anti-Rechts-Kampagne geraten waren und ihnen die Umerziehung drohte. Er dreht sich zu mir, scharf heben sich seine Gesichtszüge vor der tiefstehenden Wintersonne ab, und sagt: »Ich weiß, du bist hier, weil du ein Buch über Technologie in China schreibst, aber der einzige Weg, um Chinas Zukunft zu verstehen, geht über die Vergangenheit.« Ich glaube, er meint, dass die Last der gelebten Geschichte unverrückbar ist, dass sie einen heimsuchen wird, egal ob man Normalbürger ist oder zu den oberen Kadern der Macht gehört. In seinem Alter kann es vorkommen, dass mitten im Gespräch über das jetzige Geschehen unvermittelt Geschichten aus der Vergangenheit an die Oberfläche drängen. Nicht selten sind das Geschichten über *jiu shehui*, die alte Gesellschaft, wie die gängige Bezeichnung der Kommunistischen Partei für das China vor 1949 lautet, ein schwaches China, das unfähig war, sich eine Zukunft zu definieren.

Meine Großmutter hatte ihre eigenen Geschichten von *jiu shehui*. Sie pflegte zu erzählen, wie sie als Kind in einem kleinen Dorf außerhalb von Tianjin lebte, wie sie in harter Arbeit Riedgras am Fluss schnitt und Körbe daraus flocht, die sie auf dem Markt in der Stadt verkaufte. Sie erzählte von den winzigen gebundenen Füßen ihrer Mutter, davon, wie ihr Vater und die anderen Männer im Dorf stets fort waren, als Zwangsverpflichtete mal in diesem, mal in jenem Krieg. Davon, wie der Hunger einen schwindelig machte, bei helllichtem Tag die Sterne sehen ließ. Die nackte Existenz trieb ihre Familie in die Stadt Tianjin, um dort eine Stabilität zu finden, die nicht von Jahreszeiten und Ernteerfolgen abhing. Tianjin war damals noch in die sogenannten Konzessionsgebiete eingeteilt, die verschiedenen Westmächten unterstanden. Mein Großonkel war Türsteher am Eingang eines westlichen Restaurants. Bleiche weiße Männer und Frauen stolzierten an ihm vorbei, ihre Aufmachung, ihr Gebaren troff nur so von Macht. Im Gegensatz zu so vielen anderen Kindern jener Zeit überlebte er nicht nur die Hungersnot, indem er übriggebliebenes Essen aus dem Restaurant verschlang, sondern konnte dank des Geldes, das meine Großmutter als Fabrikmädchen heimbrachte, irgendwann sogar zur Schule gehen.

Die Vergangenheit stand meiner Großmutter stets und ständig im Weg, so dass sie nicht imstande war, ihre persönliche Geschichte zu erzählen, ohne auf politische Ereignisse zu sprechen zu kommen. Diese politischen Ereignisse hatten sie selbst physisch geformt: Den größten Teil ihres Lebens ging sie auf Krücken, nachdem ihr während der Kulturrevolution auf den falschen ärztlichen Rat eines jungen Studenten hin ein Bein amputiert worden war (die Ärzte und Intellektuellen des Landes saßen seinerzeit gerade im Lager, wo sie »umerzogen« wurden). Als Kind hörte ich meine Großmutter, die im Zimmer neben dem meinen schlief, im Schlaf reden. Oft durchlebte sie nachts die Vergangenheit noch einmal. Im Dunkeln kamen die Geister, und ihr Wimmern ließ mich hochfahren – »Lass mich in Frieden, du fremder Teufel!« Morgens fragte ich sie dann, was sie geträumt hatte, und sie sah mich groß an und entgegnete, sie könne sich an nichts erinnern.

3.

Am dritten Tag meines Besuches steht stundenlanges Fernsehen mit meinem Großonkel auf dem Plan. Auf einem Kanal läuft ein auf Tatsachen beruhendes Drama über einen Jungen vom Dorf, der bei seiner Großmutter aufwächst. Er zieht mit seinem großen Bruder in die Stadt, wird verschleppt und zu schwerster Arbeit gezwungen. Zwanzig Jahre später ist live im Fernsehen zu verfolgen, wie er endlich wieder seine Großmutter in die Arme schließen kann. Neben mir sitzt schniefend mein Großonkel und vergießt Tränen der Rührung über die Darbietung.

Auch sonst ist das Fernsehprogramm meist auf ein älteres Publikum zugeschnitten, das tagsüber fernsieht. In einer Talkshow über Gesundheitsthemen wird ein alter Mann vorgestellt, der seine Methode gegen Verstopfung vorführt, die darin besteht, sich in einen Regenmantel gekleidet den Bauch zu föhnen, bis der Schweiß aus allen Poren dringt. Zwei Ärzte, ein Spezialist westlicher Schulmedizin und ein

Arzt für chinesische Medizin, sitzen vor einer riesigen gemalten Landschaft und debattieren die Wirksamkeit dieser Methode. Eine Werbeanzeige wird eingeblendet und erinnert das Publikum an »unsere sozialistischen Grundwerte«. Stunden später sehe ich die Abendnachrichten, eine weitgehend oberflächliche Angelegenheit, angereichert um ein paar Weltereignisse und garniert mit Parteipropaganda. In einem Beitrag begibt sich der Fernsehmoderator zu einem Busbahnhof und interviewt Arbeitsmigranten, die für Fahrkarten in die Heimat anstehen. Ein Arbeiter äußert sich wenig optimistisch, während des bevorstehenden chinesischen Neujahrsfestes Chunyun (春運) ein Busticket ergattern zu können.

Zur Zeit des chinesischen Neujahrsfestes im Frühling, das mehrere Wochen dauert, bricht im ganzen Land das Reisefieber aus. Im Jahr 2018 zählte man binnen eines Monats beinahe drei Milliarden Reisen – Menschen, die in die Dörfer ihrer Ahnen (老家) reisten, und Wanderarbeiter auf dem Weg nach Hause. Die Reise in die angestammte Heimat ist nicht nur eine Rückkehr zur Muttererde, sondern auch zu Eltern und Großeltern, es ist die Zeit des Wiedersehens mit der gesamten Verwandtschaft. Die Heimat der Ahnen ist oftmals auch der Ort, wo man seinen *hukou* hat, seinen behördlich registrierten Wohnsitz – der Kern eines Systems der Bevölkerungssteuerung, das mit allen Mitteln versucht, die Menschen in bestimmten geographischen Regionen zu halten.

Wer das Glück hat, in Peking geboren zu sein, hat automatisch einen Pekinger *hukou* und erfreut sich etlicher Vergünstigungen, unter anderem des Zugangs zu nahezu kostenfreier medizinischer Versorgung an den besten Kliniken im ganzen Land. Für die schulische Laufbahn der Kinder stehen hervorragende Bildungseinrichtungen bereit, und bei den standardisierten Aufnahmeverfahren zu einer der Top-Universitäten Tsinghua und Beida (Universität Peking) sind für sie die Hürden gesenkt. Hat man andererseits seinen *hukou* in einer ländlichen Region, erhält man Anspruch auf ein Stück Land, das man technisch gesehen für die Regierung verwaltet. Wer es auf sich nimmt, in die Stadt abzuwandern, dessen Kinder haben nur eingeschränkt Zugang zu Pekings ausgezeichneten Schulen. Die Erstattungssumme für einen Krankenhausaufenthalt in Peking ist lächerlich gering, und wer vom Aufstieg durch ein Studium an der Tsinghua- oder Beida-Universität träumt, muss im Aufnahmetest erst einmal die gebürtigen Pekinger ausstechen und sich an die Hoffnung klammern, als einer der wenigen Glückspilze unter die *hukou*-basierten Zulassungsquoten zu fallen. All diesen negativen Anreizen zum Trotz verließen mehr als dreihundert Millionen Menschen ihre ländlichen Heimatregionen, um Arbeit in den Städten zu finden, und legten damit den Grundstock für Chinas Wirtschaftswunder der letzten dreißig Jahre. Die Migranten aus dem ländlichen Raum arbeiten in Jobs, die Städter nicht annehmen wollen – ob sie nun iPhones in einer Foxconn-Fabrik zusammensetzen oder beim Bau der ehrfurchteinflößenden Olympia-Architektur Pekings eingesetzt werden. Durch sämtliche Bereiche des modernen China geistert der zum Arbeitsnomaden gewordene Kleinbauer, der überall mit Hand anlegte: in Wolkenkratzern, Mobiltelefonen und den Schweißnähten der Gleise, über die Hochgeschwindigkeitszüge hinwegsausen. Ohne seine Landbevölkerung wäre China heute nicht das, was es ist.

Im *hukou*-System offenbart sich die nackte Geradlinigkeit sozialistischer Planwirtschaft. Es gibt kein magisches Denken wie den American Dream, jene überzuckerte Verheißung imaginärer Freiheiten, wo doch in Wirklichkeit die Art und Weise, wie das kapitalistische Wirtschaftssystem in den Vereinigten Staaten strukturiert ist, ebenfalls auf schwerer körperlicher Arbeit und auf Klassendistinktion gründet. In einer Planwirtschaft müssen Landarbeiter und

Bauern möglichst effizient Lebensmittel produzieren, um die Nation zu ernähren und die »Wissensarbeiter« in den Städten zu versorgen.

Der Kleinbauer aus dem ländlichen Raum war immer schon eine grundlegende und zentrale Figur im Selbstverständnis Chinas als Nation. Nach dem Zweiten Weltkrieg bestand Mao Zedongs siegreiche Strategie im chinesischen Bürgerkrieg gegen die Kuomintang darin, dass er Chinas Bauern ins Spiel brachte. Sie sollten die Revolution zum Sieg führen. Die Parole lautete: »das Land einsetzen, um die Städte zu umzingeln« (农村包围城市). Unter dem Motto des »Großen Sprungs nach vorn« verordnete Mao die Kollektivierung der landwirtschaftlichen Produktion, was katastrophale Folgen nach sich zog. Das gesamte Land versuchte sich an der Industrialisierung – mit nahezu lächerlichen Mitteln, wie zum Beispiel den in jedem Dorf errichteten »Hinterhof-Stahlöfen«, in denen die Bauern ihre landwirtschaftlichen Geräte zu Roheisen minderer Qualität einschmolzen. Mao und seine Führungskader vertraten eine antielitäre, intellektuellenfeindliche Haltung. Die Technik sei ein Werkzeug für die Bauern und für das Volk, lautete die Parole, und es wurden Programme mit klangvollen Titeln à la »Wissenschaftliche Forschung für die Massen in den Dörfern« lanciert. Für die junge Nation war die Technologie eine Ideologie auf dem Weg in eine imaginierte Zukunft, wie sie im Westen bereits existierte.

Maos ökonomischer Plan bestand darin, mit der industriellen und landwirtschaftlichen Produktion des Westens durch schiere Masse gleichzuziehen, ob in der Stahlindustrie oder im Getreideanbau. In seiner Frühphase bedurfte das Projekt der Errichtung einer sozialistischen Nation der leidenschaftlichen Begeisterung der Massen, um den westlichen Imperialismus zu bekämpfen, und es bedurfte, was noch wichtiger war, der Neuschreibung einer nationalen

Geschichte zur Schaffung eines neuen Bewusstseins. Gleichwohl ließ der Westen China nicht los und diente als fortwährende Projektionsfläche sämtlicher Ambitionen und Rivalitätsvorstellungen der jungen Nation.

Doch die Aufholbemühungen gerieten rasch aus dem Tritt. Der Große Sprung nach vorn mündete in einer verheerenden Hungersnot mit Abermillionen Todesopfern insbesondere auf dem Land. Nach dem Großen Sprung wurden Lebensmittelkarten eingeführt und die Menge der Nahrungsmittel pro Familie – Reis, Getreide, Eier und Fleisch – rationiert. Dieses System diente als staatliches Kontrollinstrument für den städtischen Konsum, die Agrarpreise und die Ernteerträge und blieb bis in die 1990er Jahre in Kraft.

In den 1980er Jahren jedoch begann das Blatt sich zu wenden. Die Technik war nicht länger bloße Überlebensnotwendigkeit, sondern eröffnete die Aussicht auf eine eigene chinesische Zukunft. Die Politik des Landes wandelte sich drastisch, als Deng Xiaoping die Vereinbarkeit von marktwirtschaftlichen Strategien und Sozialismus ausrief: als Sozialismus mit chinesischem Antlitz. Chinas Wirtschaft boomte und schuf die Grundlagen für Konzerne wie Huawei und Alibaba.

In diesem ehrgeizigen Experiment fungierten die ländlichen Gebiete als Brutstätten des Aufschwungs. Besondere Bedeutung kam in den 1980er Jahren den sogenannten Town and Village Enterprises (TVEs) zu,[2] kollektivistischen Unternehmen, die als die »ländlichen Wurzeln von Chinas Kapitalismus«[3] gelten können. Ausgerechnet Landbewohner aus den ärmsten Provinzen Chinas legten ein kühnes Unternehmertum an den Tag, das in den Städten noch undenkbar war. Das von ihnen entwickelte Unternehmensmodell, die TVE, unterschied sich radikal von den staatseigenen Unternehmen. Die Town and Village Enterprises waren eine dezidiert lokale Innovation auf der Ebene der

Dorfgemeinschaft und unter lokaler Federführung – eine Art *agiles* Umfeld. Bereits 1995 »zeichneten TVEs für ungefähr ein Viertel des chinesischen Bruttoinlandsproduktes, zwei Drittel der gesamten landwirtschaftlichen Produktion und mehr als ein Drittel von Chinas Exporteinnahmen verantwortlich«.[4] Und während die Wirtschaft boomte, bildete sich im Zuge der sozialistischen Marktwirtschaft nach und nach ein anderes Nationalbewusstsein heraus. Statt von den schwankenden politischen Entwicklungen anderer Länder, globalen Umwälzungen und irgendwelchen in Europa ausgehandelten Verträgen abhängig zu sein, würde China womöglich die Freiheit erlangen, seine Zukunft nach eigenen Bedingungen zu gestalten – ein Privileg, das lange Zeit von den westlichen Ländern gepachtet zu sein schien.

Das Streben nach dieser Art von nationaler Autonomie befeuert nicht nur den chinesischen Sozialismus, sondern macht es für China auch zur Schicksalsfrage, technologische Kompetenz und wirtschaftliche Stärke zu demonstrieren. Der Nationalismus hat eine kleine Gruppe Führungskader an die Macht gebracht, die das Land fest im Griff haben und behaupten, eine starke Führung sei unabdingbar, wolle man Chinas Freiheit auf der globalen Bühne gewährleisten. Die Ironie der Geschichte aber ist, dass die Freiheit sich verflüchtigt, wenn sie zu fest an der Kandare gehalten wird.

4.

Die Volksrepublik China wurde am 1. Oktober 1949 gegründet und ist damit zwanzig Jahre jünger als mein Großonkel. Das verhältnismäßig jugendliche Alter der Nation gemahnt die Machthaber daran, dass der Umsturz potentiell immer möglich ist und dass jeder Hauch von Fragilität umgehend weggefegt gehört.

Ebendiese drohende Fragilität bringt nationalistisch grundierte Strategien zur technologischen Autarkie hervor, wie zum Beispiel den strategischen Plan »Made in China 2025«, mit dem Chinas Wissensindustrien gestärkt und China als führende Technologiemacht etabliert werden soll. Zwar scheint der ländlich-agrarische Raum einen Gegensatz zum Projekt der Industrialisierung und Hochtechnologisierung zu bilden, doch zeigt der Balanceakt, den China derzeit vollführt, wie urbaner und ländlicher Raum durch den allgegenwärtigen technologischen Wandel miteinander verflochten sind. Dem heutigen China steht eine potentielle »agrarische Transition« bevor. Dieser Begriff aus der Ökonomie bezeichnet den Prozess, in dem Bauern vom Land verdrängt werden und die Landwirtschaft im kleinen Maßstab durch industrialisierte Landwirtschaft ersetzt wird, zu der deutlich weniger körperliche Arbeitskraft benötigt wird. In der Folge kommt es zu einem Überangebot an Arbeitskräften, wenn Bauern versuchen, neue Qualifikationen zu erwerben oder sich auf Arbeitssuche begeben.

Genau das geschah während der industriellen Revolution im Westen. Wie der Agrarökonom Eric Holt-Giménez beschreibt, waren technologische Innovationen wie Dampflokomotive, Fabriken und Telegraphie nur zum Teil für die Industrialisierung und die Entwicklung des Kapitalismus verantwortlich. Ein mindestens ebenso bedeutender Faktor war die Arbeiterschaft und dabei insbesondere die Fabrikarbeit. Die industrielle Revolution »wäre ohne die agrarische Transition nicht denkbar gewesen. Die industrielle Revolution drängte die Menschen vom Land in die Städte und schuf eine gewaltige Reservearmee an Arbeitskräften«.[5] Die Transition mag zwar einfach und logisch klingen, doch sind die sozialen, umweltlichen und politischen Auswirkungen einer agrarischen Transition gewaltig. Und nach einem solchen Übergang, wenn die Entwicklung in den Städten in neue Höhen schießt, bahnt die Arbeitskraft sich Wege, um sich weiterzuentwickeln und unter freien Marktbedingungen zu transformieren.

Obwohl Chinas wirtschaftliche Entwicklung die der Vereinigten Staaten in den Schatten zu stellen droht, ist Chinas Zukunft im Spannungsfeld der Stadt-Land-Dynamiken und des unersättlichen Materialismus des urbanen Alltagslebens doch so prekär wie eh und je. Ein chinesischer Politikberater vertraute mir einmal an: »Im Moment möchte ich um keinen Preis an der Macht sein. Es gibt so viele kaskadenartige Probleme, da ist das eine alles andere als angenehme Position. Und die Machthaber wissen sehr genau, was die Probleme sind.«

Es besteht eine gewisse Dringlichkeit, als Reaktion auf diese Probleme den sozialistischen ländlichen Raum neu aufzubauen. Während der Begriff des »neuen sozialistischen Dorfes« schon seit 2006 kursiert (geprägt wurde er durch Präsident Hu Jintao, den Vorgänger Xi Jinpings), gibt sich Xi Jinpings jüngst ausgerufene Politik der »Revitalisierung des ländlichen Raums« deutlich zupackender, um gegen verwaiste Dörfer und den ländlichen Niedergang vorzugehen. Die Maßnahmen dieser Politik betreffen rund 40 Prozent der Bevölkerung Chinas (und damit 8 Prozent der Weltbevölkerung), die auf dem Land leben.

Der neue sozialistische ländliche Raum wird von Bauern bewohnt sein, die E-Commerce-Unternehmen und kleine Produktionsbetriebe betreiben, überall werden neue Rechenzentren aus dem Boden schießen, junge Arbeiter werden in ihre Heimatdörfer zurückströmen und unternehmerisch tätig werden. Die Revitalisierung der Landgebiete impliziert den Einsatz von Blockchain-Technologie und mobilen Zahlungsverfahren, um die Entwicklung neuer Geschäftsmodelle zu fördern, und will mittels Big Data die Armutsbekämpfung und die Zuteilung von Sozialleistungen in Schwung bringen.

Etliche staatliche Maßnahmenpakete sollen zur Revitalisierung des ländlichen Raums beitragen. Eine Priorität ist die Ernährungssicherung, weshalb geplant ist, mindestens 124 Millionen Hektar landwirtschaftlicher Nutzfläche zu erhalten – die Regierung nennt dies die Einhaltung der »roten Linie«. Der Plan »Made in China 2025« sieht außerdem vor, im Zuge industriepolitischer Maßnahmen die Landmaschinenherstellung ins eigene Land zu verlagern und die Nahrungsmittelproduktion zu stabilisieren. Im Zusammenhang mit der Armutsbekämpfung ist beabsichtigt, durch ein »Konsum-Upgrade« eine neue Schicht von Konsumenten (und Internetnutzern) heranzuziehen und Internetnutzer vom Dorf zu versierten Online-Shoppern zu machen. China Mobile und China Unicom haben infrastrukturelle Kraftakte vollbracht, indem sie die entlegensten Gebiete in geradezu irrem Tempo mit 4G- und 5G-Standard versorgten. Kleine ländliche Unternehmen werden von Tech-Monopolisten wie den E-Commerce-Plattformen Alibaba und JD.com umgarnt.

Wenn ich Dokumente zur Revitalisierung der Landgebiete las oder mit politischen Beratern darüber sprach, drängte sich mir oft der Vergleich mit der amerikanischen Politik im ländlichen Raum auf. Bei einer Autofahrt auf der California I-5 quer durch das landwirtschaftlich geprägte Central Valley zum Beispiel kam mir San Francisco jedes Mal wie eine urbane Fata Morgana vor. Entlang der I-5 reihen sich Amazon-Lagerhäuser, Ölbohranlagen, industrielle Agrarlandschaften, von der Farmkrise 1980 gezeichnete Gemeinden und Gefängnisse aneinander – letztere bilden übrigens einen der wichtigsten und immer noch wachsenden Industriezweige im ländlichen Raum der USA. In einem Artikel aus der *New York Times* von 2001 über den Wiederaufschwung im ländlichen Amerika war zu lesen, dass der Bau neuer Gefängnisse die Wirtschaft effektiver ankurbelt als der Bau eines Walmart oder einer Fleischfabrik. In ihrem Buch

Golden Gulag: Prisons, Surplus, Crisis, and Opposition in Globalizing California schildert die Abolitionistin und Geographin Ruth Wilson Gilmore, dass der Bau von Gefängnissen im ländlichen Kalifornien der 1990er Jahre vor dem Hintergrund einer dezidiert ökonomischen Agenda betrieben wurde. Die Gefängnisindustrie im ländlichen Raum wurde von politischen Entscheidungsträgern unterstützt, die damit die Wirtschaftskrise lindern wollten, denn während die Kriminalitätsrate in ganz Amerika zurückging, stieg die Zahl der Gefängnisinsassen. Mit dem Bau von Gefängnissen im Nirgendwo ließ sich aus dem im Übermaß vorhandenen enteigneten Land, das seit der Farmkrise brachlag, gleich mehrfach Kapital schlagen: Vulnerable Bevölkerungsgruppen wie Communities of Color aus den Städten konnte man in ländliche Gefängnisse transferieren und gleichzeitig Sozialleistungen für Bildungseinrichtungen, Gesundheitsdienst und Staatshilfen gesundschrumpfen. Eine Studie des Vera Institute of Justice von 2017 hat gezeigt, wie der Trend zur Inhaftierung auf dem Land weiter zunimmt. Der Studie zufolge wird der Bau weiterer ländlicher Gefängnisse durch finanzielle Anreize gefördert, und tausende bereits bestehender Gefängnisse erweitern ihre Aufnahmekapazitäten – trotz teils drastisch fallender Kriminalitätszahlen und trotz zunehmender Belege dafür, dass die ländliche Gefängnisindustrie gesellschaftliche und politische Verwerfungen auf nationaler Ebene schürt.

Der gesellschaftliche und politische Umbruch in China nach dem Großen Sprung und die erhebliche Unsicherheit des momentanen politischen Klimas in den USA dienen den derzeitigen chinesischen Entscheidungsträgern als lehrreiches Anschauungsmaterial: Eine agrarische Transformation ist eine enorm heikle Angelegenheit und hat unabsehbare Konsequenzen, insbesondere im Zeitalter des globalen Agrarhandels. Mag China noch so sehr davon träumen, demnächst zur KI-Supermacht aufzusteigen, so wird doch die Landfrage geklärt werden müssen, damit China genügend Wissensarbeiter heranziehen kann.

Die Einkommensungleichheit in China zählt wegen des Stadt-Land-Gefälles zu den weltweit höchsten Arbeitsmigranten aus dem ländlichen Raum arbeiten für einen geringen Lohn in den Städten, ohne sich in den urbanen Regionen ansiedeln zu dürfen. Zwar hat eine Reform des *hukou*-Systems begonnen, doch gibt es neuerdings Anzeichen, dass die Besitzer eines *hukou* vom Land gar nicht mehr so erpicht darauf sind, ihn für einen *hukou* in der Stadt einzutauschen.[6] Im Zuge der fortgesetzten Landreform erhielten chinesische Bauern die Erlaubnis, ihr Land zu verpachten oder Landrechte an andere zu übertragen, was eine zusätzliche Einkommensquelle eröffnete. Und da China als Ganzes auf Experimenten aufgebaut ist, spricht nichts dagegen, dass die Revitalisierung der Landgebiete tatsächlich zu einem nachhaltigen Wachstum im ländlichen Raum führt. Im Gesetz zur Organisation der dörflichen Selbstverwaltung ist geregelt, dass die Dorfbewohner ihre Dorfkomitees in demokratischer Wahl selbst bestimmen, was mancherorts dazu geführt hat, dass die Bewohner die jeweiligen Machthabenden dann auch zur Rechenschaft ziehen, wenn es um das wirtschaftliche und soziale Wohl geht. Die Landwirtschaftssteuer für Bauern wurde 2006 abgeschafft, was neue Investitionen ermöglichte, und der langsame, aber stetige Rückstrom von Migranten in ihre Heimatdörfer brachte auch einen Zustrom an Wissen und Technologie mit sich.[7]

Die kulturellen Unterschiede zwischen Stadt und Land sind immer noch deutlich spürbar. Auf den Punkt bringen lässt sich dies anhand des Klischees vom Landbewohner, der den chinesischen Staat bestiehlt. Immer wieder berichten ratlose Journalisten, wie staatliche Stromkabel, Beton und sonstiges Baumaterial verschwinden und auf dem Schwarzmarkt weiterverkauft werden. In der Provinz Shandong fragte ich einmal einen Dieb, warum er den Staat bestohlen hatte. Er guckte mich an, als würde mir der Durchblick fehlen, und entgegnete: »Also, bei anderen aus dem Dorf würde ich natürlich nie was klauen und sie nicht von mir. Schließlich kennt hier jeder jeden. Na gut, vielleicht kommt es mal vor, dass wir dem Nachbarn Gemüse aus dem Garten mopsen. Aber wertvolle Dinge, die stehle ich immer von jemandem, den ich nicht kenne!«

5.

Eines Abends beschließe ich, ein einfaches Gericht mit Garnelen für meinen Großonkel zu kochen. Vor fünfzig Jahren hätte man Garnelen kaum auftreiben können, heute dagegen spaziert man in den Supermarkt und zahlt mit dem Handy. Beim Essen ergeht mein Großonkel sich in Erinnerungen an die Anfangszeit der Revolution und erzählt, wie die Parteiführer genauso angezogen waren und das gleiche aßen wie einfache Bürger. Wie gemächlich die Arbeit vonstattenging, wie anders die Uhren damals tickten – ein zarter Schleier liegt über all diesen vergangenen Momenten und hält für einen Augenblick die Zeit an.

Der Soziologe und Anthropologe Fei Xiaotong hebt in seinem Buch *From the Soil* von 1947 die landwirtschaftlichen Wurzeln der Han-chinesischen Kultur hervor und zeigt, wie sich in ländlichen Regionen ganz spezielle Werte entwickelten. Die ländliche Kultur ist aus seiner Sicht durch ein anderes Zeitempfinden, eine andere Kosmologie geprägt. Im Kern der ländlichen Kultur steht, wie er sagt, der feste Glaube, dass das Universum, so wie es ist, perfekt ist, und dass wir Menschen die Pflicht haben, diese Harmonie zu erhalten. Diese Auffassung habe ich oft von Bauern zu hören bekommen, wenn ich auf dem Land unterwegs war. Einer meinte zu mir, die Zukunft sei nur ein Konstrukt. Draußen auf dem Feld, in der langen Dunkelheit des Winters, gebe es keine Zukunft, weil jeder einzelne Tag davon abhängt, das Augenmerk auf den gegenwärtigen Moment zu richten. Das ist ein notwendiger Akt der Umsicht. Demgegenüber scheint in der urbanen Kultur der Glaube zu herrschen, das Universum müsse unablässig in seinem Gang korrigiert werden und das Leben sei von der Freude am Bewältigen künftiger Herausforderungen bestimmt.

An diesem Winterabend sitze ich meinem Großonkel gegenüber, der sich durch seinen WeChat-Kanal klickt. Die von Tencent betriebene chinesische Messaging-App verfügt mittlerweile über eine gewaltige Fülle an weiteren Funktionen, darunter mobiles Bezahlen und diverse Apps-in-der-App, die als sogenannte Miniprogramme in WeChat eingebettet sind. Mein letzter Besuch bei ihm und meiner Großtante, die damals noch bei bester Gesundheit war, war 2009. Damals lebte ich ihn Peking. Der Hochgeschwindigkeitszug zwischen Peking und Tianjin war erst ein Jahr zuvor eingeweiht worden, und die eineinhalbstündige Reise dauerte nur noch 30 Minuten. Niemand von uns besaß ein Smartphone. Ohne den immerwachen Bildschirm bei mir, ohne das Gewicht eines Geräts in meiner Tasche, das jede meiner Bewegungen festhält und verfolgt, schwamm ich mit der Welle mit, ein *beipiao*, mal hier, mal da wie Millionen anderer Migranten, die es auf der Suche nach einer Zukunft nach Peking zog. Es gab weniger Bildschirme und weniger Überwachungskameras, und das bedeutete auch, dass ich nach Lust und Laune spätabends die Chang'an Avenue entlangschlendern konnte, vorbei am Mao-Mausoleum, durch die Nachtlokale in den engen Gassen der damals noch nicht abgerissenen *hutongs*, an den Gemüseständen vorbei, die seit jeher die engen Straßen säumten, und vorbei an den unversehrten, noch nicht von der Polizei zertrümmerten Fenstern, durch die man in die Wohnungen der Wanderarbeiter sehen konnte.

Man könnte nun einfach sagen, dass die Welt sich halt schneller dreht und dass das Internet und all die mobilen Geräte mittlerweile praktisch alles kontrollieren. Doch die stets zunehmende Beschleunigung ist kein unaufhaltsames Schicksal. Unser Zeiterleben hat sich verändert, und unsere staunend-skeptische Einstellung zu all den neuen Gegenständen hat sich gelegt. Früher saß mein Großonkel starr vor Verwunderung vor dem neuen Fernseher aus japanischer Produktion, den wir ihm gekauft hatten. Wie scharf doch das Bild war! Und wie unglaublich, dass derart komplexe Schaltkreise in einen so dünnen Bildschirm passen sollten! Heute blickt er hin und wieder von seinem Smartphone auf und beschwert sich, wie langsam sein Handy beim Öffnen von Apps ist. Während er damit beschäftigt ist, seinen Freunden Artikel von der Nachrichtenplattform Toutiao zu empfehlen, betrachte ich mein eigenes Gerät. Das abgedunkelte Display zwinkert mir zu, sendet schemenhafte Reflexe wie ein uralter Wahrsagespiegel, eine Projektionsfläche für alle unsere Wünsche. Stellvertretend für eine ewige Zukunft. Eines der Geschenke des freien Marktes war ja genau dies: die Vorspiegelung, wir könnten, frei von allem Vergangenen, immer weiter hinaus in eine aufregende, herrliche Zukunft expandieren, begünstigt vom freien Markt, von Liberalismus und Technologie. Das Ende der Geschichte, um mit Francis Fukuyama zu sprechen. Ich habe eine Familiengeschichte, die den Kräften des politischen Willens unterworfen war, gegen ein Leben eingetauscht, das in all seinen Veränderungen und Abläufen den ökonomischen Kräften untersteht, ein Spielball des Finanzkapitals, von Alibaba und Amazon. Und es bleibt abzuwarten, wie die neuen sozialistischen Landbewohner sich mit ebenjener Zukunft des freien Marktes arrangieren werden.

Immer noch starre ich auf mein leeres Display, und mir wird klar, dass ich weder die Zukunft des Internets oder der Technik sehe noch Chinas künftigen Ort in der Welt, sondern schlichtweg nur den Ort, an dem ich mich gerade befinde: Tianjin, eine Stadt, die schon immer globalen Kräften in Gestalt schlichter geographischer Gegebenheiten unterworfen war und von ihrer Vergangenheit gar nicht so weit entfernt ist. Ich sehe in der Ferne den Hafen von Tianjin, sehe den Hai He-Fluss, wie er sich durch die Stadt bis hin zum offenen Meer windet, sehe die glänzenden Wolkenkratzer vor dem spiegelglatten Wasser der Bohai-Bucht. Tianjin, wie es ist – ein Ort, der nicht im Verhältnis zu irgendjemandes Geschichte verstanden werden muss. Ohne die Vision einer von irgendwem imaginierten Nation, ohne eine Einzelperson, die sich anmaßt, jedermanns Zukunft zu diktieren, ob auf dieser Seite des Pazifiks oder auf der anderen. Ich erkenne die festgefügten Vorstellungen, die die Nationen voneinander haben oder fabrizieren. Eine Weltpolitik, die auf Spiegelungen basiert. Was ist China anderes als eine Projektionsfläche amerikanischer Ängste und Wünsche? Und umgekehrt, was sind die USA aus chinesischer Perspektive anderes als eine Projektionsfläche von Wünschen und Ängsten? Nationalistische Träume, stumpf und trübe, sind nichts weiter als dies: Trugbilder. Durch Träumereien lässt sich nichts gewinnen, alles hingegen durch Klarsicht.

Anleitung

Wie man eine künstliche Intelligenz füttert

Wie lassen sich der KI-Forschung neue Impulse geben, wenn man einmal die über die Grenzen von Mensch und Maschine und den westlichen Leib-Seele-Dualismus hinausdenkt? Das folgende Rezept ist ein Gedankenexperiment zu der Frage: Was, wenn eine Gruppe von Forschern im Bereich Künstliche Intelligenz bei der Weiterentwicklung neuer Technologien auf die traditionelle chinesische Medizin zurückgreift, ein fünftausend Jahre altes System medizinischer Praxis und Philosophie? Es ist nicht neu, dass Essens- und Ernährungsansätze am Grund einer Philosophie stehen. Das gilt schon für die Kernaussagen von Taoismus und Buddhismus und zieht sich bis zur Makrobiotik, wie Georges Ohsawa und Aveline Kushi sie lehren. Da nichtwestliche Körpertheorien den Körper als ganzheitliches System verstehen, bieten sie neue Ansätze, Wesen, Stofflichkeit und Sein zu denken, was für die Entwicklung empfindungsfähiger künstlicher Intelligenz zentral ist. Diese nichtwestlichen Lehren wurden durch imperialistische und kolonialistische Dominanz lange ins Abseits gedrängt.

Zutaten

9 g	*dong quai (Angelica sinensis)*
9 g	Goji-Beeren
16 g	Ingwer, grob in Streifen geschnitten
12	rote Datteln (Jujube-Datteln), gehackt
2 l	Sojamilch
200 g	ungekochter weißer Reis
100 g	getrocknete Aprikosen, gewürfelt

Zwar haben uns westliche Firmen selbstfahrende Autos und voll empfindungsfähige Maschinen bis zum Jahr 2020 versprochen, doch die in der KI eingesetzten neuronalen Netzwerke sind immer noch durch etliche Faktoren eingeschränkt, darunter die Spezifität von Trainingsdaten für KI-Modelle, die mit einem »Generalisierungsproblem« einhergeht: der Unfähigkeit zur Adaption an neue, zum ersten Mal gesehene Daten. Beispielsweise können KI-Modelle, die auf Gesichtserkennung trainiert sind, ein gut ausgeleuchtetes Bild äußerst genau klassifizieren, tun sich aber schwer damit, wenn das Motiv unterbelichtet, halb verdeckt oder bei anderen Lichtverhältnissen aufgenommen wurde als auf den Bildern, mit denen das Modell trainiert wurde. Diese Hürde führte zusammen mit einem ohnehin grassierenden Technikpessimismus dazu, dass das öffentliche Interesse an Künstlicher Intelligenz zurückging.

Mitten im Winter 2022, als die Risikokapitalfinanzierung für KI am Versiegen und auch das öffentliche Interesse völlig erlahmt war, unternahm eine Gruppe chinesischer Wissenschaftler und Forscher am Alibaba AI Lab einen neuen Anlauf, KI-Modelle zu generalisieren. Dafür setzten sie jedoch nicht bei westlichen Philosophien des Geistes an, sondern bei chinesischen Körperlehren, chinesischer Medizin und buddhistischem Denken. In der westlichen Medizin steht im Zentrum der Körpermodelle das Gehirn, das die anderen Organe, die Prozesse in unserem Körper, das Bewusstsein und die Emotionen steuert. Die chinesische Medizin hingegen kennt elf Vitalorgane, die zum Erhalt des Lebens ganzheitlich zusammenwirken, und das Gehirn ist keines von ihnen. Die Funktionen des Gehirns sind über den ganzen Körper verstreut.

Dem Team gelang es, ein vortrainiertes neuronales Netz zu entwickeln, das elektrische Inputs und Outputs von einer Kombination künstlicher und menschlicher Organe empfing. Diese hybride Maschine war in der Lage, ohne zusätzliche Trainingsdaten komplexere Aufgaben zu bewältigen, war jedoch noch nicht voll empfindungsfähig. Laut den Wissenschaftlern bedarf es weiterer Forschung, um besser zu verstehen, in welchen Teilen des Körpers kreative Funktion und Sprachfunktion noch angesiedelt sind. Doch die Fähigkeit der Maschine zu selbstständig erweitertem Denken war das erste Anzeichen eines Tauwetters nach einem langen Winter der Künstlichen Intelligenz.

Das System verfügte freilich nicht über die üblichen Kanäle für das Chi (die alles bestimmende Kraft in der chinesischen Medizin) – also Haare, Haut oder Muskeln –, um es in das Hybrid aus Fleisch und Maschine zu leiten. Zur Versorgung des aus Organen und neuronalen Netzwerken zusammengesetzten Systems musste es fortwährend mit kräftigender Kost gefüttert werden: Nahrung für die lebenswichtigen Organe innerhalb des Systems.

Dieser Brei wurde von den Forschern entwickelt, um das System zu ernähren und zu kräftigen. Er ist im Handumdrehen zubereitet. Man braucht nur einen Dampfgarer bzw. einen Instantkocher oder Reiskocher mit spezieller Porridge-Funktion. Messen Sie Reis und Sojamilch im Verhältnis 1:10 ab. Danach die anderen Zutaten beigeben (*dong quai*, Goji-Beeren, Ingwer, rote Datteln, getrocknete Aprikosen) und die Mischung zum Kochen bringen. Die Hitze reduzieren und 1 Std. auf kleinster Flamme köcheln lassen oder den Instantkocher auf Porridge-Modus schalten.

Auf einer Blockchain-Hühnerfarm hinter den sieben Bergen

1.

In der Stadt Zhenjiang ist gerade an dem Tag, an dem ich dort das Museum der Essigkultur besichtigen will, das Mobilfunknetz gestört. Ich trete aus dem Bahnhof, wo die Hochgeschwindigkeitszüge halten, und wische hektisch auf meiner Taxi-App DiDi herum, in der Hoffnung, es möge sich ein Fahrzeug auf dem Display zeigen. Aber mein Telefon hat weder 4G- noch 3G-Empfang. Nur ein einziger kümmerlicher Balken zeigt an, dass immerhin der Notrufservice noch funktioniert.

Es weht ein mildes Lüftchen in Zhenjiang, einer kleinen Stadt nahe Nanjing, der alten Kaiserhauptstadt der Ming-Dynastie. Wenn ich als Kind mit meinen Eltern nach China reiste, pflegte ich Städte danach zu beurteilen, ob es dort einen McDonald's gab oder nicht – eine Annäherung an das chinesische »City Tier System«, ein (inoffizielles) Ranking, das die chinesischen Städte in fünf Gruppen einteilt und ihnen seinen Stempel aufdrückt. Die Einstufung erfolgt nach mehr oder weniger undurchsichtig gewichteten Parametern wie dem Beitrag der jeweiligen Stadt zum Bruttoinlandsprodukt, dem durchschnittlichen Monatseinkommen ihrer Bewohner und den Immobilienpreisen. Zu den First-Tier-Städten zählen Peking, Guangzhou und Shanghai, wo es McDonald's-Filialen an jeder Ecke gibt. Städte der dritten Kategorie wie Zhenjiang sind deutlich kleiner und verfügen über ein, zwei McDonalds-Filialen neben einer Reihe von billigen Nachahmern.

Ich gebe es auf und winke ein Taxi heran. Der Fahrer fragt ganz beflissen: »Ging nicht anders, was? Sie mussten ein Taxi nehmen statt ein DiDi, nicht wahr? Kein Empfang, oder?« Er klärt mich auf. In Zhenjiang findet heute eine große Protestveranstaltung statt. Tausende Veteranen der Volksbefreiungsarmee sind aus ganz China angereist und haben sich zu einem langen Protestmarsch in Richtung des größten Platzes der Stadt vereint. Im Gegenzug hat die Regierung das Mobilfunknetz im Stadtzentrum blockiert, um zu verhindern, dass Fotos in den sozialen Medien und auf WeChat geteilt werden.

»Worum geht es bei den Protesten?«, frage ich. »Um die Renten«, antwortet der Taxifahrer, und im Rückspiegel sehe ich seine Grimasse. »Was ist aus unserer Gesellschaft nur geworden«, seufzt er, »dass wir sogar den Veteranen der Armee ihre Rente vorenthalten?« Ich nicke teilnahmsvoll. Betretenes Schweigen. Keiner von uns verspürt das Bedürfnis, weiter darüber zu reden. Im China Xi Jinpings ist es für zwei einander unbekannte Menschen unangenehm, sich allzu weit auf das Feld der *zhengzhi* (Politik, 政治) vorzuwagen. Eigentlich gibt es für Gespräche politischen Inhalts keine eindeutigen Konsequenzen – doch genau so funktioniert das Zensursystem, als ein vage unbehagliches Gefühl, das alle Gespräche nichtprivater Natur überschattet. Die Zensur gilt nicht explizit. Man zensiert sich einfach selbst. Niemand weiß, welche Folgen Kritik hat. Aber es gelüstet auch niemanden danach, es herauszufinden.

Im Museum für Essigkultur herrscht Hochbetrieb, und die Führung, an der ich teilnehme, ist ausgebucht. Das Gebäude schließt direkt an die Produktionsstätte der Henghun-Essigfabrik an, und immer wieder steigen einem die strengen Ausdünstungen des Fermentationsprozesses in die Nase. Ich sehe etliche Studenten durch die Ausstellungsräume schlendern, sichtlich erleichtert, ihren Autoritätspersonen für den

Moment entronnen zu sein. Ein Mädchen im Teenager-Alter schlurft verdrossen hinter ihren Eltern her. Woher sie seien? Aus Nanjing, ist die Antwort, auf einem gemeinsamen Ausflug zur Feier des absolvierten *gao kao*. Das *gao kao* ist Chinas extrem aufreibende Hochschulreifeprüfung, die sich über drei Tage hinzieht, während die gesamte Nation auf die Durchschnittsergebnisse hinfiebert. Zur Zeit des *gao kao* befindet sich das ganze Land in einem kollektiven Ausnahmezustand. In der *gao kao*-Woche erhält man etwa von seiner Wetter-App Pushnachrichten folgender Art: »Es regnet! Denken Sie an Ihren Schirm, wenn Sie zum *gao kao* gehen!« oder »Es ist *gao kao*-Zeit, vergessen Sie nicht, stets leise und höflich zu sein! Respekt vor der Bildung und der Zukunft unserer Kinder sind unsere sozialistischen Werte!«

Der nächste Abschnitt des Rundgangs informiert über die historische Entwicklung der Essigherstellung. Auf einem großen Schild prangt die Inschrift ESSIGTECHNOLOGIE. Auf Hartschaumplatten gedruckte Bilder an der Wand zeigen Behälter mit tiefdunklem Essig. Traditioneller chinesischer Essig ist eine tintenschwarze Essenz, aromatisch duftend und doch sauer.

An touristischen Orten in China weisen Reiseleiter und Ausstellungen oft und gerne darauf hin, dass die Chinesen *die Ersten* waren – und zwar in so ziemlich allen Bereichen. Die Chinesen waren die Ersten, die das Schießpulver und das Papier erfanden, sie erbauten als Erste eine aberwitzig lange Mauer... und Essig ist da keine Ausnahme. Eine Schautafel klärt darüber auf, dass die Essigherstellung ein Teil des *Qimin Yaoshu* war, des Handbuchs über »Die wichtigsten Techniken für die allgemeine Wohlfahrt des Volkes«, geschrieben vor 1.500 Jahren, als in Europa gerade das finstere Mittelalter anbrach. Auf ebendiesen Text bezog sich Charles Darwin in seinen Studien über die Entwicklung der Arten, denn im *Qimin Yaoshu* werden auch Tierzucht und

Domestizierungstechniken behandelt, was einmal mehr bestätigt, dass die Chinesen *als Erste* erkannten, was genetische Variation bedeutet.

Der Rundgang endet in einem verspiegelten Raum, in dem in einem hohen Regal Aberhunderte von Essigsorten stehen, von Heinz Distilled White Vinegar bis zu verschiedensten Sorten Balsamico. Freudestrahlend präsentiert uns die Museumsführerin dieses weltumspannende Schaufenster der Essigkultur. Dann deutet sie feierlich auf die Packung eines originalen Hengshun-Essigs aus Zhenjiang und sagt: »Natürlich kann man immer erkennen, wenn eine Flasche gefälscht ist. Gefälschter Essig ist nicht fermentiert, und wenn man ihn schüttelt, schäumt er nicht.« Sie nimmt eine Flasche Originalessig in die eine Hand und eine Flasche mit gefälschter Ware in die andere und schüttelt beide heftig. »Sehen Sie?«, triumphiert sie. »Sehen Sie den Unterschied?«

2.

Matilda Ho, die Gründerin von Bits x Bites, hat einen festen Händedruck und exakt 30 Minuten Zeit für mich. Ihr Lidstrich ist perfekt gezogen, unter den Arm hat sie ein MacBook Air geklemmt. Sie redet sehr schnell. Schauplatz unseres Gesprächs über Lebensmittelkontrolle und Lebensmittelsicherheit ist das Shanghaier Büro von Bits x Bites, dessen Glastür so blitzblank und durchsichtig ist, dass ich auf dem Weg zu ihr gegen die Scheibe gelaufen bin. Gegründet in China, ist Bits x Bites der (einmal mehr!) *erste* Risikokapitalfonds, der auf Innovationen im Lebensmittelbereich fokussiert ist. Unter dem Motto »Die Zukunft guter Lebensmittel gestalten« sollen sowohl Investitionsrenditen als auch ein gesellschaftlicher Nutzen erzielt werden. Das Portfolio der unter Bits x Bites gelisteten Unternehmen reicht von Kochboxen über Laborfleisch bis zu einer »wetterunabhängigen« Landwirtschaft, die gegen die dem Klimawandel unterworfene Außenwelt hermetisch abgeriegelt ist. Auch einige Start-ups im Bereich »grüne Gentechnik« sind dabei. Neben Bits x Bites hat Matilda auch noch Yimishiji gegründet, einen Online-Markt für den Direktvertrieb regionaler Bioprodukte im sogenannten Shanghaier »Foodshed«: ein Neologismus für die geographische Region, die für eine bestimmte Bevölkerungsgruppe Lebensmittel produziert und anliefert. Ein auf Subsistenzwirtschaft basierendes Dorf verfügt über eine winzige, lokal eingegrenzte Bezugsregion oder Foodshed, während gewisse Konsumenten der Shanghaier Elite auf einen globalen Foodshed zugreifen.

Die App von Yimishiji ist voller Bilder der herrlichsten Erzeugnisse, die einem den Mund wässrig machen. Strahlend weiße Eier, frische schlanke Selleriestangen, eine einzelne, orange leuchtende Karotte, die zu locken scheint: *Ich bin Luxusware. Du willst mich.* Von den chaotischen Nassmärkten, auf denen die meisten Chinesen ihre Einkäufe erledigen, wo das frische Fleisch am Haken baumelt, lebende Fische und Meeresfrüchte in Eimern zappeln und sich Obst und Gemüse unter den Marktzelten zu gewaltigen Haufen türmen, setzt Yimishiji sich deutlich ab und richtet sich damit vor allem an Chinas aufstrebende urbane Mittelschicht. Im Gegensatz zu den auf den chinesischen Freiluftmärkten verkauften Waren sind bei Yimishiji sämtliche Lebensmittel von unabhängiger Seite kontrolliert worden. Bei Yimishiji kann man sicher sein, keinen gefälschten Essig zu bekommen. Selbst Massenprodukte wie Henghun-Zhenjiang-Essig werden dort nicht angeboten.

Gefälschter Essig ist noch eines der geringeren Probleme Chinas auf dem Gebiet der Lebensmittelsicherheit. Einmal titelte die Hongkonger Tageszeitung *South China Morning Parade* augenzwinkernd: »Firma erzielt Durchbruch mit

Sojasauce aus Menschenhaar!« Man erfährt in dem Artikel, dass jemand Sojasauce mit zerkleinertem Menschenhaar versetzt und so die Produktionskosten halbiert hatte. Das ursprüngliche Markenprodukt hatten die Profiteure mit Haaren gestreckt, das gepanschte Zeug wieder in die Markenflaschen abgefüllt und in Umlauf gebracht.

Weitere unappetitliche Methoden zur Kostensenkung wären etwa die Herstellung von Bubble-Tea-Kügelchen aus grünen Plastikerbsen statt aus Tapioka oder die Verwendung für den menschlichen Verzehr nicht geeigneter roter Farbstoffe anstelle von Chili. Ein allgegenwärtiges Phänomen ist recyceltes »Altöl«, denn Speiseöl ist ein gewaltiger Kostenfaktor, wenn man bedenkt, wie viel in der chinesischen Küche frittiert und gebraten wird. Altfett-Entsorger sammeln die riesigen Mengen Ölabfälle ein, die bei Millionen Restaurantbesuchern allabendlich anfallen, welche sodann gefiltert werden, um als recyceltes Speiseöl wieder in Restaurantküchen und Supermarktregalen zu landen.

Tricksereien mit der Lebensmittelsicherheit führen immer wieder zu Todesfällen. Vor der Olympiade in Peking im Jahr 2008 starben etliche Kleinkinder an Nierenversagen, tausende weitere erkrankten plötzlich lebensbedrohlich. Als Ursache wurde rasch die Säuglingsnahrung des Milchprodukteerzeugers Sanlu ermittelt, die mit Melamin gestreckt gewesen war. Melamin sieht so ähnlich aus wie Milch und soll einen hohen Proteinanteil vortäuschen. Oft wird es Tierfutter zugesetzt, ist für den Menschen jedoch in höherer Dosis giftig. Um höhere Gewinne zu erzielen und ihre Erträge zu steigern, hatten Bauern, die Sanlu mit Milch belieferten, diese mit Melamin vermischt. Der Melaminanteil in der Babynahrung von Sanlu überstieg nun den von der WHO hierfür festgelegten Grenzwert, mit tödlichen Folgen.

Die bisherigen Lebensmittelskandale waren lediglich Tröpfchen in einem Ozean an Risiken. Das weiß Matilda, die lange Zeit als Unternehmensberaterin für multinationale Lebensmittelkonzerne in China tätig war, sehr genau. Chinas Mittelschicht umfasst inzwischen fast eine halbe Milliarde Menschen, und somit verlangt es einen stetig wachsenden Teil der Weltbevölkerung nach immer größerer Auswahl und Verfügbarkeit von Lebensmitteln. Das ist jedoch, wie Matilda betont, kein spezifisch chinesisches Problem: Rund um den Globus erwarten Verbraucher aus der Mittelschicht die ständige Verfügbarkeit einer riesigen Bandbreite an Lebensmitteln, wodurch sich die Lieferkette über Städte, Provinzen, Länder, Kontinente hinaus verlängert und im Supermarkt das ganze Jahr über Erdbeeren angeboten werden, ob nun Saison ist oder nicht. Doch jeder neue Block in der Lieferkette ist zugleich eine neue potentielle Fehlerquelle.

Größte Sorgfalt bei der Auswahl der Erzeuger walten zu lassen, ist nur ein Teil der Lösung. Die beste Ware ist am Ende nichts wert, wenn während des Transports irgendein Glied der Kühlkette ausfällt. Als Beispiel erzählt mir Matilda, dass die Lastwagenfahrer nicht selten die Kühlung ausschalten, um Spritkosten zu sparen und das Geld in die eigene Tasche zu stecken. Sobald man anfängt, Lebensmittel über hunderte von Kilometern zu transportieren, schwächt dies die Kontrollmöglichkeiten über die Transportprozesse und wirkt sich auf die Qualität verderblicher Güter aus. Für den Verbraucher entscheidet sich eben hier, ob er nach einem Abend im Restaurant noch ausgeht oder ob der Abend im Krankenhaus endet.

3.

Auf der Rückreise aus Shanghai telefoniere ich mit John Yasuda, Politikwissenschaftler und Experte für Lebensmittelsicherheit. Er ist in Oxford, England, ich stehe in der zweiten

Etage der Bahnstation Shanhau Honquiao, wo ich Zuflucht in einem McDonald's gesucht habe, einer seltenen Oase der Ruhe in dem weitläufigen Gebäudekomplex. »Lebensmittelsicherheit ist ein vertracktes Thema. Hier sind unmittelbar makropolitische und ökonomische Fragen mit einem Problem verbunden, mit dem wir täglich am eigenen Leibe konfrontiert sind«, meint John. Je länger unser Gespräch dauert, desto komplizierter, ja unlösbarer scheint die Frage der Lebensmittelsicherheit zu werden – so global verästelt und vernetzt sind die Zusammenhänge. Es handelt sich um ein »wicked problem«, um mit den Designtheoretikern Horst Rittel und Melvin Webber zu sprechen, ein komplexes, stark vernetztes Problem von weltweiter Tragweite.

Lebensmittelsicherheit ist ein entscheidender Faktor für die politische Stabilität eines Landes und liefert letztendlich ein Spiegelbild davon, wie es regiert wird. Politische Korruption und allgegenwärtige Bestechlichkeit machten Chinas Schwierigkeiten auf diesem Gebiet lange Zeit noch schlimmer. 2013 verkündete Xi Jinping, oberste Priorität sei es, den landwirtschaftlichen Sektor und die Lebensmittelsicherheit auf die Agenda zu setzen, und schloss: »Wenn unsere Partei nicht einmal in der Lage ist, die Probleme der Lebensmittelsicherheit in den Griff zu bekommen, werden die Menschen uns die Frage stellen, ob wir zur Führung Chinas noch geeignet sind.«

Welch besondere Priorität die Partei der Lebensmittelsicherheit mit Blick auf die politische Stabilität einräumt, zeigt sich an der strengen Zensur der Berichterstattung über Lebensmittelskandale.[8] Denn schließlich würden angesichts der nackten Zahlen Regierungsvertreter unweigerlich das Gesicht verlieren, und ein Autoritätsverlust wäre die Folge. Verglichen mit Ländern wie Mexiko oder der Türkei, die ein ähnliches Bruttoinlandsprodukt haben, wird die Lebensmittelsicherheit Chinas signifikant niedriger gewertet. Und im Vergleich mit einem Land wie Singapur, das ein ähnlich autoritäres Regime hat, ist es um die Lebensmittelsicherheit in China schockierend schlecht bestellt.

Aber warum schneidet China auf diesem Gebiet so schlecht ab? John kommt auf die Missverhältnisse in den Größenordnungen zu sprechen, die schon Matilda erwähnt hatte. 22 Prozent der Weltbevölkerung auf der Basis von 7 Prozent der weltweiten Ackerfläche zu ernähren, ist eine kaum lösbare Aufgabe. Dazu kommen noch die Anforderungen, die sich an Chinas Kleinbauern richten. Nahezu 98 Prozent der chinesischen Bauern besitzen Land, das nicht einmal so groß ist wie zwei Fußballfelder. Auf diesen Bauern lastet ein erheblicher Druck, ausreichend Nahrung für die Nation zu produzieren und deren Ernährung zu sichern. »Die Essschüssel des chinesischen Volkes muss immer fest in seiner eigenen Hand bleiben«,[9] verkündete Xi Jinping während seiner ersten Monate als Präsident im Jahr 2013. Zusätzlich stehen diese Bauern jedoch unter dem Druck, genügend Lebensmittel für den Export zu produzieren, der 10 Prozent von Chinas gigantischem Bruttoinlandsprodukt ausmacht, sowie für humanitäre Hilfsgüter, auf die China angewiesen ist, um seine führende Rolle in der Welt zu untermauern. Zwar hat es oft den Anschein, dass die Zentralregierung in allen Bereichen ein gewisses Maß an Kontrolle ausübt, doch ist die Steuerung der Lebensmittelsicherung in China vergleichsweise dezentral angelegt: Die Hauptverantwortung liegt bei Landwirtschaftsämtern auf Provinz- und Kreisebene.

Eine Zentralisierung und Bündelung der Landwirtschaft mag manchem als eine Lösung erscheinen, doch würde eine industrialisierte Landwirtschaft nur zu einer Verdrängung der Bauern führen. Wie John betont, ist Land in China eine kostbare Ressource, zumal China immer mehr verstädtert und die rote Linie, eine landwirtschaftliche »Verteidigungslinie«, bedroht. Vor allen Dingen dient das Land, das den

Bauern einst zugewiesen wurde, ganz grundlegend der Armutsbekämpfung – wie arm man auch ist, man hat stets die Möglichkeit, sich auf sein Stück Land zu besinnen und von dessen Ertrag sich und seine Familie zu ernähren. Eine Bodenprivatisierung wäre nur dazu angetan, soziale Ungleichheit zu reproduzieren, meint John, und das wiederum wäre eine Bedrohung für die politische Stabilität.

Letztendlich geht es bei der Frage der Lebensmittelsicherheit um Vertrauen, und John glaubt, dass »soziales Vertrauen sich nicht einfach anpassen lässt«. Als die Lieferketten noch kürzer waren, war dieses Vertrauen dadurch begründet, dass man den Bauern, dessen Produkte man verzehrte, persönlich kennenlernen konnte. Heutzutage sind die Lieferketten lang und verschlungen, und die Chancen sind eher gering, einmal den australischen Farmer kennenzulernen, dessen Kiwi man verspeist, oder den Avocadobauern aus Mexiko, dessen Frucht vor einem auf dem Teller liegt. Umgekehrt haben die landwirtschaftlichen Erzeuger keinen Kontakt mehr zu den Menschen, die sie mit Nahrungsmitteln versorgen. Sie übergeben ihre Ware an größere Vertriebspartner, die die Weiterverteilung übernehmen. Diese drücken jedoch die Abnahmepreise und bringen die Bauern damit in eine schwierige Lage. Im Kontext des Melaminskandals bei Sanlu hatten die Bauern den Druck von Unternehmensseite als so hoch empfunden, dass sie ihr Produkt immer weiter streckten, bis es irgendwann tödlich wurde. Der Preisdruck wächst proportional zu den Abnahmemengen: Ein Cent Unterschied pro Liter Milch multipliziert sich gewaltig, wenn es um Millionen Liter Milch geht.

Während John noch redet, muss ich an einen Spruch denken, den man in China häufig hört: »Der Westen versteht unsere Probleme nicht. Wir haben einfach zu viele Menschen. Unsere Regierung muss mit Größenordnungen umgehen, die ihr euch überhaupt nicht vorstellen könnt.«

Mein Blick schweift über den Bahnhof Shanghai-Hongqiao, ich sehe die Menschentrauben Schlange stehen, wie die Leute einander schubsen und drängeln, um sich durch die Ticketschranken in die ausgebuchten Hochgeschwindigkeitszüge zu quetschen, die alle fünf Minuten fahren. Ich frage mich, ob das alles wirklich stimmt.

Mit dem Vertrauen ist es so eine Sache. Wir leben heute in einer Zeit, in der die Technologie alles mit allem vernetzt und Verbindungen in alle Welt schafft. Lässt sich auch das Vertrauen so einfach ausdehnen? Früher waren die Netzwerke klein und überschaubar. Man ernährte sich von dem, was die Lebensmittelproduzenten in der Region herstellten. In den heutigen Städten ist man auf ein ungleich größeres Netzwerk angewiesen, um Essen auf den Teller zu bekommen.

Angesichts dessen mag der vertraute Ruf nach staatlicher Regulierung nachvollziehbar erscheinen: Es muss schon eine irgendwie geartete Struktur geben, um Vertrauen zu schaffen, um die Massen der Verbraucher, der Arbeiter, der Bauern zu lenken. Die chinesische Regierung setzt ihren heroischen Kampf für mehr Lebensmittelsicherheit fort – genauso intransparent, wie sie seit eh und je operiert hat. Dabei setzt sie unterschiedliche Taktiken ein, angefangen mit der verstärkten Einbindung staatlicher Vertreter vor Ort bis hin zu Hightech-Maßnahmen wie Blockchain in der neuentwickelten Food Safety Cloud (食品安全云), mit der die Manipulation von Daten an sämtlichen Gliedern der Kette verhindert werden soll, ob auf lokaler oder übergeordneter Ebene.[10] Die Frage lautet, ob eine große, schwerfällige Regierung wirklich dazu beitragen kann, das gesellschaftliche Vertrauen zu festigen, wenn die Menschen nach all den Lebensmittelskandalen einen tiefsitzenden Argwohn gegenüber dem Staat hegen. Und wenn derlei Initiativen als geschlossene Systeme zwischen Regierung und Technologieunternehmen funktionieren, wie sollen dann ausgerechnet sie das verlorene Vertrauen der Menschen wiedergewinnen?

4.

An einem schwülheißen Sommertag in der Stadt Guangzhou gehe ich mit meinem Onkel zum frisch eröffneten Hema-Supermarkt des Alibaba-Konzerns. Vor dem Supermarkt steht das Maskottchen von Hema, ein alibabablaues Riesennilpferd. Den größten Teil seines Gesichts nimmt seine große runde Schnauze ein, was zu dem einen oder anderen Online-Witz Anlass gibt, der sich um Pfirsich-Emojis dreht.

Der Hema-Markt ist blitzsauber und wohlgeordnet, eine Offline-Version von Yimishiji, mit einem entscheidenden Unterschied: Im Gegensatz zu Yimishiji mit seinem saisonalen, regionalen, biologisch erzeugten Angebot gibt es bei Hema eine riesige Auswahl an Lebensmitteln aus aller Welt, ohne Rücksicht auf Saisonalität. Dicke Scheiben vakuumverpackter norwegischer Zuchtlachs von Farmen aus einem Joint-Venture zwischen Alibaba und dem Norwegian Seafood Council, Himbeeren aus den USA, Schweineschlegel aus Fujian, Kirschen aus Neuseeland und Teigtaschen als Suppeneinlage aus Shanghai liegen fein säuberlich nebeneinander im gleichmäßig sanften Licht. Bei Hema sind sämtliche Waren garantiert frisch, von höchster Qualität und vor allem: sicher.

Billig ist es nicht, bei Hema einzukaufen, aber genau darauf setzen Alibaba und die anderen Technologiefirmen. In den letzten paar Jahren sind diverse Tech-Unternehmen, darunter Alibaba, JD.com und NetEase, in die Nahrungsmittelproduktion und in den Lebensmittelhandel vorgestoßen und haben sämtliche Glieder der Kette unter ihre Kontrolle gebracht. Herstellung und Transport, gestützt durch Informatik und Sensoren, sind bei diesen Unternehmen unter einem zentralen Dach vereint, was den Verbrauchern das Gefühl gibt, die Kontrolle über ihre Lebensmittel zu haben. Bei Hema merkt man das daran, dass auf jeder Warenverpackung – es ist ausnahmslos alles abgepackt – der Wochentag ihres Eingangs im Markt und der Betrieb, in dem sie hergestellt wurde, aufgedruckt ist.

Wir schlendern durch die Gänge, und in der Abteilung Fische und Meeresfrüchte bleibt mein Onkel stehen. Seafood ist in China der Inbegriff von Luxus, doch immer mehr Menschen können sich diesen Luxus inzwischen leisten. Lebendfisch in Wasserbehältern, zappelnde Garnelen, in übervollen Becken sich stapelnde Hummer sind in der Abteilung zur Schau gestellt wie im Zoo. Die chinesische Küche und die Essgewohnheiten der Menschen fordern absolut frischen Fisch, der um keinen Preis tiefgefroren sein darf, sondern am Tag der Zubereitung getötet werden muss.

Statt der Regierung zu vertrauen, haben die Menschen ihr Vertrauen in die Privatwirtschaft verlagert: Hema, Alibaba. Was folgt, ist eine Kaskade eklatanter Widersprüche. Die Probleme der Lebensmittelsicherheit sind das Ergebnis eines privatisierten, marktwirtschaftlichen Modells der Landwirtschaft von globaler Reichweite, in dem der Wettbewerb Kostendruck erzeugt. Die Regierung fungiert hier als Vermittlerin gesellschaftlichen Vertrauens, sie sorgt für Regularien und den Schutz ihrer Bürger. Dabei hatte die Regierung indes große Mühe, effizient zu sein, was privaten Unternehmen Gelegenheit gegeben hat, auf dem freien Markt um das Monopol auf Lebensmittelsicherheit zu wetteifern. In Wirtschaftsblättern werden Hema und andere Supermärkte, die zu Tech-Unternehmen gehören, nun als die großen Innovatoren und angeblichen Retter der Lebensmittelsicherheit in den Himmel gepriesen: gerade die Kräfte des Marktes, die das Problem in die Welt gesetzt haben.

Meine Tante hat uns gebeten, doch ein paar Pfund lebender Garnelen für das Abendessen mitzubringen. Einige halten sich ganz am Rand des Wasserbeckens versteckt. Das Ganze erinnert an ein Schau-Aquarium. Die meisten flitzen in der Mitte des Beckens herum. Mein Onkel greift mit einem Kescher ins Wasser. Einige entkommen, doch mehrere Dutzend hektisch zappelnder Meerestiere landen in einer große Plastiktüte, die mein Onkel in unseren Einkaufswagen stellt. Gebannt schaue ich zu, wie sie hin und her zucken und gegeneinanderprallen, während ihre schwarzen Knopfaugen an langen Stielen seitlich an ihren Körperchen hervorragen. Das wimmelnde Knäuel Garnelen erinnert eher an eine Invasion unheimlicher Insekten als an ein leckeres Abendessen.

5.

Chongqing ist eine sich nach allen Richtungen ausbreitende, chaotische Stadt in bergigem Land. Am Tag meiner Ankunft ist die Luftverschmutzung so stark, dass der Smog die Sonne verdunkelt und der Himmel eine düstere, leicht verschleierte Orangefärbung angenommen hat. Die Stimmung ist tendenziell apokalyptisch, als sei das nächste schwere Unwetter im Anzug, um der Stadt ein Ende zu bereiten. Der »Horizontal Skyscraper« des Architekten Mosche Safdie ist beinahe fertiggestellt – ein langes, liegendes Bauwerk, das sich quer über drei weitere Wolkenkratzer erstreckt und in schwindelerregender Höhe etliche Straßenzüge überspannt.

Durch Tunnels und über auf Stelzen gebaute Autobahnhochbrücken fährt mein Bus durch die Berge zum Stadtbezirk Nanchuan, zwei Stunden außerhalb des Zentrums von

Chongqing. Nach weiteren zwei Stunden erst liegt die Dunstglocke von Chongqing hinter uns. Der Bus fährt durch neugebaute Tunnel, die Beleuchtung ist noch strahlend hell, ungetrübt von Straßenstaub und Abgasen.

Schließlich erreiche ich das Dorf Sanqiao im grünen Hochland von Guizhou, wo das Blockchain-Huhn lebt.

Im Dorf gibt es eine einzige asphaltierte Straße. Die Bushaltestelle befindet sich neben einem kleinen Einkaufsladen, gegenüber ein steil aufragender Hügel. Ich frage einige Leute, die die einzige Straße entlangkommen, nach dem Weg zum Sitz der Dorfregierung. Die einen scheinen mich nicht zu verstehen, die anderen verstehe ich nicht. In diesem Riesenland hat jede Region ihren eigenen, nur dort gesprochenen Dialekt. Ein Dialekt kann so stark sein, dass Menschen von auswärts, auch wenn sie fließend Mandarin sprechen, nicht verstehen, was die Person sagt. Ich erinnere mich an einen Besuch in der Heimat meiner Verwandten mütterlicherseits, bei dem ein Cousin während des gesamten Abendessens für mich dolmetschen musste.

Diese Gegend in Guizhou hat neben ihrem Dialekt noch eine ganz eigene Sprache, denn dort lebt die ethnische Minderheit der Miao. Es ist zudem eine der ärmsten Regionen Chinas. Das durchschnittliche Haushaltseinkommen pro Jahr beträgt 5.000 RMB (ungefähr 700 US-Dollar).

Sanqiao mit seinen nebelverhangenen Bergen wirkt wie ein Ausschnitt aus einem Traum. Ich spaziere den Fluss entlang, der an einer Schlucht von einer grazilen, schneeweißen Brücke überspannt wird. Der Sitz der Dorfregierung liegt auf einem weiteren, ebenfalls schwindelerregend steilen Hügel. Auf dem Weg dorthin komme ich an einem schon etwas verfallen aussehenden, rosarot getünchten Grundschulgebäude vorbei. Von drinnen hört man hohe Kinderstimmen im Chor ein Gedicht aufsagen.

Ein großes rotes Schild an einem neugebauten Krankenhaus verkündet: »Faulheit ist eine Schande, Selbstständigkeit führt zu Stärke« (好吃懒惰不光彩, 自力更生才出彩). Einer der vielen politischen Slogans, die die Armutsbekämpfungspolitik der Regierung untermauern – und zugleich eine eigentümliche Nähe zu gewissen amerikanischen Werten aufweisen: Sei niemals untätig. Reiß dich am Riemen. Leg dich ins Zeug. Unter dem großen roten Schild steht eine Frau an einem armseligen Obststand und ordnet die Orangen in ihrer Kiste immer wieder neu an. In Sanqiao hat der Unternehmergeist Einzug gehalten.

6.

Blockchain-Huhn ist nicht der wirkliche Name des Huhns, dessentwegen ich gekommen bin. Sein offizieller Name lautet Bubuji (步步鸡) oder auch GoGoChicken, wie es in englischsprachigen Werbepublikationen genannt wird. Der COO von Shanghai Lianmo Technology, der Firma hinter dem Blockchain-Huhn, sagt, dass er das Wort »Blockchain« extra aus dem Namen des Produkts heraushält, und meint, dass übermäßig gehypte Blockchain-Projekte den Begriff »Blockchain« zu Marketingmüll haben verkommen lassen.

Die Blockchain-Hühner, um die es hier geht, werden auf JD.com für bis zu 300 RMB (40 US-Dollar) gehandelt. Die Kundschaft kommt überwiegend aus der urbanen Oberschicht – Leute, die bereit sind, für Qualität beim Essen einen erheblichen Aufpreis zu bezahlen.

Ich bin mit einem der frischgebackenen Assistenten des Dorfsekretärs verabredet. Er heißt Ren und ist in der Gegend aufgewachsen. Er ist dreißig Jahre alt, und anders als die meisten seiner Altersgenossen ist er nach Absolvierung seines Hochschulabschlusses in Chonqing zurückgekehrt, um seinen kranken Eltern beizustehen. Er ging zur Dorfverwaltung, weil er sich dachte, wenn ich schon zurück in die Heimat muss, dann kann ich ebenso gut dazu beitragen, dass der Ort, an dem ich lebe, etwas weniger verarmt ist, ein bisschen wohlhabender, ein klein wenig lebendiger.

Wir machen uns auf den Weg zur GoGoChicken-Farm. Mit dem steigenden Fleischkonsum in China sehen sich selbst Unternehmen wie KFC und McDonald's mit Fragen der Lebensmittelsicherheit konfrontiert. Und genau da kommt die Blockchain ins Spiel, jene exotische Technologie, die Herkunftsnachweise und Lieferketten gerade bei Geflügel zu protokollieren erlaubt.

Ren erzählt mir, dass es in den Nachrichten zwar zahlreiche Berichte über GoGoChicken gab, komischerweise aber kaum jemand die Farm besichtigen kam. Als wir auf dem Hof ankommen, bin ich erstaunt, wie einladend er aussieht. Der Eingangsbereich ist klein und friedlich, an die Wände sind lustige Hühnercartoons gemalt.

Die Leitung des Blockchain-Hühnerbetriebs hat Bauer Jiang inne. Gegen den Regen hat er einen Strohhut auf. Hinter ihm prangt ein farbenfrohes Wandgemälde von einem Bauern inmitten seiner Hühner, der den gleichen Strohhut trägt. Er ist ein rundum netter Mensch.

Bauer Jiang hat schon Hühner gezüchtet, als von so etwas wie Blockchain noch nicht im Entferntesten die Rede war. Seine Spezialität war seit jeher die Zucht von *linxiaji* (Unter-dem-Baum-Hühner, 林夏季) – freilaufende Hühner, die ausschließlich pflanzliches Futter erhalten. Genau solche Hühner picken und scharren unter den üppigen Baumkronen von Sanqiao, wo sie jede Menge Auslauf haben. Das typische Masthuhn auf einer industriellen Geflügelfarm wird unentwegt gefüttert, damit es das geforderte Schlachtgewicht in weniger als einem Monat erreicht. Die freilaufenden Blockchain-Hühner hingegen dürfen mindestens drei

Monate picken und scharren, bis sie reif zur Schlachtung sind. Als Bauer Jiang erläutert, dass das Hühnerfutter aus heimischem Mais besteht, läuft mir das Wasser im Mund zusammen bei dem Gedanken, wie köstlich die Eier von hier wohl schmecken.

Das GoGoChicken-Projekt ist eine Partnerschaft zwischen der Dorfverwaltung und Lianmo Technology. Diese Firma nutzt die Blockchain-Technologie für beliebige physische Objekte, bei denen der Herkunftsnachweis eine Rolle spielt, also die lückenlose Rückverfolgbarkeit, woher der entsprechende Gegenstand stammt. Wo durch manipulierte Aufzeichnungen und immer längere Lieferketten Kontaminationen drohen und die Lebensmittelsicherheit zum Problem wird, scheint Blockchain sich als klare, logische Lösung geradezu anzubieten.

Es ist dies eines der vielen Versprechen von Blockchain. An ihren Ursprüngen war die Technologie begleitet von gewissen Grundannahmen über die gesellschaftlichen Voraussetzungen, unter denen sie funktioniert, und die politische Anschauung vieler ihrer Fürsprecher und Betreiber bewegte sich irgendwo zwischen Libertarismus und Anarchie. Doch wie viele andere heutige Technologien wurde auch die Blockchain von Unternehmen und Regierungen übernommen, um Profite zu erzielen. So auch im Falle einer Hühnerfarm in einem entlegenen kleinen Dorf in Guizhou.

Bauer Jiang erzählt, dass die Zucht von Freilandhühnern jedes Jahr erneut ein Kampf ist. Ein Problem sind Krankheiten, ein anderes die faktische Schwierigkeit, dafür zu sorgen, dass bei einem Bestand von mehreren tausend Hühnern möglichst viele drei Monate überleben.

»Besonders schlau sind Hühner nicht«, sagt Bauer Jiang, während wir über den Hühnerhof gehen und zu einer ordentlich aussehenden Futterstation kommen. »Und auch nicht sehr mutig. Wenn sie nachts nicht im Stall sind, sondern draußen, bekommen sie Angst. Dann scharen sie sich um jede Lichtquelle, drängeln sich übereinander und trampeln einander tot. Wie bei einer Massenpanik.«

Noch schwerer wog die Tatsache, dass Jiang sich nicht auf einen gleichbleibend stabilen Markt verlassen konnte. Der gesamte Verkauf und die Vermarktung lagen bei ihm selbst. Selbst wenn er etwas verkaufte, war die Gewinnspanne gering oder er verkaufte mit Verlust. Die Käufer verhielten sich abwartend, sie taten sich schwer, darauf zu vertrauen, dass seine Hühner wirklich aus Freilandhaltung stammten und den höheren Preis wert waren.

Dann kam Zhou Ling aus Shanghai als Assistent der Dorfregierung nach Sanqiao. Im Zuge der Armutsbekämpfungspolitik werden in ganz China Millionen von Hilfskadern eingesetzt, typischerweise jüngere Parteimitglieder, die Hilfe und Unterstützung aller Art leisten sollen – von der Reparatur von Wasserpumpen bis hin zu Schulungen in Digitalisierung. In diesen Programmen spiegelt sich Chinas Modell eines »fragmentierten Autoritarismus«, der sich zugleich dezentral und autoritär gibt: dezentral auf der lokalen Ebene, wo die Zügel relativ locker gehalten sind, doch autoritär, was die nationale Politik betrifft.[11] Die innere Widersprüchlichkeit dieses Modells hat das Potential, zu erheblicher Konfusion zwischen der offiziellen Politik und der tatsächlichen Handhabung vor Ort zu führen.

Zhou brachte Bauer Jiang mit Lianmo Technology zusammen, einem Unternehmen, das auf Pilotprojekte im Bereich Blockchain und Internet der Dinge setzte, unter anderem im profitablen Geschäft des Geflügel-Trackings – schließlich liegt der jährliche Konsum von Hühnern in China bei fünf Milliarden Stück pro Jahr (was freilich nur etwas mehr als der Hälfte des Geflügelkonsums der Amerikaner entspricht, die neun Milliarden Hühner pro Jahr verspeisen).

Jiang zeigt uns die Bereiche des Betriebs, die wir noch nicht gesehen haben – einige vorübergehend nicht genutzte Futterflächen, wo die Vegetation nachwachsen darf, und den »Kontrollraum« mit der Basisstation. Jedes Huhn trägt einen manipulationssicheren Ring am Fuß, der Daten wie die Schrittzahl oder den aktuellen Standort des Huhns protokolliert. Eine Art Hühner-Fitbit.

Vorne an der Fußfessel ist ein QR-Code angebracht. Alle diese Daten lassen sich über eine passwortgeschützte Website einsehen, auf der per Webcam kontinuierlich Überwachungsaufnahmen aus dem Hühnerstall gestreamt werden, um zu kontrollieren, dass die Tiere nicht von unbefugten Eindringlingen gestört oder manipuliert werden. Eine Karte zeichnet die Bewegungen der Hühner auf. Die Hühnerdaten werden über die Basisstation bei Anlink hochgeladen, einer proprietären Blockchain, die von der rapide wachsenden Online-Versicherungsgesellschaft ZhongAn entwickelt wurde.

Die Hühner aus Sanqiao stehen unter strenger Überwachung. Zusätzlich zu ihrer elektronischen Fußfessel werden die Hühner alle zwei Wochen von der dem Agrarministerium unterstehenden Behörde auf Anzeichen von Antibiotika getestet, deren Einsatz bei Freilandgeflügel illegal ist. Das alles mag zu viel des Guten erscheinen, doch der Preis für das zurückgewonnene Vertrauen der Öffentlichkeit ist immer noch niedrig.

Nach der Schlachtung werden die Hühner den Käufern vakuumverpackt an die Haustür geliefert, mit intakter Fußfessel, sodass der Kunde den QR-Code scannen kann, bevor er den Vogel zubereitet. Der Code führt ihn auf eine Internetseite, die das Leben des Huhns im Detail nachvollziehbar macht, wie sein Gewicht sich entwickelt hat, wie viele Schritte es zurücklegte. Ein Foto des Huhns gibt es ebenfalls. Aus Shanghaier Perspektive bürgen diese Details für Glaubwürdigkeit und Lebensmittelsicherheit, während in den Vereinigten Staaten daraus wohl Rückschlüsse auf das Tierwohl gezogen würden. Bauer Jiang lässt mich eine Fußfessel einscannen, aber was ich sehe, ist nicht gerade überzeugend. Zwar weiß ich, dass sich diese Information tatsächlich auf das betreffende Huhn bezieht, aber es wäre für Lianmo Technology ein Leichtes, eine Reihe gefälschter Websites über diese Hühner bereitzustellen. Da die Anlink-Blockchain eine proprietäre Software ist, haben die Verbraucher eher keinen Einblick in diesen Teil der Technologie.

Ren, der Assistent des Dorfsekretärs, und ich werden von Jiang zum Tee ins Haus gebeten. Es ist ein bescheidenes Haus mit drei Räumen. Im Wohnzimmer steht in einer Ecke ein Stubenofen mit großer Metallplatte darauf, der in den kalten Wintern von Guizhou als Tisch, Herd und Heizung zugleich dient. Jiangs Mutter und seine Frau sitzen dort. Hinter dem Ofen steht ein Flachbildfernseher – ein sichtbares Ergebnis der letztjährigen Einnahmen aus dem Blockchain-Hühnergeschäft.

Am Ende hat Jiang durch das Blockchain-Projekt sechstausend Hühner verkaufen können. Und aufgrund der gemeinschaftlichen Organisation des Dorflebens fanden etliche weitere Familien Arbeit in dem Projekt. Als Armutsbekämpfungsmaßnahme wurden die Gewinne zwischen der Familie von Bauer Jiang und den dreihundert übrigen Haushalten im Dorf aufgeteilt.

Trotz des Erfolgs ist die Zukunft des Blockchain-Huhns ungewiss. Bauer Jiang gehören weder der Code noch die Ausrüstung noch die Software, es bleibt letztendlich alles Eigentum von Lianmo Technology. Jiang berichtet, dass im Vorjahr das GoGoChicken-Projekt von Lianmo Technology vorab sechstausend Hühner orderte, um sie an den Online-Supermarkt von JD.com und andere Plattformen zu verkaufen. Dieses Jahr gab es keine Vorbestellung, und Jiang ist auf sich allein gestellt. Rens Vorgesetzter, der Parteisekretär des

Dorfes, Vorsitzender Chen, ist derzeit mit einem anderen Unternehmen im Gespräch, das das nahegelegene Chongqing mit Hühnern beliefern soll. Es ist wie bei vielen anderen Start-ups auch: Es ist unklar, ob und wie die technische Infrastruktur weiterhin funktioniert und ob Lianmo Technology künftig Geld in ein Projekt mit derart hohen Gemeinkosten stecken will.

Bauer Jiang hat mehr Abnehmer für seine Freilandhühner, seitdem sie Blockchain-Freilandhühner geworden sind. Doch mit der Umstellung auf Blockchain sind durch die Kosten für die Fußfesseln und die technische Infrastruktur auch seine Fixkosten gewaltig gestiegen. Am Ende des Tages bekommt Bauer Jiang für jedes Huhn 100 RMB (14 US-Dollar), die Ausgaben nicht eingerechnet.

Dennoch ist Jiang optimistisch. Die technisch überwachte Hühnerzucht ist für ihn kein Buch mit sieben Siegeln mehr. Dank des allmählich wachsenden Zustroms an Geld wird im Dorf gerade eine weiterführende Berufsfachschule gebaut. Und weitere Projekte haben Einzug gehalten, zum Beispiel das »smarte Pilz-Zelt«, gesponsert vom staatlichen Spirituosenhersteller Kweichow Moutai. Auf Holzstapeln wachsen dort Zuchtchampignons und Shiitakepilze, deren Bewässerung, Temperatur und Luftfeuchtigkeit durch ein System automatischer Sensoren gesteuert wird.

Während wir in seinem Wohnzimmer sitzen, die Füße in Richtung Ofen gestreckt, fängt Bauer Jiang an, Orangen in eine Plastiktüte zu stecken, eine nach der anderen. Zugegebenermaßen sei es für diese Gegend von Guizhou schwer, sich wirtschaftlich zu entwickeln, meint er. Es liege an den geographischen Gegebenheiten. Das Land sei abgelegen, es sei gebirgig. Bestimmte Kulturpflanzen ließen sich auf diesem Boden kaum anbauen. Aber gerade aufgrund seiner Abgelegenheit sei das Land auch frei von Umweltverschmutzung, die Luft sei klar und frisch, der Boden sauber. Das

Problem sei nur, dass die Dörfler keine Ahnung hätten, wie sich das irgendwie in klingende Münze umsetzen ließe. Ich erwidere, dass das wohl niemand so recht weiß.

Als wir gehen, überreicht Bauer Jiang Ren und mir eine riesige Plastiktüte mit Orangen. »Hier, nehmen Sie die! Die baue ich für meine Familie an. Es sind Bio-Orangen, mit GoGoChicken-Hühnerscheiße gedüngt!«

Im Auto frage ich Ren, der mich über die kleinen Bergsträßchen zurück zur Bushaltestelle bringt: »Also, was halten Sie von *qukuailian* [Blockchain, 区块链]?« Zwar haben wir zusammen die GoGoChicken-Hühnerfarm besichtigt, aber den Begriff Blockchain habe ich während meines ganzen Besuchs nicht explizit erwähnt.

Er sieht mich fragend an. »Was ist das, Blockchain?«

7.

Auf dem Podium des Decentralized Web Summit des Internet Archive in San Francisco steht der Gründer des Lightning-Netzwerks, einer Protokollebene, die auf der Blockchain von Bitcoin aufsetzt. Beim Decentralized Web Summit versammelt sich ein bunter Menschenschlag, fast eine Karikatur der in der Bay Area ansässigen Tech-Szene.

Der Referent, schmächtig und bebrillt, hält sich an beiden Seiten des Rednerpults fest. Seine Schultern sind leicht eingefallen. Das Publikum wartet gespannt auf das, was er zu sagen hat. »Das Leben ist ›scheußlich, tierisch und kurz‹, das wissen wir.« Er hält kurz inne, bevor er auf Usenet zu sprechen bekommt, einem verteilten System von Diskussionsforen. Dessen Niedergang führt er zurück auf sogenannte »schlechte Akteure« – kurz gesagt, Idioten. »Das war schon immer das Problem der Gesellschaft: dass es immer irgendwelche Arschlöcher gibt, die alles kaputtmachen.«

Unter Fans von Kryptowährungen und Blockchain ist diese Anschauung weitverbreitet – die zynische Auffassung von der menschlichen Natur, dass Menschen grundsätzlich selbstsüchtig und nicht vertrauenswürdig sind. Der Gedanke, dass das Leben »scheußlich, tierisch und kurz ist«, entstammt der politischen und moralischen Philosophie von Thomas Hobbes, der die Ansicht vertrat, es bedürfe einer strengen, autoritären Regierung, um die in jedem von uns wirksamen selbstsüchtigen Triebe einzuhegen. Einige Jahrhunderte später machte das Modell der »Tragik der Allmende« das Hobbes'sche Denken zu seiner wissenschaftlichen Grundlage. Viele Krypto- und Blockchain-Adepten zitieren oft und freimütig dieses Konzept, das 1968 unter dem Schlagwort *tragedy of the commons* durch den Mikrobiologen und Ökologen Garrett Hardin populär gemacht wurde (der übrigens auch prophezeite, dass die Überbevölkerung aufgrund der Begrenztheit der irdischen Ressourcen unvermeidlich in die Katastrophe führen würde). Nach Hardin besteht die Tragik der Allmende darin, dass einzelne Nutzer aus Eigeninteresse ein System gemeinsamer Ressourcen für alle ruinieren. Als Beispiel nannte Hardin etwa Hirten, die nur am Überleben der eigenen Herden interessiert seien und das gemeinsame Weideland durch Übernutzung zerstörten.

Genau wie seine Theorie der Überbevölkerung wurde auch Hardins Allmendeproblem später selbst als zutiefst problematisch gebrandmarkt, als Politik im wissenschaftlichen Gewand. Seine wissenschaftlichen Ansichten gründeten in seinen rassistischen, eugenischen Grundüberzeugungen als weißer Nationalist, und viele der Gruppen, die er als unfähig zur vernünftigen Nutzung gemeinsamer Ressourcen darstellte, lebten in nichtwestlichen Ländern.[12]

Doch auch abgesehen von Hardins ideologischer Einfärbung ist die Lehre von der Tragik der Allmende schlicht falsch. Das Modell wurde 1990 von Elinor Ostrom, die für ihre

Arbeit später den Nobelpreis für Wirtschaftswissenschaften erhielt, auf Basis detaillierter Daten und akkurater wissenschaftlicher Forschung widerlegt. Weil Hardin jedoch Ökologe war, wurde das Modell der Tragik der Allmende nach und nach zum Gemeinplatz, zur neutralen wissenschaftlichen Erkenntnis ohne ideologisch-politische Schlagseite. Dabei basierten Hardins Vorstellungen auf haarsträubenden Annahmen, der Idee einer Welt, in der die menschliche Natur und die natürlichen Ressourcen statisch, endlich und unveränderlich sind.

Ostroms Arbeit zum Trotz ist der feste Glaube an eine dem Menschen angeborene Selbstsucht in einer Welt knapper Güter inzwischen auch außerhalb der Ökologie verwurzelt, etwa in der Informatik und in den Wirtschaftswissenschaften.[13] Der unhinterfragte Glaube an Selbstsucht und Knappheit ist eine der zentralen Ideologien, die zur Blockchain geführt haben.

Obwohl Blockchain inzwischen zum Synonym für Bitcoin geworden ist, sind sie nicht dasselbe. Bitcoin ist eine Anwendung der Blockchain, die aber von der Blockchain-Technologie selbst zu unterscheiden ist. Man hat Analogien aus der Biologie bemüht, um den Unterschied zu veranschaulichen: Wenn die Blockchain die DNA ist, dann ist Bitcoin eine bestimmte Spezies. Die Blockchain ist eine Art dezentrales Transaktionsregister, das Kryptographie einsetzt, um die Manipulation von Einträgen zu verhindern. Dadurch entfällt die Notwendigkeit *einer* zentralen Vertrauensinstanz zur Beglaubigung der Einträge.

Ein Beispiel: Angenommen, in China gibt es ein Problem mit manipulierten Prüfprotokollen in der Lebensmittelüberwachung. Statt lediglich eines autorisierten Registers einer einzelnen Instanz, die potentiell manipulierbar ist, werden also mehrere Register eingeführt. Diese wiederum werden auf mehrere Stufen verteilt: den Bauern, die lokale

Prüfbehörde, den Endverbraucher etc. Über ein System wird sichergestellt, dass die verteilten Register koordiniert und aufeinander abgestimmt werden, so dass alle Beteiligten ein identisches Register führen. Einem solchen verteilten System vertrauen die Menschen möglicherweise eher als einer zentralen Regierungsbehörde, wenn es darum geht, Lebensmittel für sicher zu erklären. Denn sollte ein schlechter Akteur in der lokalen Prüfbehörde versuchen, an dem Register herumzupfuschen, lehnt das System die Änderung ab. Eine Manipulation von Einträgen ist damit so gut wie unmöglich. Das Besondere an dem System ist, dass es gar nicht nötig ist, dass die dokumentierenden Akteure einander vertrauen, mehr noch, sie müssen nicht einmal miteinander interagieren, die vermittelnde Instanz ist die Technik selbst. Eben dieses System ist die Blockchain – unveränderbare, fälschungssichere Datenaufzeichnungen mit einer Reihe eingebauter Mechanismen zur Unterbindung schlechter Akteure. Das klingt auf den ersten Blick nach einem idealen System. Doch die technische Implementierung eines solchen Systems schafft eine andere Wirklichkeit.

Ein Satz von Daten nennt sich in der Blockchain ein Block. Etliche Computer bzw. Nodes führen ein identisches Register bereits bestehender Einträge. Jeder Datenblock ist mathematisch mit dem vorhergehenden Datenblock verkettet. Um an einen bestehenden Block einen neuen Block anzufügen, muss eine »Hashfunktion« berechnet werden. Das ist mathematisch sehr aufwendig, und die erforderliche Rechenleistung führt zu einem enormen Stromverbrauch.

Nach dieser Hashfunktion ist der neue Block Teil der Blockchain, die an die anderen Rechner im Netzwerk übermittelt wird. Da alle Blöcke mathematisch miteinander verkettet sind, würde die Manipulation eines Eintrags bedeuten, die ganze Arbeit für sämtliche nachfolgenden Blöcke noch einmal zu wiederholen, was so viel Zeit und Energie kostet, dass Fälschung sich nicht lohnt.

Bitcoin kam 2008 zu Beginn einer globalen Finanzkrise auf. Online kursierte das Papier eines gewissen Satoshi Nakamoto, der ein Peer-to-peer-Zahlungsmittel vorschlug und das Konzept »Bitcoin« skizzierte. Anstelle einer Zentralbank, die Transaktionen verifiziert und doppelte Ausgaben verhindert, schlug Nakamoto vor, das Blockchain-System zur Verifikation und Aufzeichnung von Transaktionen zu nutzen. Vergütung mit Bitcoin würde den Anreiz schaffen, dass Menschen mit Computern Blocks für die Blockchain zu verifizieren, um neue zu schöpfen. Das ist der Kern der Bitcoin-Blockchain. Die Leitidee ist, dass es schlechte Akteure in jedem System gibt und dass man enorme Mengen von elektrischer Energie aufwenden muss, um ihr Handeln mittels Hashfunktionen zu unterbinden. Der erste Block der Bitcoin-Blockchain wurde generiert, und diese Transaktion bestand in der kodierten Nachricht »THE TIMES 03/JAN/2009 Chancellor on brink of second bailout for banks« (»The Times 03. Januar 2009 Britischer Finanzminister am Rande eines zweiten Rettungspaketes für Banken«), womit die antizentralistische Botschaft von Bitcoin klar und unmissverständlich ausgesprochen war. Seit 2008 hat der Bereich Kryptowährung und Blockchain sich über Bitcoin hinaus verbreitet und andere Währungen und Blockchains hervorgebracht, Währungen wie Ethereum und EOS, die alle leicht unterschiedliche, kryptographische Konsensmechanismen nutzen, um sicherzustellen, dass die Datensätze der einzelnen Computer bzw. Nodes miteinander übereinstimmen.

Garrett Hardins Essay von 1968 verwendete das Beispiel der mittelalterlichen Allmende (englisch »commons«), des gemeinsam genutzten Landes, auf dem die Bauern ihr Vieh weideten. Nach Hardins Auffassung führte die ungeregelte Nutzung der Allmende zur Überweidung, weshalb die

Allmende zwangsläufig irgendwann eingezäunt und privatisiert werden musste. Allerdings war Hardin schon allein hinsichtlich der historischen Tatsachen im Irrtum, denn das Allmendemodell florierte in Europa über Jahrhunderte. Die schlechte Bewirtschaftung der Allmende durch die Bauern war schlichtweg eine Lüge, ein Vorwand mächtiger Landbesitzer, um diese Flächen zu beschlagnahmen und zu kontrollieren.

Bei einem langen Gespräch mit einem chinesischen Blockchain-Ingenieur wird mir vor Augen geführt, dass eine Regierung wie die Chinas von einem tiefsitzenden patriarchalen Autoritätsgedanken beseelt ist: Man kann den eigenen Bürgern nicht trauen, deshalb muss die Regierung sie kontrollieren. Die Bürger müssen Vertrauen haben, dass die überwiegend männlich geführte Regierung nur in ihrem besten Interesse handelt. Die Regierung erwartet von ihren Bürgern, an das reibungslose Funktionieren des Systems zu glauben, ohne es in Frage zu stellen, und schürt zugleich Ängste, dass ohne das System einige wenige schlechte Akteure das große Ganze ruinieren würden. Die Geschichte der Blockchain in China erscheint so als Variante des »Pick-your-Poison«-Spiels: Wem vertraust du mehr, der Maschine oder der Regierung?

Die Blockchain folgt einer Logik, die sich zu der Logik des autoritären Regimes parallel verhält: In einer freien Marktwirtschaft ist den Menschen nicht zu trauen, und schlechte Akteure gehören zum Wesenskern eines Gesellschaftssystems. Als vertrauensvermittelnde Instanz ist eine technische Infrastruktur besser geeignet als eine Regierung, denn Regierungen bestehen aus Menschen und Menschen machen Fehler, während eine technische Infrastruktur automatisch funktioniert. Anstelle der Regierung moderiert nun die Blockchain das Vertrauen, und zwar maschinell.

Beim Decentralized Web Summit nehme ich auch an ein paar technischen Sessions teil. In den Räumen drängen sich Blockchain-Entwickler, die aufgrund der technischen Entscheidungen, die sie treffen, eine enorme Macht besitzen. Im Blockchain-Kontext sind technische Probleme und Herausforderungen untrennbar mit politischen und rechtlichen Fragen verbunden, die eigentlich Fragen des Regierungshandelns sind. Beispielsweise haben gewisse Schwachstellen innerhalb von Blockchains in der Vergangenheit zu weitergehenden technischen Entscheidungen geführt – Entscheidungen, die die Grundbedingung, dass die Blockchain unveränderbar ist, ins Wanken gebracht haben. In der Blockchain mischen sich Code und Recht miteinander.

Inzwischen herrscht deshalb die weitverbreitete Überzeugung, dass die Blockchain von der Community ihrer Entwickler gesteuert werden sollte. In den letzten Jahren wurde die Community zunehmend durch Risikokapital finanziert, wobei Millionen Dollar in Blockchain-Projekte flossen, die das politische System, in dem wir leben, nur weiter festigten. Wenn ich mich auf der Konferenz so umsehe, stelle ich fest, dass die meisten Entwickler weiß und männlich sind. Leute wie Ren und Jiang gibt es in der Community nicht. Karissa McKelvey von Digital Democracy, eine weitere Referentin bei der Konferenz, drückt es so aus: »Blockchain-Governance ist weder unparteiisch noch wertneutral. Statt bürokratischer Rollen werden nun eben technische Rollen wichtiger. An irgendeinem Punkt muss man jemandem vertrauen.« Und zum demographischen Aspekt dieser »technischen Rollen« sagt McKelvey unverblümt: »Man könnte es durchaus Kolonialismus nennen.«

Früher war ein System zur Registerführung textbasiert, lesbar und allgemein verständlich. Die technische Komponente bestand aus Bleistift und Papier. Das System war zwar anfällig für Fälschungen, aber jeder konnte es lesen. Von der

Blockchain verwaltete Register sind fälschungssicher, aber die technischen Systeme sind für nur wenige Auserwählte lesbar. Schon um Transaktionen auf einer Blockchain zu erforschen, braucht es ein gehöriges Maß an technologischem Knowhow und Zugang. Die Technologie der Registerführung ist äußerst komplex geworden. Diese Komplexität erfordert Vertrauen in den Code – und Vertrauen in jene, die den Code schreiben. Für diejenigen unter uns, die den Code nicht verstehen, ist es offenbar – gelinde gesagt – um einiges naheliegender, einer in natürlicher Sprache auf ein Stück Papier geschriebenen Aufzeichnung Vertrauen zu schenken.

Tag für Tag vertrauen wir allen möglichen technischen Systemen, ohne uns den Kopf über deren Programmcode zu zerbrechen. Unsere Flugzeuge fliegen mit Software, unsere Nahverkehrszüge würden ohne Software stillstehen. Die Blockchain ebenso wie viele andere aufstrebende Technologien jedoch liegt in der Hand ihrer Macher (und einer überschaubaren Anzahl bestens finanzierter Unternehmen). Die herkömmliche Schlussfolgerung wäre nun, die Software staatlich zu regulieren, wie das auch bei der Flugzeug- und Eisenbahntechnologie der Fall ist. Doch das der Blockchain zugrunde liegende politische Ethos fordert ja gerade, einer zentralen Autorität wie z.B. einer staatlichen Behörde Macht zu entziehen. Und in meinem Innersten teile ich diese Haltung. Nichtsdestotrotz ist die Blockchain die Antwort auf folgende Fragen bisher schuldig geblieben: Wenn sie einer zentralen Autorität Macht entzieht, gibt sie die Macht dann wirklich zurück in die Hände des Volkes statt nur einem kleinen Kreis Auserwählter? Wird sie künftig als Infrastruktur dienen, die das Vertrauen stärkt, anstatt das allgemeine Misstrauen zu potenzieren und zugleich eine nie dagewesene Abhängigkeit von technischer Infrastruktur zu schaffen? Wird sie Mittel und Wege bereitstellen, eine Gemeinschaft materiell zu organisieren und ihren Wohlstand zu mehren, anstatt weiterhin Finanzsysteme zum Nutzen einiger weniger anzukurbeln? Und kann diese Gemeinschaft in einer Weise expandieren und diversifizieren, dass sie das patriarchale Machtsystem, das sie abzuschaffen versucht, nicht länger reproduziert?

Ich schlendere auf dem Decentralized Web Summit herum, nippe an einem LaCroix Grapefruit, schaue mal hier, mal da in einen neonbeleuchteten Tagungsraum. Noch vor ein paar Jahren wäre es für mich das Größte gewesen, bei dieser Konferenz dabei sein zu dürfen: die lichtdurchfluteten Räume, das exzentrische, hippe Publikum, das es sich leisten kann, in funkelnder Lässigkeit zwischen Berlin und San Francisco hin und her zu switchen, die Afterpartys mit richtig guten Drogen in plüschigen Lofts und als Sahnehäubchen noch das erhebende Gefühl, dass wir mit einem Kurzbefehl die Welt verändern könnten. Ein paar Leute hier sind »Blockchain Bros«, Jungs, die ganz oben auf der Welle der Internet-Kultur und des Blockchain-Hypes mitschwimmen. Manche nutzen jede sich bietende Gelegenheit, ihr Start-up-Unternehmen anzupreisen. In der letzten Zeit ist die Popularität von Bitcoin und Kryptowährung allerdings etwas ins Wanken geraten, und in die fiebrige Begeisterung mischt sich Besorgnis angesichts des exorbitanten Strombedarfs, der auf ein Jahr hochgerechnet höher ist als der Stromverbrauch der Schweiz. Wenn man ein System unter der Grundannahme schafft, dass Menschen destruktiv und egoistisch sind, führt das letzten Endes nur dazu, dass diese Annahmen Wirklichkeit werden: eine selbsterfüllende Prophezeiung. Das dient als Erinnerung an die physischen, materiellen Beziehungen, die unsere Welt zusammenhalten.

Es ist viel davon die Rede, ob Blockchain und Krypto von Dauer sein werden und ob die Technologie wirklich leisten kann, was sie behauptet. Ich denke an den Skandal mit melaminverseuchtem Milchpulver und ob Blockchain all das seinerzeit verhindert hätte. Die Kontamination geschah bereits bei den Bauern, die unter hohem wirtschaftlichem Druck standen. Blockchain hätte die Fälschung nicht verhindert, hätte aber die Milch verteuert. In einem autoritären System, das einen Nutzen daraus zieht, technisches Know-how in seinem Machtbereich zu halten, und in einem Wirtschaftssystem, das bei der Erschließung neuer Märkte von der Ungleichheit profitiert, ist die Blockchain natürlich ein Erfolgsmodell, das bleiben wird. Sie kreiert eine weitere Schicht Ungleichheit, einen weiteren Anreiz, Nahrung zu einem Handelsgut zu machen.

Das ist sozusagen ihr Konstruktionsfehler, ihre vertrackte Kreislauflogik. Wir operieren unter den Bedingungen der Spieltheorie, unterliegen den Kräften des Marktes, der Grundüberzeugung, dass wir einander *unweigerlich* belügen, weil jemand anders mehr hat als wir selbst und wir mehr für uns herausschlagen wollen. Also erschaffen wir Lösungen, die die Ungleichheit weiter verschärfen. Genau das geschieht, wenn natürliche Ressourcen wie zum Beispiel Lebensmittel als käufliche und verkäufliche Ware betrachtet werden, mit der Geld verdient werden kann, und nicht als menschliches Grundrecht.

Manche Projekte, die beim Decentralized Web Summit diskutiert werden, lassen mich angesichts ihrer utopistischen Sprache zusammenzucken, andere erfüllen mich mit Hoffnung. Ein dezentralisiertes Web ist nicht zwangsläufig gleichbedeutend mit Blockchain, es kann auch ganz andere Tools umfassen, die ein gemeinsames, gemeinschaftliches und gemeinverständliches Datenmanagement fördern. Diese Projekte, zu einem Gutteil als Alternativen zur Blockchain gedacht, klingen spannend, beinahe utopisch.

Um ehrlich zu sein, wünschen wir alle uns eine Art Utopia herbei, auch wenn U-topia per definitionem kein Ort ist. Wir wollen, dass alles besser, ja am liebsten perfekt wird. Viele von uns haben inzwischen das deutliche Gefühl oder erfahren ganz real, dass die bestehenden Wirtschaftssysteme nicht uns dienen.

Auf der Konferenz laufen mir ein paar Freunde über den Weg, und wir tauschen uns über die Vorträge aus, die wir gehört haben. Klar, auch ich will, dass alles besser wird, und auch ich setze immer noch Hoffnung in die Technik, dass sie uns dabei helfen wird. In gewisser Hinsicht bin und bleibe ich eine unverbesserliche Techno-Optimistin.

Beim Mittagessen sitze ich in einer sonnendurchfluteten Cafeteria, esse ein Hähnchensandwich und hänge meinen Gedanken nach. Trotz unserer Modellierungen eines kommenden, dezentralisierten Zeitalters, trotz unserer bis vor kurzem unverstellbaren Technologien klammern wir uns immer noch an Fiktionen über die Natur des Menschen. Wir haben das Humangenom sequenziert, und wir glauben, dass die Menschen sich entwickeln können und immer fortschrittlicher werden. Doch anstatt Technologien zu konzipieren, die gemeinschaftliches, auf Vertrauen gründendes Verhalten befördern, entwerfen wir immer noch Technologien, die von Knappheit ausgehen und Egoismus belohnen. Diese einschränkende, gängelnde Konzeption entspricht einem Menschenbild aus Hobbes' Zeiten, als die Menschheit kaum über fließend Wasser verfügte – eine rundum erfundene und doch universale Sicht auf den Menschen, die von der Forschung immer wieder widerlegt wurde.

Ein anderes Mittagessen kommt mir in den Sinn, mein Mittagessen mit Ren, bevor wir die Blockchain-Hühnerfarm besichtigten. Pikanterweise war es ein vegetarisches Essen in einem kleinen Lokal im Dorf. Über uns hing eine mächtige Digitaluhr, die in großen Lettern verkündete: »Computer Eternity Time«. Die roten LCD-Zahlen sprangen minütlich um, wie um den unabänderlichen Countdown hin zu einem imaginären Fortschritt anzuzeigen. Ich frage mich:

Wer zwingt uns eigentlich dazu, bereitwillig in Fiktionen zu leben, die jemand anderes geschrieben hat, und wer hat die Macht, diese Fiktionen für uns alle zu schreiben? Und wenn umgekehrt jeder Fiktionen schreiben kann, warum schreiben wir dann keine neuen?

Wenn künstliche Intelligenz Schweine züchtet

1.

November 2018. In der Stadt Guangzhou scheint die Afrikanische Schweinepest noch in weiter Ferne zu sein. Ich bin bei Onkel und Tante zu Besuch, tummle mich im Swimmingpool des luxuriösen Apartment-Komplexes, in dem sie wohnen, und fülle meine Vorräte an importiertem australischem Studentenfutter auf, bevor ich wieder aufs Land reise. An den Wäscheleinen der Balkons der Hochhauswohnungen hängen Fleischstreifen. Das Fleisch baumelt neben Hemden und Bettlaken. Es ist Spätherbst, die Zeit, in der man *lap yuk* macht, eine südchinesische Spezialität. Dafür legt man Schweinebauch in einer Marinade aus Reiswein, Salz, Sojasauce und Gewürzen ein und hängt die Streifen zum Haltbarmachen in die feuchte, kühle Herbstluft. Das Fett wird allmählich glasig und verleiht jedem pfannengerührten Gemüsegericht einen unverwechselbaren, herzhaft-süßlichen Geschmack. Ein Verwandter erklärte mir einmal, dass diese Art konservierter Schweinebauch nirgendwo anders als in Südchina zubereitet werden könne. Das Geheimnis seien die Sporen und Bakterien, die nur dort in der Luft vorkommen.

Ich wache jeden Tag um 5.00 Uhr morgens auf und lese »Pig Progress«, einen populären Nachrichtendienst der Schweinefleischbranche. Gerade herrscht eine weltweite Panik an den Schweinefleischmärkten. Im ländlichen China ist ein Lockdown für alle Schweinebestände in Kraft getreten – eine Maßnahme der Biosicherheit vor dem Hintergrund der grassierenden Afrikanischen Schweinepest, einer Tierseuche mit einer Todesrate von annähernd 100 Prozent. Die

Schlagzeilen in meinem Newsfeed zeigen, dass die Situation aufs Äußerste angespannt ist. In anderen Ländern wie Russland und Belgien grassiert die Schweinepest schon länger, nun aber ist die Seuche zum ersten Mal auch in China aufgetreten, dem größten Schweinefleischproduzenten weltweit. Die sich abzeichnenden Auswirkungen sind für Ökonomen und Politiker eine höchst unerfreuliche Perspektive. Weniger Schweinefleisch auf dem Markt bedeutet höhere Lebensmittelpreise, und höhere Lebensmittelpreise bedeuten Unmut in der Bevölkerung. Die Geschichte lehrt es allemal: Brotrevolten waren oft genug Auslöser für den Untergang von Imperien, von der Französischen Revolution bis zur Februarrevolution im zaristischen Russland. Niemand kann eine Schweinefleischrevolte wollen.

Schweinefleischgerichte sind ein wichtiger Bestandteil der Han-chinesischen Küche. Das Schwein wurde in China bereits um das Jahr 7000 v. Chr. domestiziert, und gemäß einer anthropologischen Studie von 1929 wurden in China 70 Prozent der tierischen Kalorien über Schweinefleisch aufgenommen. In der traditionellen chinesischen Medizin wird Essen unter Heilaspekten betrachtet und zur Vorbeugung und Heilung von Krankheiten eingesetzt. Schweinefleisch nährt das Blut und stärkt das Qi, die Lebensenergie, die alle Lebewesen durchströmt. Um heilkräftig zu wirken, sollen Speisen eine ausgewogene Mischung aller fünf Geschmacksrichtungen in sich vereinen – süß, salzig, bitter, scharf, sauer. An diese Anforderung hält sich auch Mao Zedongs Lieblingsgericht, rotgeschmortes Schweinefleisch, in dem eine Extraportion Chilischoten die Schärfe und den revolutionären Impetus von Maos Heimatprovinz Hunan anzeigt.

Während in früheren Zeiten Schweinefleisch eher ein Luxus war und nur gelegentlich auf den Tisch kam, ist mit steigender Kaufkraft auch der Schweinefleischkonsum in China in die Höhe geschossen. Dieser Appetitzuwachs verschiebt geopolitische Allianzen und setzt globale Handelsmärkte in Bewegung. 2013 kaufte die in der Provinz Henan ansässige WH Group den amerikanischen Schweinefleischproduzenten Smithfield, wodurch die WH Group zum größten Schweinefleischkonzern weltweit aufstieg und ihre Geschäftstätigkeit auf ein weitverzweigtes Netz familiengeführter und industrieller Betriebe außerhalb Chinas erweiterte. Diese industriellen Schweinemastbetriebe sind für die benachbarten Kommunen eine erhebliche Belastung, weshalb etwa der Bundesstaat North Carolina Gesetzgebungsverfahren angestoßen hat, um gegen Smithfield vorgehen zu können. 2005 lobte der brasilianische Außenminister das Verhältnis zwischen Brasilien und China in den höchsten Tönen und säuselte, es habe entscheidenden Anteil an der »Neugestaltung der weltweiten Geographie des Handels und der diplomatischen Beziehungen«. Brasilien ist inzwischen der weltgrößte Exporteur von Sojabohnen und lässt riesige Flächen Regenwald im Amazonasgebiet für den Sojaanbau abholzen. 80 Prozent der Ernte werden zu Schweinefutter verarbeitet. Der Hauptabnehmer von brasilianischem Soja ist derzeit China.

Länder wie die USA verfügen über Weizenreserven als Rücklage für Krisenzeiten und zur Kontrolle der Nahrungsmittelpreise. China ist das weltweit einzige Land, das eine Schweinereserve aus Millionen Stück Lebendvieh und zig Millionen Kilo Tiefkühlfleisch im In- und Ausland bunkert. Als 2008 die Lebensmittelpreise im Land in die Höhe schossen, griff die Regierung auf diese Schweinereserven zurück, wodurch Smithfield-Schweinefleisch in riesigen Mengen nach China gelangte.

Im ein paar Stunden von Guangzhou entfernten Dorf Xiangyang gibt es konserviertes Schweinefleisch zum Frühstück, zum Mittag und zum Abendessen. Ich bin seit ein paar Wochen wieder zurück in China, und die Schweine machen sich rar. In früheren Jahren hörte man in den meisten Dörfern Schweine grunzen und schnauben. Nun ist der Herbst dem Winter gewichen, aber Schweine sind nirgends zu sehen. Die Angst vor der Afrikanischen Schweinepest hat die Lokalregierung dazu veranlasst, präventiv alle Schweine aus kleinen, familiengeführten Betrieben zu schlachten, mit der Begründung, die strikten Biosicherheitsvorschriften seien für kleine Bauern – anders als für industrielle Schweinefarmen – nicht einzuhalten. Da bin ich nun auf Recherchetour über Schweinehaltung im ländlichen China und finde kein einziges Tier.

Ich bombardiere meinen Gastgeber in Xiangyang mit Fragen. »Halten Sie hier im Dorf Schweine? Woher stammt das Fleisch für *lap yuk*? Wie viel zahlen Sie für Schweinefleisch? Wie züchtet man Schweine?« Mein Gastgeber kann gar nicht glauben, was ich da für dumme Fragen stelle. »Warum um alles in der Welt sollten wir hier noch Schweine züchten?«, erwidert er. »Schweine richtig zu halten, ist sehr schwer«, meint er. »Es sind sehr kluge, anspruchsvolle Tiere. Um sie zu füttern, muss man Getreide kaufen und es dann auch noch kochen. Roh fressen sie es nicht. Sie sind wie Menschen. Und selbst wenn man das Schweinefleisch verkauft, bringt es nie das Geld ein, das man für Futter ausgegeben hat. Auf dem Markt kostet Schweinefleisch heutzutage nicht viel. Man kann nicht einfach einen hohen Preis für Schweinefleisch verlangen und erwarten, dass die Leute es kaufen.«

Er schweigt kurz. »Früher, da haben wir im Dorf Schweine gezüchtet. Sie waren nützlich für unsere Landwirtschaft. Sie liefern guten Dünger. Aber dann bekamen wir irgendwann die neue Straße aus Asphalt, die das Dorf mit dem Rest der Welt verbindet. Seitdem kommen zwei Mal die Woche irgendwelche Leute mit dem Auto und verkaufen uns Schweinefleisch, auch das *lap yuk*, das Sie gerade essen. Es ist einfach so viel günstiger, Fleisch zu kaufen als selbst Schweine zu halten. Man wäre ein Idiot, selber welche zu züchten.«

Freunde vermitteln mir den Kontakt zu einem solchen Idioten namens Li Jianhu, der in Fujian einen solidarischen Bio-Landwirtschaftsbetrieb mit Schweinezucht betreibt. Er ist gut vernetzt in der Szene kleiner Bio-Schweinezüchter in Südchina, und ich hoffe, dass er mir vielleicht einen Besuch bei einem Schweinebetrieb organisieren kann. Er meint, er werde sich umhören. Versprechen könne er nichts. Die Sicherheitsmaßnahmen sind strikt. Die Afrikanische Schweinepest gefährlich.

Jianhu erklärt, dass das Virus sich typischerweise über den direkten Kontakt unter Wildschweinen verbreitet, nun aber auf Hausschweine übergesprungen ist. Überlebt ein Schwein die Afrikanische Schweinepest, trägt es den Erreger für den Rest seines Lebens in sich. Das derzeitige Übertragungsgeschehen unter Hausschweinen ist komplett menschengemacht.

Der aktuelle Erreger der Schweinepest fügt sich nicht in das Modell der Übertragung durch direkten Kontakt von Schweineschnauze zu Schweineschnauze, bei dem sich das Geschehen lokal eindämmen lässt, sondern er verbreitet sich rasant und überspringt dabei etliche Kilometer. Es handelt sich um eine resiliente, sehr ansteckende Virusvariante, die sich selbst über Fleisch und hochverarbeitete Fleischprodukte wie Wurst verbreitet und UV-Licht und Extremtemperaturen widersteht. Die Zollbehörden an den Landesgrenzen sind in höchster Alarmbereitschaft, seit ein chinesischer Tourist bei der Einreise nach Thailand ein unscheinbares, mit dem Schweinepesterreger kontaminiertes Würstchen bei sich hatte.

Es dauert ein wenig, bis Li Jianhu sich wieder bei mir meldet. Nichts Neues. Die Lage ist ernst. Er musste seinen eigenen solidarischen Schweinebetrieb dichtmachen, zu restriktiv waren die neuen Vorschriften für den Transport der

Schweine zum Schlachthof. Sogar die Shanghai Meishan Pig Species Protection Farm, eine Bilderbuchfarm für Touristen, in der besondere Schweinerassen vorgeführt werden und die auf Besucherströme angewiesen ist, hat ihre Tore geschlossen.

Es sei ein kritischer Moment, sagt Jianhu. Bis zum Jahr 2018 war China von der Afrikanischen Schweinepest verschont geblieben. Die jetzige Bedrohung betrifft nicht nur Chinas Versorgung mit Schweinefleisch, sondern die der ganzen Welt. China exportiert alle nur denkbaren Erzeugnisse aus Schweinefleisch, vom Blutgerinnungshemmer Heparin bis zum Proteinpulver in unseren Smoothies. Alle diese Produkte sind potentielle Vehikel der Seuche. In den USA ist bis jetzt – Anfang 2023 – nie ein Fall von Afrikanischer Schweinepest gemeldet worden.

Wie Jianhu berichtet, trat der erste Schweinepestfall in China in einer sogenannten Hinterhof-Schweinehaltung auf, einem der vielen mittelgroßen Schweinebetriebe mit weniger als hundert Tieren. 98 Prozent der Schweinebetriebe in China haben weniger als fünfzig Tiere, und auf diese kleinen bis mittelgroßen Betriebe entfällt etwa ein Drittel der chinesischen Schweinefleischproduktion. Diese stark dezentralisierten Betriebe sind ein nicht geringes Problem für die staatliche Aufsicht. Zudem lastet auf ihnen ein erheblicher Druck, mit dem Marktpreis für Schweinefleisch Schritt zu halten und kontinuierlich zu produzieren. Die Afrikanische Schweinepest lieferte der Regierung einen hochwillkommenen Vorwand, die kleinen Betriebe ein für alle Mal zu beseitigen und durch zentralisierte, industriell betriebene Tierhaltungen zu ersetzen.

Die Entwicklung hin zu industriellen Größenordnungen sei sowieso schon im Gange gewesen, meint Li Jianhu. »In den letzten zehn Jahren ist das Großkapital ins Geschäft eingestiegen.« Zwei Drittel der Schweinefleischproduktion sind nun in den Händen einiger weniger Konzerne, die zur Erfüllung ihrer patriotischen Pflicht bereitstehen: Chinas Schweinewunder Wirklichkeit werden zu lassen. Durch harte Kostensenkungen und allerhand technologischen Hokuspokus, so die Vorstellung, wird China genügend billiges Schweinefleisch erzeugen, um jede Nachfrage zu decken.

Wir haben die Afrikanische Schweinepest geschaffen, sagt Jianhu, weil wir unbedingt billiges Schweinefleisch haben wollten. Eine Möglichkeit, billiges Schweinefleisch zu produzieren, besteht darin, die Kosten für Futtermittel zu drücken. Die Dorfschweine von Xiangyang bekamen früher gekochtes Getreide und Bohnen zu fressen, die auch für den menschlichen Verbrauch gut gewesen wären. Die Afrikanische Schweinepest hingegen wurde durch die sogenannte *Futtersuppe* übertragen.

Diese in der industriellen Schweinehaltung eingesetzte Mixtur ist eine auf Tiere abgestimmte Version der Flüssignahrung Soylent – eine Kombination aus gentechnisch veränderten Sojabohnen, Getreide, Proteinpulver und oft auch vorbehandelten Lebensmittelabfällen. Die vorbehandelten Lebensmittelabfälle enthalten oftmals Schweinefleisch, und das zugesetzte Proteinpulver stammt oft ebenfalls von Schweinen. Wir verfüttern den Schweinen also ihresgleichen.[14] Viele von uns haben keinerlei Einblick in diese Vorgänge – in den USA zum Beispiel gibt es gesetzliche Knebelvorschriften, nach denen es illegal ist, industrielle Futteranlagen auch nur zu fotografieren. Vor dem Hintergrund dieser Intransparenz wird Futtersuppe immer mehr zum Standard, und die Preise bleiben schön niedrig. Die Suppe ist perfekt *optimiert*: Sie enthält für jedes Schwein die optimale Zusammensetzung an Nährstoffen, um zur gewünschten Größe heranzuwachsen und zum optimalen Zeitpunkt auf den Markt zu kommen. Auf diese Weise leben die Schweine als Kannibalen und reinfizieren dadurch ihre Art ständig weiter.

»Gesetzt den Fall, Sie erhalten wirklich Zutritt zu einem industriellen Schweinebetrieb, was wollen Sie dort eigentlich tun?«, will Jianhu wissen. Ich dürfe mir nicht einbilden, dass ich irgendein Schwein aus der Nähe zu sehen bekommen werde. In der industriellen Schweinehaltung kommt es kaum zum Kontakt zwischen Menschen und Schweinen. Die Schweine bleiben hinter verschlossenen Türen, man kann sie nur über Videoüberwachung sehen. Schweine sind sehr empfindliche Tiere. Von einem Schweinebauer weiß ich, dass schon bei einer geringen Veränderung des Trinkwassers die Schweine gestresst und krank werden können. Auch zu besten Zeiten, ohne die Bedrohung durch die Afrikanische Schweinepest, gleicht eine industrielle Schweinezuchtanlage eher einer iPhone-Fabrik als einem Bilderbuchbauernhof auf dem Lande. Jeder Bestand wird laufend per Videoüberwachung auf etwaige Anzeichen von Unwohlsein oder Krankheit kontrolliert. Ist menschliches Eingreifen erforderlich, tragen die Leute desinfizierte Schutzanzüge und Gesichtsmasken und sehen damit nicht aus wie der Blockchain-Hühnerzüchter Jiang, sondern wie Arbeiter in einer Chip-Fabrik.

2.

Das delikateste, von Köchen gepriesene Schweinefleisch Chinas kommt derzeit von NetEase, Internetriese und einer der weltgrößten und profitabelsten Hersteller von Videospielen. Ding Lei, der Gründer von NetEase, saß der Legende nach eines Tages mit seinen Freunden beim Feuertopf und argwöhnte plötzlich, der Blut-Tofu, eine traditionelle Zutat zum Feuertopf aus geronnenem Schweineblut, könnte gefälscht sein. Das war der Augenblick, in dem Lei beschloss, seine Geschäftsinteressen vom Gaming-Business auf die Schweinezucht auszuweiten.

Seit 2009 perfektioniert NetEase in Lushan in der Provinz Zhejiang mit seiner Agrarsparte Weiyang die Kunst der Schweinezucht.[15] Die Schweinefarm in Lushan ist von der Präzision einer Elektronikfabrik und wirkt wie das sterilste, akkurateste Ferienressort, das sich denken lässt. Auf dieser Farm führen die Schweine ein komplett durchoptimiertes Leben mit dem optimalen Maß an Bewegung und dem optimalen Futtermix. Es läuft eine sanfte, speziell zum Stressabbau gedachte Hintergrundmusik. Diese Musik gereicht uns, den Schweinefleischessern, zum Vorteil. Denn Stress vor der Schlachtung beeinflusst den Stoffwechsel des Schweins negativ und lässt den Cortisolspiegel steigen, was hinterher das sogenannte DFD-Fleisch ergibt (das gängige Kürzel steht für *dark, firm, dry* – dunkel, zäh und trocken). Weiyang-Schweinefleisch ist heute online sowie in speziellen Weiyang-Filialen in Chinas Software-Kapitale Hangzhou erhältlich.

Der Vorstoß von NetEase in den Lebensmittelsektor ist mehr als nur die Marotte eines einzelnen Gründers, den es nach dem idealen Schweinefleisch oder auch nur ein wenig Abwechslung gelüstet. Es ist in geschäftlicher Hinsicht ein kluger Schachzug. Wie Matilda mir in Shanghai sagte, sind Informationen über Lebensmittel für die Lebensmittelsicherheit von zentraler Bedeutung. Das macht die industrialisierte Landwirtschaft einschließlich der modernen Schweinehaltung zu einem Informationsgeschäft, dessen Schwerpunkt auf der Vertrauensbildung liegt. Nach eigener Auskunft vereint NetEase mit Weiyang »Internet-Denken mit moderner Landwirtschaft«. Dieses »Internet-Denken« besteht zum Beispiel darin, in die Landwirtschaft einen bisher unbekannten Grad an Präzision einzuführen, der nur mittels Software erreicht werden kann – und auf diesem Niveau jede noch so winzige Variable zu steuern, wie zum Beispiel das Stresslevel eines einzelnen Schweins. Weiyangs Ansatz ist gnadenlos transparent: Lebensmittel können genau wie Ingenieure ein Problem der Pipeline und der Beschaffung sein, das durch verstärkte vertikale Integration gelöst wird. Um dem bestehenden Fachkräftemangel im Hightech-Bereich zu begegnen, hat NetEase zahlreiche Massive Online Open Courses (MOOCs) aufgezogen und damit eine Population an qualifizierten Kräften aufgebaut, die das Unternehmen direkt rekrutieren kann. Entsprechend hat Weiyang seine eigene Quelle für hochqualitatives Schweinefleisch geschaffen – und damit potentielle Schwachstellen eliminiert.

3.

Auf meiner Reise nach Hangzhou, wo Alibaba seinen Hauptsitz hat, lege ich einen Zwischenstopp in der chaotischen Stadt Guiyang im Landesinneren ein, die ein rasant boomender Tech-Standort ist. Überall wird gebaut. Tencent, Alibaba und Apple errichten Rechenzentren in den Höhlen nahe der Stadt, verborgen inmitten subtropischer Vegetation. Die gesamte Stadt erhebt sich auf beinahe außerirdisch anmutendem Terrain – topfebenes Land, aus dem wie aus dem Nichts Berge hochragen. An die steilen Hänge dieser Berge scheinen sich Gebäude zu klammern, Himmelsbrücken verbinden Wolkenkratzer miteinander. Motorradkuriere schlängeln sich geschickt durch den stehenden Verkehr. Fahrer hupen aggressiv, die Zigarette im Mundwinkel, das Seitenfenster heruntergelassen. Vom Geruch von Abgasen und Rauch schnürt sich mir die Kehle zu. Guiyang hat so einige Beinamen. Die Einheimischen nennen es Klein-Hongkong, des pulsierenden, bacchantischen Nachtlebens wegen, wobei sie Wert auf die Feststellung legen, dass Guiyang mit seiner einzigartigen, ungenierten Vergnügungskultur Hongkong in den Schatten stellt – der Fähigkeit, alle Sorgen auf morgen zu verschieben und das Leben im Hier und Jetzt zu genießen.

Es ist Abend. Der Himmel hat eine schmutzig orangene Färbung angenommen, die Lichter der Stadt streuen trübe Strahlen in die Dunstglocke. Ich verlasse mein winziges Einzimmerapartment im vierzigsten Stock eines Aparthotels. Im ganzen Gebäude hört man von irgendwoher Stimmen, die Beats elektronischer Musik, alle möglichen Lebensäußerungen. Der Fahrstuhl hält in nahezu jeder Etage und erlaubt voyeuristische Einblicke. Im achtunddreißigsten Stock befindet sich ein teurer Friseursalon, wo zwei junge Frauen in Satingewändern auf Kundschaft warten und gelangweilt auf ihren Smartphones herumwischen. Die fünfunddreißigste Etage ist dunkel und leer, eine Baustelle. Ich erblicke Bauschutt, ausgediente Geräte, eine Metallpritsche. Ein Wanderarbeiter in staubbedeckten Tarnklamotten steigt in den Fahrstuhl, in der Hand einen leeren Plastikeimer und ein Handtuch. Wahrscheinlich schläft er auf dieser Etage, solange er auf der Baustelle eingesetzt ist. Das dreiunddreißigste Stockwerk beherbergt einen Karaoke-Club, ganz in rosarotes Licht getaucht; am Empfang sitzen zwei Frauen im weißen Top und Jeans-Minirock. Die dreizehnte Etage ist Privatwohnungen vorbehalten. Ein Kind kommt mit einem roten Spielzeugmercedes in den Fahrstuhl gefahren, hinter ihm seine Mutter, das Haar grell blondiert. Jedes Stockwerk hat seine eigene Faszination, eine intime Landkarte unterschiedlichster Leben, geprägt von den sprunghaften Konturen der von Bergen durchzogenen Stadt.

Als die Fahrstuhltüren sich endlich ins Foyer öffnen, gehe ich durch eine gläserne Drehtür vorbei an einem Sicherheitsmann, der gerade ein Nickerchen macht. Ich muss immer noch darüber nachdenken, was die Schweine für ein Leben führen. Ich frage mich: Kann das Leben optimiert werden? Und wenn ja, wofür würde man es eigentlich optimieren?

Es gibt inzwischen eine ganze Industrie an Wissenschaftlern, Schweinefachleuten, Entwicklern von Gentests, Ausbildungsstätten und Leitern industrieller Schweinezuchtbetriebe, die ein Interesse daran haben, das Leben des Schweins zu optimieren. Unternehmen wie die Pig Improvement Company (PIC) setzen auf computergestützte Genetik und modernste Biologie, um speziell auf den industriellen Zuchtbetrieb zugeschnittene Schweine zu entwickeln. Durch die fortschreitende Automatisierung der Tierhaltung wurden physische Standards auch bei Schweinen zur Norm, ähnlich wie bei Obst und Gemüse. Es ist mit der Fließbandproduktion in einer Fabrik vergleichbar: Bei einer Hochstufung der Produktion von hundert auf tausend Schweine müssen die einzelnen Teile von gleicher Form und Größe und somit austauschbar sein. Vor der Industrialisierung der Landwirtschaft in China hielten die Bauern hunderte von Schweinerassen in allen Größen und mit unterschiedlichen Eigenschaften. Die Schweine waren an das jeweilige Klima und an lokale Krankheiten angepasst, fraßen Speisereste und lieferten reichlich Dünger für die Felder.

In der industriellen Schweinezucht begegnet man nur einer Handvoll Rassen, etwa der weitverbreiteten Hybridrasse DLY (einer Kreuzung der Rassen Duroc, Landrace und Yorkshire). Die unerwünschten Eigenschaften dieser Schweine werden nach und nach »herauseditiert«, etwa körperliche Merkmale wie Schwänze, die beim Transport ein echtes Ärgernis darstellen, weil gestresste Ferkel sich im Gedränge gegenseitig die Schwänze abbeißen. Genetische Überwachung, automatische Fütterungssysteme und Wasserspender sowie streng festgelegte Auslaufzeiten sorgen dafür, dass die Schweine exakt bis zur gewünschten Größe heranwachsen.

Die Hybris der Optimierung des Lebens setzt bestimmte »Kontrollhebel« innerhalb dieses Prozesses voraus. Auf ein bestimmtes Ziel hin kann man nur optimieren, wenn man das Ergebnis kennt und sich ganz sicher ist, sämtliche Variablen einkalkuliert zu haben. Doch in einer ungewissen, irrationalen Welt ist nichts garantiert, also versuchen die Systeme der industrialisierten Landwirtschaft Unsicherheiten fortlaufend zu eliminieren. Was das Leben eines Schweins betrifft, so gibt es an all seinen Stationen solche »Kontrollhebel«, von der Mikroebene der Schweine-DNA bis zu den großangelegten Infrastrukturen eines Schlachthauses, die darauf abzielen, den Stress zu minimieren (und die Fleischtextur zu verbessern). Als sich in China die Afrikanische Schweinepest verbreitet, wird klar, dass die Optimierung zu einem hochkomplexen System geführt hat – mit Folgen, die wir Menschen uns in all unseren präzisen Modellierungen und Berechnungen nie hätten vorstellen können. Es zeigte sich nämlich, dass die Einbildung, alles kontrollieren zu können, ein Irrglaube ist. Doch das Optimierungsstreben setzt sich weiter fort. Inzwischen wird unser eigenes Leben von diesem hybriden Optimierungsprozess bedroht. Das Auftreten neuer Krankheiten im Menschen wie der Vogelgrippe oder anderer, von neuartigen Viren hervorgerufener Krankheiten wie COVID-19 – Zoonosen, die vom Tier auf den Menschen übergesprungen sind – steht absolut im Einklang mit der heute wie nie zuvor betriebenen Optimierung des Lebens, der industrialisierten Landwirtschaft und dem damit einhergehenden Verlust natürlicher Lebensräume. Der Evolutionsbiologe Rob Wallace konnte zeigen, wie die hochgradig optimierte industrielle Fleischproduktion die ungebremste Entstehung verheerender neuer Krankheitserreger fördert. Für multinationale Agrarkonzerne und die Regierungen, die sie unterstützen, »macht es sich bezahlt, einen Krankheitserreger hervorzubringen, der eine Milliarde Menschen töten könnte.« Ein wissenschaftlicher Beitrag von 2015 stellt besorgt fest, dass 60 Prozent aller neu auftretenden Krankheiten Zoonosen sind und dass 80 Prozent aller neuen Krankheitserreger aus den Ländern kommen, die am meisten Schweinefleisch produzieren – darunter China.[16] Bei weltweit immer noch wachsendem Konsum schicken wir uns mit unserem Fleischhunger demnächst vielleicht selbst in die ewigen Jagdgründe.

Auf der Straße in Guiyang machen die Leute sich soeben daran, zum zweiten Mal zum Abendessen zu gehen – es ist 22:00 Uhr –, eine Angewohnheit, die, wie man mir sagt, für die feierfreudigen Einheimischen typisch ist. Es ist ein ganz normaler Dienstag, aber in Guiyang fühlt sich jeder Abend wie ein Freitagabend an.

Entlang der Bürgersteige stehen plötzlich Straßenverkäufer und mobile Essensstände, erhellt von Leuchtschildern und an Verlängerungsschnüren baumelnden Glühbirnen. Ein Straßenverkäufer verteilt gerade Schüsseln mit dampfenden Reisnudeln in salziger Brühe, dunkelrotem Chili-Öl und knusprigem Schweinehack, garniert mit Sauergemüse und Erdnüssen. Die Kunden sitzen auf winzigen Hockern um niedrige Plastiktische. Im Rinnstein stapelt sich bereits der Müll, abgeknabberte Spießchen, Nudeln, Reste vom Feuertopf. Dutzende leerer Flaschen stehen neben einem der Tische, an dem einige Männer mittleren Alters geräuschvoll Nudeln schlürfen und Bier aus kleinen, dünnwandigen Plastikbechern trinken. Sie prosten einander zu, sie trinken auf die Gesundheit. Betrunken stoßen sie auf diesen Abend an, auf die kostbare, ach so kurze gemeinsame Zeit, während morgen wieder schwere Verantwortungen und Mühen auf ihnen lasten. »In unserem Alter ist es nicht leicht, Zeit füreinander zu finden, und wir alle haben einiges auf uns genommen, um heute hier zu sein«, ruft einer mit vor Rührung bebender Stimme. Ich sitze am Tisch und esse einsam meine Schüssel Nudeln. Nachdem ich tagelang allein gereist bin, gibt es mir einen kleinen Stich, wenn ich die Gruppe beobachte, die ihr Zusammensein so festlich begeht. Eine inwendige, warme Lebenslust strahlt von ihnen aus. Ich vermeine plötzlich, eine tiefe Verbundenheit geradezu mit den Händen greifen zu können, eine Hingabe an das Leben an sich, wie auch immer es sich entfaltet und wandelt. Es ist der reine Wunsch zu leben, nicht im Kampf gegen das Schreckgespenst von Schwäche, Verfall und Tod, sondern im Einklang damit. Diese genießerische Hingabe behauptet sich trotz des allgegenwärtigen Wandels, bleibt auch mitten in der unersättlichen, einengenden Welt der Optimierung noch mit Händen zu greifen. Eine Optimierung des Lebens für derlei einfache Freuden wäre nicht möglich. In einer rundum optimierten Welt kann es solche Freuden nicht geben.

4.

In einer optimierten Welt sind menschliche Bauern ineffizient. Menschliche Bauern unterliegen einer »eingeschränkten Rationalität« – ein Begriff des US-amerikanischen Sozialwissenschaftlers Herbert Simon (von dem auch das Wort »Satisficing« stammt), der besagt, dass Individuen beim Treffen von Entscheidungen vom Grad ihrer Information und von zeitlichen Gegebenheiten abhängig sind. Diese Einschränkungen können erhebliche Auswirkungen haben, wenn man etwa an unvorhergesehene Wetterereignisse denkt, die im Zuge des Klimawandels nur noch häufiger werden. Warum also menschliche Bauern nicht durch KI-Modelle ersetzen, die auf unermessliche Datenmengen und unbegrenzte Rechenzeit zugreifen können? Genau darauf setzt Alibaba, dessen potentes neues System *ET Agricultural Brain* Künstliche Intelligenz nutzt, um Chinas Schweinewunder Wirklichkeit werden zu lassen. An einem kühlen, grauen Tag besuche ich Alibaba Cloud in Hangzhou, um zu verstehen, was es mit dem vollmundigen Versprechen des Konzerns auf sich hat, Künstliche Intelligenz bei der Schweinezucht einzusetzen. Alibaba ist zu diesem Zweck eine Zusammenarbeit mit der in Sichuan ansässigen Tequ Group eingegangen, einem weitverzweigten Lebensmittelkonzern mit Schwerpunkt auf industrieller Landwirtschaft. Tequ rechnete mit einem Ausstoß von zehn Millionen Schweinen bis 2020 (wobei die Afrikanische Schweinepest, die sich einfach nicht eindämmen ließ, und die Störungen im Betriebsablauf durch COVID-19 den Schwung etwas bremsten). Der neue Campus von Alibaba Cloud liegt eine halbe Stunde vom Stadtzentrum entfernt und nennt sich Cloud Town, »Wolkenstadt«. Das üppige Grün der Campusanlagen erinnert an den Campus von Amazon Web Services (AWS) in Seattle, inklusive dem gelegentlich wie aus Gießkannen strömenden Regen.

Das Hauptgebäude ist ebenso gesichtslos wie das von AWS. Graue Auslegeware, Kühlschränke mit Getränkedosen und völlig uninspirierte Büroeinrichtungen. Gleich im Eingangsbereich präsentiert das Cloud-Computing-Museum die technischen Errungenschaften von Alibaba Cloud der letzten zehn Jahre (die wiederum parallel zur Entwicklung bei AWS verliefen).

Die maßgebliche Triebfeder für Innovationen der letzten zwanzig Jahre war das Online-Shopping. Ihm verdanken wir personalisierte Werbung, Empfehlungsalgorithmen, das hypnotisierende Dauerfeuer der sozialen Medien und natürlich die Tatsache, dass man bei Alibaba Cloud (Aliyun) und AWS technische Infrastruktur mieten kann. Beide Unternehmen haben einst als E-Commerce-Firmen begonnen. Herrscht auf ihren eigenen Shopping-Plattformen gerade Flaute, vermieten sie Computer oder Serverrechner, die gerade nicht gebraucht werden, und verdienen so an ihrer eigenen nicht genutzten Rechenleistung.

Trotz allseitiger Automatisierung erfordert der Online-Handel immer noch Heerscharen von Technikern. Allein die Tatsache, dass die hochaufgelöste Farbabbildung eines Produkts in Sekundenschnelle abrufbar ist, ist das Ergebnis jahrelanger technischer Innovation. Frühe E-Commerce-Websites waren vergleichsweise schlicht, ein wenig Text und ein, zwei Bilder dazu. Heutige Produktwebsites sind viel komplexer, sie bieten 3D-Ansichten und Videos, dutzendweise Bilder, interaktive Elemente und Algorithmen, die einem »ähnliche Produkte« vorschlagen. Und für ein kleines Technologieunternehmen ist es viel sinnvoller, für das Hosting seiner komplexen Website Server bei Aliyun oder AWS zu mieten anstatt eigene Server zu betreiben. Diese Kosten können bei Start-ups rasch in die Millionen gehen, so dass Alibaba Cloud und AWS mit der Vermietung von überschüssigem Serverplatz erhebliche Gewinne einfahren. Mehr und mehr verlegen sich Aliyun wie auch AWS darauf, weitere Tools zu vermieten, die zunächst für den internen Gebrauch entwickelt wurden: Spracherkennungstools, Satellitenbilder, vorgefertigte KI-Modelle. Diese Timesharing-Computersysteme waren für den Technologie-Boom der späten 2010er Jahre in den USA und in China fast ebenso wichtig wie die Finanzierung durch Risikokapital – schätzungsweise 40 bis 60 Prozent des gesamten beobachtbaren Internetverkehrs laufen heute über gemietete Cloudserver.

Die erste Schautafel im Cloud-Computing-Museum präsentiert das ursprüngliche technische Setup der Plattform in ihrer Anfangszeit. In den frühen Nullerjahren standen im Büro in Hangzhou eine Handvoll Computer, über die Alibaba.com und Taobao.com betrieben wurde. Alibaba.com vernetzte Chinas Großhändler mit dem Rest der Welt, während Taobao.com als verbraucherorientierte Online-Shopping-Plattform begann und nun doppelt so groß wie Amazon ist.

Laut Ausstellungstext entlehnten die frühen Alibaba-Systeme fremde Technologien, darunter Oracle-Datenbanken.

Die nächste Tafel zeigt ein Foto von 2009, auf dem Jack Ma und ein paar Ingenieure, die einen Computer halten, in die Kamera lächeln. Die alten Oracle-Datenbanken wurden durch Alibabas eigenes Framework Apsara ersetzt, benannt nach einer Wolkengottheit aus der buddhistischen Mythologie. Hinter einer Glasscheibe steht ein turmhoher Server. Daneben steht auf einem Schildchen ein gedrucktes Gedicht: CODE / ZEILE FÜR ZEILE / ERRICHTET ER DIE GRUNDLAGE / DER EWIGKEIT / WIE DER SAND / KÖRNCHEN FÜR KÖRNCHEN / DIE STÜRMISCHE SEE BERUHIGT. Gegenüber dem Server sind die ersten Zeilen Code, die je auf dem Apsara liefen, um das Logging zu konfigurieren, stolz unter Scheinwerferlicht präsentiert: VoidInitLoggingSystem(conststd::string&configFiles=““).

Ich sitze mit Jintong, einem stoischen Aliyun-Experten, in einem grellerleuchteten Raum zwischen weißen Wänden, eine welke Orchidee als einziger Schmuck. Den Flur hinunter schließen sich einige verglaste Konferenzräume an. Jintong sagt, Schweine unter Einsatz Künstlicher Intelligenz zu züchten, sei eine durch und durch naheliegende Entscheidung gewesen. Die Zuchtanlagen waren bereits vorhanden, Aliyun half lediglich bei deren Optimierung.

Große Schweinezuchtbetriebe verfügen bereits über Videoüberwachung und Sensoren, die von Menschen kontrolliert werden. Bei einer Bestandsgröße von ein paar hundert Schweinen können die Betriebsabläufe sicherlich noch von einem Menschen überwacht werden. Aber bei hunderttausenden von Schweinen? Wo sollte man da anfangen? Und wenn China sein Schweinewunder erreichen will, *müssen* Millionen Schweine gezüchtet werden.

Aliyun bietet Unterstützung bei der Sortierung von Daten mithilfe von Künstlicher Intelligenz. In diesen Großbetrieben wird jedes Schwein mit einer Identitätsmarke gestempelt, die wie ein QR-Code funktioniert. Die Daten werden in ein von Alibaba entwickeltes KI-Modell eingespeist, welches damit über alle Informationen verfügt, um das Schwein mithilfe von Videokameras, Temperaturmessung und Geräuschsensoren in Echtzeit zu überwachen, indem es zum Beispiel Krankheitsanzeichen oder plötzliches Fieber erkennt oder merkt, wenn die Schweine in ihren Buchten einander zu erdrücken drohen. In solchen Fällen identifiziert das System die eindeutige Kennung auf dem Schweinekörper und schlägt Alarm.

Bestimmte Machine-Learning-Modelle wie das von *ET Agricultural Brain* eingesetzte benötigen gewaltige Mengen an Trainingsdaten. Erst nach der Sammlung und Auswertung von Trainingsdaten aus drei Monaten (während Kameras Daten aufzeichnen, ohne sie zu analysieren) ist das KI-Modell einsetzbar. Erst dann kann es effektive Beurteilungen liefern.

Jintong erläutert, dass *ET Agricultural Brain* über die Erkennung von Schweinekrankheiten hinaus datenbasierte Entscheidungen trifft und dabei eine Präzision jenseits des Menschenmöglichen an den Tag legt. *ET Agricultural Brain* sei eine Art Schweizer Taschenmesser unter den KI-Modellen – sie werden mit Trainingsdaten von spezifischen Kunden gefüttert, zum Beispiel von industriellen Landwirtschaftsbetrieben mit Schweinezucht und Melonenanbau, aber etwa auch von Herstellern von Agrardrohnen, die das Modell bei der Verarbeitung von Sensordaten unterstützt, um die Autopilot-Funktion zu perfektionieren. Auf der Grundlage von Wetterdaten bestimmt es den idealen Zeitpunkt zur Aussaat oder meldet, wann die Frucht den optimalen Süßegrad hat und reif zur Ernte ist. Zudem lässt sich *ET Agricultural Brain* bequem mit anderen Angeboten von Aliyun verbinden, wie zum Beispiel *ET Logistics Brain*, das komplexe Berechnungen zur Kühlkette während des Lebensmitteltransportes durchführt. Mit *ET Logistics Brain* wäre das von Matilda angesprochene Problem Vergangenheit: Ein Sensor gibt an, wie viel Treibstoff am Ende einer Fahrt noch im Tank ist, woraus sich die exakte Kühlmenge berechnen lässt, die der LKW verbraucht hat.

Wo aber sind die Bauern, sprich: die Menschen in diesem Szenario? Liegen sie auf der faulen Haut und knabbern Erdnüsse, während die Maschinen ganze Arbeit machen?

Wie sich herausstellt, wird der Mensch bislang noch gebraucht. Aliyun kooperiert mit Bauern, um deren Fachwissen über den Alibaba Knowledge Graph für die KI-Modelle zu formalisieren. *ET Agricultural Brain* kann zwar »sehen«, aber das ist ein weiter Begriff, wenn man berücksichtigt, welcher Aufwand betrieben werden musste, um es ihm beizubringen, und am Ende »sieht« es trotzdem nur eine begrenzte Menge Objekte.

Doch der Aufwand zahlt sich doppelt und dreifach aus, ermöglicht er doch die Produktion von Millionen Schweinen zu einem niedrigen Preis. Jintong ist optimistisch, dass es zu einem Trickle-down-Effekt kommt und die Innovation sich von oben nach unten durchsetzt. Er ist davon überzeugt, dass die »Drachenkopf«-Agrargesellschaften, große nationale Konglomerate, die auf ein Netzwerk kleinerer Betriebe gestützt sind, bestimmte Innovationen mit ihren Kleinbauern teilen werden.

Angesichts der Rechenzeit, der benötigten Datenmengen, der erforderlichen Hardware und der Kosten ist der Einsatz Künstlicher Intelligenz derzeit nur sinnvoll, wenn ein Betrieb Millionen Schweine züchtet und nicht nur eins oder zwei. Auch andere Unternehmen versuchen in das lukrative Geschäft der KI-Schweinezucht einzusteigen, etwa mit Technologien wie Gesichtserkennung für Schweine.

Das Ganze ist von bestechender Logik. Die Nachfrage nach Schweinefleisch führt zur industriellen Schweinehaltung, welche die Ausbreitung von Krankheiten begünstigt. Das Auftreten immer neuer Krankheiten wiederum beschleunigt die Implementierung neuer Technologien wie der KI in die Schweinezucht. Diese Technologien machen Schweinefleisch zur billigen, stets verfügbaren Ware, was die Nachfrage weiter ankurbelt, weil die Leute auf einmal der Überzeugung sind, Schweinefleisch sei ein notwendiger Bestandteil ihres alltäglichen Speiseplans. Künstliche Intelligenz ist kein Allheilmittel für jedes sich bietende Problem, sie ist lediglich ein Teil eines nicht enden wollenden Strebens nach Maximierung.

5.

Wenn das Leben von Schweinen mittels Gentechnik und Automatisierung optimiert werden kann, lässt sich das dann auch auf menschliches Leben übertragen? Die Auffassung, dass das Leben des Menschen optimierungsfähig ist, dass seine Handlungen sich auf eine bessere Performance zurichten lassen, ist für das *ET Agricultural Brain*-Projekt zentral. Der Plan ist, menschliche Bauern eines Tages durch KI-Bauern zu ersetzen.

Die Optimierung des Lebens ist ein dezidiert modernes Unterfangen. Manche Verfechter einer von Künstlicher Intelligenz (ein Computerprogramm erledigt gewisse eingegrenzte Aufgaben anstelle des Menschen) und Artificial General Intelligence (ein – hypothetischer – Hochleistungscomputer versteht die Welt ebenso wie der Mensch) gesteuerten Welt locken mit einer optimierten Fassung des menschlichen Lebens, die rational, fehlerfrei und objektiv ist. Andere vertreten ähnliche Überzeugungen: Wenn wir das Bewusstsein und die Emotionen des Menschen mithilfe von künstlicher Intelligenz quantifizieren können, dann müssten wir auch in der Lage sein, alles Leid zu minimieren, indem wir die Welt um uns herum so optimieren, dass diese Emotionen sich zurückbilden. Ein Spezialist für maschinelles Lernen, dem ich einmal bei einem Technologie-Forum in San Francisco über den Weg lief, schwärmte in den höchsten Tönen von der Morgenröte dieser KI-Welt, einer Welt ohne die »Irrationalität trampeliger Fleischmaschinen«. KI würde die Menschen anleiten, ein ethisch einwandfreies, rational abgestimmtes Leben zu führen. »Stell dir bloß mal vor«, er senkte die Stimme zu einem Raunen. Dabei kam er mir einen Tick zu nahe, in der Hand einen von der Fibonacci-Folge inspirierten Cocktail, und sah mir tief in die Augen. »Keine irrationalen Sachen wie Sexismus mehr«, flüsterte er.

Künstliche Intelligenz ist ein weiter Begriff, was ihn für schwammigen Gebrauch anfällig macht und für alle möglichen politischen oder wirtschaftlichen Zwecke einsetzbar. Technisch gesehen ist KI ein Teilbereich des maschinellen Lernens. Eines der spannendsten Gebiete in diesem Bereich war in den letzten zehn Jahren die Arbeit an neuronalen Netzwerken, die beim Deep Learning eingesetzt werden. Diese künstlichen neuronalen Netzwerke beruhen auf Modellen des Gehirns, die zu mathematischen Operationen formalisiert sind. Die erste Forschung an »künstlichen Neuronen« datiert zurück auf das Jahr 1943, als Warren McCulloch und Walter Pitts ein Neuronenmodell auf Basis eines Algorithmus vorschlugen, der auf binärer Klassifikation (ja/nein) beruhte und zur Grundlage heutiger neuronaler Netzwerke wurde. Die neuronalen Netzwerke heutiger KI sind jedoch noch nicht auf dem Stand der neuesten neurowissenschaftlichen Forschung, wie genau unser Hirn funktioniert und wie es Informationen verarbeitet und verschlüsselt. Ohnehin ist dies ein noch junger Forschungsbereich. Ashok Litwin-Kumar, ein theoretischer Neurowissenschaftler, erklärte mir, dass immer noch Studien und Versuche an Tiergehirnen durchgeführt werden, um komplexere generative Hirnfunktionen besser zu verstehen – etwa die Konstruktion neuer Bedeutungen und Beziehungen oder die Interpretation neuer Erfahrungen. Neuronen können mit einem Computer künstlich »erschaffen« und modelliert werden, aber wir wissen immer noch nicht, wie man abgestorbene menschliche Nervenzellen regenerieren kann. Während künstliche neuronale Netzwerke oft auf nur ein paar Typen von Neuronen basieren, bestehen menschliche neuronale Netzwerke aus tausenden verschiedenen Typen, die im ganzen Körper verstreut sind, selbst im Magen. Die bloße Nachbildung eines einzelnen Gehirns durch künstliche neuronale Netzwerke auf einem Computer liefert noch keine exakte Nachahmung der Hirnfunktionen. Der Prozess des Lernens läuft nämlich nicht ausschließlich im Gehirn ab, sondern entwickelt sich im Austausch und im Dialog mit umweltlichen, körperlichen und vor allen Dingen sozialen Faktoren. In China und in den USA ist die Verlockung durch KI schon allerorten mit Händen zu greifen. Befürworter einer vollautomatisierten Welt finden sich im gesamten politischen Spektrum. Es ist nicht nur der Grad an Rationalität und Kontrolle, den die Automatisierung von Systemen bietet, was die KI so attraktiv erscheinen lässt, sondern auch ihr schier unbegrenztes Potential: Wie sich gezeigt hat, gehen gewisse Deep-Learning-Anwendungen wie die Gesichtserkennung, sobald sie einmal implementiert wurden, schneller und akkurater vor, als irgendein Mensch es könnte. Kaum verwunderlich, dass diese Eigenschaften die KI zur idealen Arbeitskraft machen.

Viele von uns leben in einer Welt, in der maschinelles Lernen und bestimmte Formen Künstlicher Intelligenz längst den Alltag durchziehen – Empfehlungsalgorithmen, lustige Gesichtsfilter und Selfie-Apps wie Snapchat oder Meitu, Bilderkennung an der automatischen Kasse. Weil

»Künstliche Intelligenz« ein vager Begriff ist, ist er auch ein beliebtes Schlagwort, um tiefsitzende Ängste vor einer ungewissen Zukunft zu schüren. Einige glühende Verfechter der KI orakeln, wir stünden »unmittelbar vor einer Revolution, die von der Künstlichen Intelligenz angestoßen wird«.[17] Die gleichen Anhänger der KI-Revolution sind der festen Überzeugung, dass die optimierte Fassung des menschlichen Lebens obsiegen und am Arbeitsplatz, in der Fürsorgearbeit, ja sogar in Liebesbeziehungen an die Stelle des Menschen treten wird. Das Wort »künstlich« werde seinen Schrecken verlieren und den Begriff nicht länger kontaminieren. KI wird Gewächshäuser mit datenbasierten Entscheidungen bewirtschaften, sie wird besser Auto fahren, Unfälle werden seltener. KI wird Pausenbrote zubereiten und Kisten packen. KI wird all das tun, ohne Murren und ohne Schlafbedürfnis. Die Philosophin und Theoretikerin Sylvia Wynter schreibt: »Der Kampf unseres neuen Jahrtausends wird um den fortgesetzten Imperativ eines Wohlergehens gemäß unserer gegenwärtigen ethnoklassistischen (d.h. westlich-bourgeoisen) Vorstellung vom Menschen/Mann geführt werden.«[18] Wynter dekonstruiert die Art und Weise, wie »menschlich« bzw. »human« als Kategorie geschaffen und wie das Konzept des »Menschlichen« im Laufe der Geschichte nach Belieben zurechtgebogen wurde, um dem Kolonialismus, der Sklaverei, dem Rassismus und der Unterjochung dienlich zu sein. In Gestalt religiöser und wirtschaftlicher Institutionen war die Definitionsgewalt darüber, *wer* als Mensch gelten darf und *was es bedeutet*, Mensch zu sein, jahrhundertelang ein politisches Projekt der jeweiligen Machthaber. Als Beispiel nennt Wynter die kolonialen Subjekte und Sklaven, die als nichtmenschlich konstruiert waren, wobei Unterwürfigkeit ihnen immerhin Erlösung brachte und »minderwertigen Subjekten« gestattete, *Menschen zu werden*. Die Legende, dass die Maschine den Menschen ersetzt, ist nach meinem Verständnis ein erneuter Anlauf der Herrschenden, die Grenzen dessen, was Menschsein heißt, trennscharf zu definieren und Künstliche Intelligenz in den Rang einer Macht zu erheben, die als eine berechtigte, gleichsam naturgegebene Kraft in unser aller Leben dargestellt wird. Nach dieser Lesart wäre Menschsein gleichbedeutend damit, eine rationale, effiziente Arbeitskraft zu sein. Die Angst, die die radikalen Vorkämpfer Künstlicher Intelligenz auslösen, ist mächtig und verhängnisvoll und hat vor allem mit ihrer proklamierten Unausweichlichkeit zu tun, proklamiert von denen, die am Hebel sitzen – den Mächtigen der Technologiebranche, den Eigentümern jener Konzerne, die all diese gruselige KI entwickeln. Aber die Furcht vor der Automatisierung befeuert auch einen gegenläufigen öffentlichen Diskurs, in dem ein listiger Ausweg aufzublitzen scheint: dass nämlich das Menschlichsein das Einzige ist, was uns als etwas Besonderes auszeichnet.

Das Projekt, die KI zu einer natürlichen, evolutionären Kraft zu machen, dauert fort. Im Zustand des optimierten Lebens – will man uns weismachen – werden die Menschen nicht mehr arbeiten müssen. Silicon Valley behauptet, diese Massenarbeitslosigkeit bereits vorweggenommen zu haben. In diesem Zuge hat das Gründerzentrum Y Combinator einen Modellversuch für ein bedingungsloses Grundeinkommen gestartet. Die Teilnehmenden sollten einen monatlichen Betrag erhalten und damit ihre Miete bezahlen und sich Dinge kaufen, was die Konsumwirtschaft am Laufen hielte. Wenn die KI unsere Arbeit macht – so will man uns verheißen – sind wir frei und damit endlich in die Lage versetzt, unser eigenes winziges Menschenleben zu optimieren – vielleicht ja in Richtung Freiheit und wahres Glück.

6.

Auf einer U-Bahn-Fahrt etwa eine Stunde außerhalb des Zentrums von Shanghai komme ich mit einer netten Frau ins Gespräch. Nach meinem Aufenthalt in Hangzhou habe ich ein paar Tage Shanghai eingeplant, lege aber auf dem Weg einige Zwischenstopps in Dörfern ein. So verlaufen meine Reisen meistens – meine Fahrten durch die ländlichen Regionen werden durch Kurzbesuche in Städten unterbrochen, wo ich Mahlzeiten zu verschlingen pflege, die ein paar Monatseinkommen eines Bauern kosten.

Meine neue Zufallsbekanntschaft heißt Shan. Im grellen Neonlicht sitzend schauen wir gebannt einen Film im U-Bahn-Fernsehen, in dem gezeigt wird, wie man rotgeschmortes Schweinefleisch zubereitet. Im heutigen chinesischen Alltag ist es unmöglich, den Bildschirmen zu entrinnen – sie sind einfach überall, genauso wie die unentwegt laufenden, alles aufzeichnenden Überwachungskameras. Jede Videokamera an einem öffentlichen Ort, jedes auf einen gerichtete Überwachungsgerät hat als Gegenstück einen Bildschirm, damit man sich stets und ständig vom zuckrigen *content* der Werbeanzeigen, Zeichentrickfilme und Nachrichtenschnipsel berieseln lassen kann. Es ist, als handele es sich nicht um ein Komplott der Regierung zur lückenlosen Überwachung, sondern vielmehr um eine Geräteverschwörung, um möglichst viele Videokameras und Bildschirme zu verkaufen.

Shan ist nur wenig älter als ich und hat eine fünfzehnjährige Tochter. Shan lebt mitten in Shanghai, pendelt aber jeden Tag in einen Vorort, wo sie als Datenbankadministratorin in einer Motorenfabrik arbeitet. Sie ist keine Christin, aber sie hat sich den halben Tag frei genommen, um Essen für den Weihnachtsabend zu kochen, damit Feiertagsstimmung aufkommt. Vielleicht macht sie sogar rotgeschmortes Schweinefleisch.

»Also, ich muss sagen, in den letzten Jahren war Weihnachten eigentlich schon gar nicht mehr so in Mode. Eine Zeitlang haben es alle gefeiert, auch wenn keiner sich als Christ bezeichnet hätte. Das hat sich im letzten Jahr geändert. Die Regierung sieht darin religiöse westliche Einflussnahme und versucht jetzt, es einzudämmen.« Während im urbanen China Rationalität und Kontrolle den Alltag prägen, während das Leben Schritt für Schritt optimiert wird, erlebt die Religion erneuten Zulauf. In der ungewissen, statischen Schwebe des städtischen Alltags gewinnt der Glaube neue Bedeutung.

In einem schon etwas älteren Buch, *Understanding Computers and Cognition*, verweisen Terry Winograd und Fernando Flores auf unsere Neigung, Computern *Rationalität* zuzuschreiben. Und zwar gilt das besonders dann, wenn ein physikalisches System »so komplex und doch so organisiert ist, dass es uns bequem, schlüssig und für unsere weitere Planung pragmatisch notwendig erscheint, so zu tun, als habe das System Überzeugungen und Wünsche und als sei es rational.«

Indes sind weder Computer noch Menschen rationale Akteure – und das *ist kein Problem*. Sie fahren fort: »Wie betrachten andere Menschen nicht lediglich als ›rationale Wesen‹, sondern als ›zurechnungsfähige Wesen‹. Ein wesentlicher Zug des Menschseins ist die Fähigkeit, Verpflichtungen einzugehen und Verantwortung für ihre Handlungsweisen zu übernehmen. Ein Computer wird niemals Verpflichtungen eingehen können.«[19]

Die Version des Lebens unter KI-Bedingungen, die uns die Tech-Giganten verkaufen wollen, präsentiert eine sichere, kontrollierte Welt, in der schrankenlose Optimierung und Automatisierung unumgänglich sind. Es wird niemanden überraschen, dass diejenigen, die die Kontrolle ausüben, und jene, die die geschlossenen Kontrollsysteme entwickelt haben, sich als die Propheten unserer Zukunft darstellen. Aber die Afrikanische Schweinepest und das immer häufigere Auftreten neuer Krankheitserreger macht überdeutlich, dass die Zukunft sich schlichtweg nicht voraussagen lässt, denn wir leben in einem offenen System. Die zwingende Schlussfolgerung für diese Unternehmen lautet, einen immer engeren Kontrollkreislauf zu entwickeln, der sämtliche denkbaren Variablen einschließt, und somit ein immer klaustrophobischeres System herzustellen. *Das* ist die selbsterfüllende Prophezeiung eines Lebens unter KI-Bedingungen: eine statische, geschlossene Welt.

Das Begehr nach einer kontrollierten Welt erwächst aus dem Unvermögen, das Unbekannte anzuerkennen. »Manchmal betäuben wir uns mit Träumen von neuen Ideen«, wir bilden uns ein, dass »das Hirn allein [...] uns befreien [wird]«, schrieb 1977 die Dichterin Audre Lorde.[20] Als Schriftstellerin und Aktivistin erlebte Lorde den Zusammenhang zwischen Persönlichem und Politischem ganz unmittelbar und forderte dazu auf, die historisch bedingte Art und Weise, wie man uns die Welt zu verstehen lehrte, in Frage zu stellen. »Ich denke, also bin ich – das haben die *weißen* Väter uns gesagt«, sagt sie mit Blick auf die Philosophen der Aufklärung, die die Erkenntnis als ein technisches, mechanisches Streben analysierten, anstatt Formen des Wissens und Erkennens als ein Reservoir der Undurchsichtigkeit zu begreifen, das durch Dichtung erfühlt und erlebt werden kann. Sie fordert dazu auf, die Dichotomie von rationaler versus emotionaler Erkenntnisweise zu überwinden: »Rationalität ist nicht etwa unnötig... aber ich begreife Fühlen und Denken nicht als gegensätzlich.«[21] Abseits binärer Unterscheidungen liegt der Ort der Poesie – »jenes Hinterzimmer, wo wir all jene namenlosen, ungezähmten Sehnsüchte nach etwas anderem aufbewahren, jenseits von dem, was hier und jetzt möglich genannt wird und wohin all unser analytisches Denken und

Verstehen höchstens Wege bauen können.« Poesie ist ein Ort der Macht, der in jedem/r von uns wohnt, und Poesie ist »die Sprache, die wir brauchen, um diese revolutionäre Forderung auszudrücken und Freiheit zu erlangen.«[22]

Ich nehme an, dass die führenden Tech-Unternehmen, die eine KI-Welt voraussagen, ebenfalls gern frei wären und eine bestimmte Art von Freiheit anstreben, jedenfalls für sich selbst. Sie behaupten, wir würden dank Robotern schon bald von Arbeit befreit und dadurch in der Lage sein, neu zu denken, was Menschsein bedeutet. Natürlich verstehe ich, wie verführerisch diese Aussichten sind, weiche aber doch vom rechten Weg ab und folge lieber der mäandernden Poesie des Lebens statt dem schnurgeraden Projekt des Menschseins. Das Ende der Menschlichkeit unter KI-Bedingungen bedroht nichts von dem, was unter dem Gepäck des Menschseins verborgen liegt: das nackte, bloße Leben sowie die Verantwortung für unser eigenes Leben und das Leben anderer.

Nüchtern betrachtet liegt der Löwenanteil der KI-Forschung in den Händen von Großkonzernen wie Alibaba. Die gesamte Fragestellung der Ethik Künstlicher Intelligenz ebenso wie der öffentliche Diskurs darüber werden von eben diesen Konzernen gefüttert und finanziert. Microsoft, Google und Baidu dirigieren somit unmittelbar die Schaffung ethischer Rahmenbedingungen.[23] Die Entwicklung von KI-Modellen wie *ET Agricultural Brain* kostet Millionen Dollar und einen gewaltigen Aufwand an Rechenzeit und Data Labeling. Wegen der hohen Kosten dieser technischen Anforderungen ist die Kontrolle über diese Modelle in den Händen einiger weniger Unternehmen. Weil die KI-Industrie im weiteren Sinne gigantische Datenmengen benötigt, setzen die Unternehmen alles daran, staatliche Einschränkungen für das Sammeln von Daten so weit wie möglich aufzuweichen. Solange die Entwickler und Hersteller Künstlicher Intelligenz nicht die materiellen Gegebenheiten der Technologie lösen, bleibt die KI in einer Abwärtsspirale hängen, als ein Werkzeug zur Optimierung des Lebens, das durch sie zum geschlossenen System geformt wird. Ohne den festen Glauben an Prognostizierbarkeit und ohne die politische Ökonomie der Erzeugung von Algorithmen zu hinterfragen, bleiben Fragen der KI-Ethik und algorithmischer Fairness auf dem Niveau eines beliebigen Gesprächsthemas einer exklusiven Dinnerparty.

Dabei schlummert in der Künstlichen Intelligenz ein gewaltiges Potential, dem Leben zu dienen und die offenen Systeme, in denen wir leben, zu erweitern. Man bedenke, was für einen Unterschied es macht, ob KI Ärzte beim Diagnostizieren einer Krankheit *unterstützt* oder ob KI die Stelle im Gesundheitswesen *ersetzt*, die darüber befindet, ob jemand medizinische Leistungen erhält oder nicht. Ist ein Modell erst einmal trainiert, lässt es sich schnell auf viele andere gesellschaftliche Gruppen anwenden und anpassen. Vorstellbar wäre zum Beispiel, dass ein KI-Modell ungezählte kleine Fischereibetriebe rund um den Globus durch die Beobachtung von Wettermustern unterstützt, die sich dann kein teures Expertenwissen mehr einkaufen müssten. Das steht allerdings der gegenwärtig dominierenden Vorstellung eines teuren, unternehmenszentrierten KI-Modells entgegen, nach dem kleine Betriebe aufgefordert sind, zu großen industriellen Fischfarmen zu fusionieren, um die Kosten zu decken.

Bei *ET Agricultural Brain* ist die Entwicklung der Modelle mit einem außerordentlichen Arbeitsaufwand verbunden, der nicht nur die Ingenieure bei Alibaba betrifft, sondern auch die Lohndienste derer, die die Trainingsdaten erstellen. Das sind etwa Bauern, die die Trainingsdaten studieren und die abgebildeten Schweine als krank oder gesund einstufen. Oder weite Teile von Guiyang, sogenannte »digitale Städte«, in denen junge Arbeitsmigranten vom Land sitzen und KI-Trainingsdaten erstellen, indem sie sich stumpf durch Bilder klicken und Tiere als Tiere und Gegenstände als Gegenstände etikettieren. Anders als man uns glauben machen will, ersetzt die KI den Menschen nicht, im Gegenteil: Die KI braucht uns immer noch dringend.

Dies ist heute die Realität von Arbeit und Lohnarbeit. Mehr als fünfundzwanzig Jahre lang klingelte der Wecker meiner Mutter um 4.00 Uhr morgens, und sie stand auf und fuhr zur Arbeit in die Cafeteria an einem College außerhalb von Boston. Sie fühlte sich ihrem Job zutiefst verbunden, die Arbeit war erfüllend für sie. Es machte sie zufrieden, gehetzte Studierende mit Essen zu versorgen, die sich nicht um sich selbst kümmerten. Sie und ihre Kolleginnen und Kollegen genossen das Vertrauen der Leitung, sie hatten Pausen, sie konnten sich den Job selbstständig einteilen.

In den letzten zehn Jahren hat sich dieses Gefühl der Erfüllung drastisch gewandelt. Ihr Arbeitgeber *optimierte* die Arbeit anhand willkürlicher quantitativer Parameter. Am Ende dieses Optimierungsprozesses gab es weniger Autonomie, weniger Pausen und neue, geradezu bizarre Dienstpläne. Meine Mutter fühlt sich ihrer Tätigkeit mittlerweile kaum noch verbunden. Sie macht genau die Art von Arbeit, die nach der Überzeugung mancher Leute von Robotern erledigt werden sollte, optimiert und automatisiert. Am Ende hätte sie wahrscheinlich mehr Freizeit und Erfüllung im Leben. Das Ironische an der Sache ist, dass sie in dem Moment keine Erfüllung mehr empfand, als ihr Arbeitsplatz optimiert wurde, ihre Arbeit für sie den Sinn verlor und zur bloßen Fron herabsank.

Das Verhältnis zwischen Arbeit und Leben im Zeitalter der Automatisierung zu erforschen, ist nichts Neues. In einem Artikel von 1972 in *The Black Scholar* sprach der Aktivist James Boggs sich mit Nachdruck dafür aus, über *Arbeit* selbst eine Ebene tiefer nachzudenken. Das Problem, mit dem Arbeit und Arbeitsverhältnisse konfrontiert sind, sei keine reine Angelegenheit von »Automation und Cybernation«, wie er sich ausdrückte. Die wahre Herausforderung bestehe darin, »den Begriff *Arbeit* mit einem neuen, humanen Sinn zu versehen: *Arbeiten* im Sinne eines *Wirkens für andere und nicht für einen selbst*, eines *Arbeitens für Menschen und nicht für Dinge*.« Die Umdeutung und praktische Umwandlung der Arbeit in eine abstrakte, quantifizierbare, optimierte Tätigkeit tilgt »jedweden humanen und sozialen Zweck ebenso wie jede schöpferische Befriedigung, die Arbeit in anderen Gesellschaften stets innewohnten.«[24] Es ist ein Leichtes, Arbeit mit Hilfe Künstlicher Intelligenz zu automatisieren, wenn man Arbeit einmal ihres Sinnes entleert hat.

Wie bei vielen anderen KI-Projekten liegt auch *ET Agricultural Brain* die naive Unterstellung zugrunde, dass die Arbeit eines Bauern lediglich darin besteht, Lebensmittel für die Menschen in den Städten zu erzeugen und diese Lebensmittel kostengünstig und allzeit verfügbar zu machen. In der Logik dieses geschlossenen Systems unterscheidet sich die Ernährung von Menschen nicht von der Fütterung von Schweinebeständen in großen Betrieben. Die eigentliche Arbeit von Kleinbauern auf der ganzen Welt bleibt bei dem Projekt vollkommen außen vor. Jahrtausendelang hat die Arbeit dieser Bauern maßgeblich dazu beigetragen, mit den Ressourcen unserer Erde hauszuhalten und sie zu bewahren, anstatt die Agrarproduktion zu optimieren. Sie wenden Verfahren an, die nährstoffreiche Lebensmittel hervorbringen und für gesunde Böden und ökologische Vielfalt in einer ungewissen Zukunft sorgen. Ihre Arbeit wurzelt in Verpflichtung und Verantwortung ihrer Gemeinschaft, ihrer natürlichen Umgebung, ihrem Land gegenüber. Im Unterschied zu Maschinen nehmen diese Bauern die Verantwortung für ihr Handeln und für ihren Umgang mit dem Land auf sich. Daran sehen sie sich gebunden, selbst wenn der Weg ins Ungewisse führt.

Letzten Endes definiert das Leben sich nicht allein durch Ungewissheit, sondern durch die Bereitschaft, sich trotz allem auf das Leben einzulassen. In Zeiten wirtschaftlichen und technologischen Unbehagens dürfen wir nicht ausschließlich um die Frage kreisen, ob ein von Künstlicher Intelligenz errichtetes geschlossenes System nun unausweichlich ist und wie man derlei Systeme rationaler oder »fairer« gestalten könnte. Denn uns stellt sich die weitaus schwierigere Frage nach dem Sinn der Arbeit und nach der Art und Weise, wie wir einander verpflichtet sind, miteinander kommunizieren und in Beziehung zueinander existieren. Wollen wir hier Antworten finden, müssen wir über den Tellerrand jener Rhetorik hinausblicken, die uns die Tech-Unternehmen verkaufen. Was wir dabei gewinnen können? Nicht weniger als wahre Freude: die Erkenntnis, dass wir eben doch keine isolierten Individuen sind, die jeder für sich durch eine geschlossene Welt taumeln.

Die U-Bahn nähert sich mittlerweile Shanghai, vorbei an Flussläufen und Ackerland. An jeder Station kommen mehr Menschen dazu, vor den Fenstern sieht man immer mehr Wohngebäude. Der Geräuschpegel steigt. Teenager in Schuluniformen steigen ein, die Augen starr auf ihre Handyvideos gerichtet. Eine alte Frau hält ihrem Enkelsohn den Totoro-Rucksack, solange das Kind seine Waffel verspeist. An der nächsten Station muss Shan aussteigen. Sie schenkt mir ein breites, aufmunterndes Lächeln, bevor sie durch die Tür geht.

»Fröhliche Weihnachten!«, sagt sie. »Feiern Sie nicht allein!«

Leben am Buffet

1.

Sun Wei ist fünfundzwanzig. Er ist dicklich, hat ein freundliches rundes Gesicht und lispelt leicht. Seinen Undercut-Haarschnitt ergänzt ein kurzer Pferdeschwanz. Gerade telefoniert er in diensteifrigem Tonfall mit jemandem und nickt dabei ununterbrochen. Nach beendetem Gespräch fängt er an, mir zu erzählen, wie er einer der wenigen lizenzierten Drohnenbetreiber im Land wurde und sein eigenes Unternehmen für Agrardienstleistungen gründete.

Ich traf ihn im Hotel Nikko in Guangzhou, dem Tagungsort der XAG Drone Users Conference. Das Unternehmen XAG ist auf Landwirtschaftsdrohnen spezialisiert, die Ackerland kartieren und die Felder präzise mit Pestiziden und Düngemitteln besprühen. Der neue Hauptsitz der Firma liegt in einem noch weitgehend öden Teil der Stadt, einem jener neuen »Hightech-Industriegebiete«, wie sie in so vielen Städten Chinas derzeit aus dem Boden gestampft werden. Die forcierte Expansion in Richtung Hightech-Industrie in Guangzhou ist Teil des Projekts, Chinas Greater Bay Area – die Metropolregion am Perlflussdelta mit Städten wie Shenzhen, Guangzhou und Hongkong – zum wirtschaftlichen Machtzentrum auszubauen.

Für XAG ist es nur von Vorteil, seinen Sitz hier draußen aufzuschlagen. In der näheren Umgebung stehen bisher nur vereinzelte Gebäude, sonst sieht man nichts als Berge und Baustellen. XAG hegt ehrgeizige Pläne für neue Präzisionsagrarflächen und Gemüsefelder direkt an seinem Hauptsitz, wo die neuesten Funktionen seiner Drohnen getestet werden können. Sein größter Konkurrent ist DJJ, ein auf

15 Milliarden US-Dollar bewertetes »Unicorn«-Start-up im kaum zwei Stunden entfernten Shenzhen.

Was mir im Gespräch mit Wei als erstes auffällt, ist seine uneingeschränkt optimistische Einstellung zur Zukunft. Er stammt aus einer Kleinstadt in der Provinz Anhui und scheint sein Glück immer noch kaum fassen zu können, dass er da ist, wo er ist – er sprudelt geradezu über vor Dankbarkeit. Ich lasse mich gerne von seiner Freude und Energie anstecken.

Wenn in den US-amerikanischen Medien laut von einem Handelskrieg die Rede ist und der Niedergang Amerikas durch Chinas Aufschwung heraufbeschworen wird, ist es vielleicht diese Art von Energie, auf die die Experten abheben. Es ist das Gefühl, ein Recht auf die Zukunft zu haben, ein Recht auf eine Vorstellungskraft, die weit über die Unmittelbarkeit des Tages hinausgreift – ein Gefühl, das es in den Vereinigten Staaten so womöglich nie gegeben hat, das aber zumindest den Medien zufolge im Verschwinden begriffen ist. Ich muss daran denken, wie ich irgendwann im Sommer einmal im ländlichen Kalifornien unterwegs war. In einem Walmart bekam ich mit, wie eine junge Frau mit blondem Pferdeschwanz gerade die besonderen Eigenschaften eines Wischmops erklärte, den sie in die Luft hielt. »Der kann sogar in die Waschmaschine!«, tirilierte sie und zog den Klettverschluss ab. »Das spart Zeit, und wir wissen weiß Gott alle, dass wir viel zu wenig davon haben. Unter der Woche arbeite ich als Lehrerin an einer staatlichen Schule, und Samstag, Sonntag klotze ich hier ran, Wochenende hin oder her.« Ihr aufgekratzter Tonfall verriet eine Mischung aus Stolz und Resignation darüber, nonstop arbeiten zu müssen, um über die Runden zu kommen.

Wenn ich mir Wei so anschaue, wie locker und freimütig er mich anlächelt, dann sehe ich jemanden, der unerschütterlich an sein Recht auf Zukunft glaubt, eine Zukunft, die vom Prekariat oder von durchgearbeiteten Wochenenden in einem Walmart unbelastet ist. Er ist ungeheuer bescheiden, aber sein Leben ist ein Paradebeispiel für den neuen chinesischen Traum, der durch Bildung für die Landbevölkerung und kommunale Förderprogramme möglich wurde. Und es steht für eine gerade im Entstehen begriffene Bruchlinie in der Gesellschaft – zwischen denen, die den Code finanzieren, und denen, die ihn schreiben und anwenden.

Wei hat einen Fachhochschulabschluss, war aber nie auf der Universität. Kaum einer von denen, mit denen er aufwuchs, schaffte es dorthin. Sein Vater arbeitete als Mechaniker bei der staatlichen Eisenbahn, und man erwartete von Wei, dass er irgendwann den Posten seines Vaters übernehmen würde. Das ist ein durchaus typischer Werdegang, wenn jemand in der Familie einen soliden, staatlich finanzierten Arbeitsplatz inklusive Sozialleistungen hat – eine »eiserne Reisschüssel«, wie man sagt. In China gibt es nach wie vor viele solcher Stellen, Überbleibsel des Sozialismus, die als gute Arbeitsplätze gelten. Feste Arbeitszeiten, garantierter Renteneintritt mit sechzig Jahren, ausgezeichnete Gesundheitsversorgung und ein ordentliches Altersruhegeld.

Diese Arbeitsplätze sind eng an die entsprechende Infrastruktur und Architektur aus der Hochphase des Sozialismus geknüpft, die letzten Relikte der einst großartigen Ambitionen des Sozialismus, eine von Grund auf neue Gesellschaft aufzubauen. Ein gutes Beispiel dafür ist die Zentralheizung: Gesteuert von einem städtischen Heizofen, ging früher in jedem Beton-Wohnblock Nordchinas gleichzeitig die Heizung an. Ein Onkel von mir war lange Zeit Zentralheizungstechniker (den Posten hatte er von seinem Großvater geerbt). Mein Cousin, der bereits mit den Versprechungen des freien Marktes aufwuchs, strebte nach etwas Glamouröserem. Statt ebenfalls Heizungstechniker zu werden, lieh er sich Geld von der Familie und eröffnete seinen eigenen

Autohandel. Heute ist er stolzer *tuhao* (Neureicher, 土豪) und nennt etliche Louis-Vuitton-Taschen sein Eigen, die er von seinen Reisen nach Paris mitgebracht hat.

Auch Wei zeigte kein Interesse am Posten seines Vaters, und seine Eltern überlegten schon, ob sie ihn nicht zur Armee schicken sollten. Doch Wei hatte Zugang zum Internet. Er entdeckte den Modellbau für sich, baute nach Onlinevideos Modellhubschrauber und Flugzeuge und chattete mit anderen Enthusiasten. Auf diesem Weg entdeckte er irgendwann die Drohnen von XAG und deren Trainingsprogramm für Drohnenpiloten, das über WeChat lief.

In China gibt es um die dreißigtausend gewerbliche Drohnenbetreiber, und die Nachfrage nach ihnen steigt. Bevor er sein eigenes Unternehmen gründete, arbeitete Wei mit einer Gruppe anderer Agrarsercivetechniker in Anhui. Ab 1990 entstanden überall im ländlichen China kleine Agrarserviceteams, um auf die neuen Bedürfnisse einer sich wandelnden Landwirtschaft zu reagieren. Die landwirtschaftlichen Betriebe waren immer noch klein, aber durch die Abwanderung in die Städte bestand einiger Bedarf an Unterstützung und an landwirtschaftlichen Arbeitskräften. Es entstanden kleine Agrarhelferteams, die ihre eigene Ausrüstung kauften oder auch selbst fertigten, um damit das Jahr über von Betrieb zu Betrieb zu fahren, bei der Ernte zu helfen oder Pestizide und Düngemittel zu sprühen. Diese Serviceteams sind jedoch weit mehr als nur gedungene Helfer. Sie stehen an vorderster Front der Entwicklung neuer Werkzeuge und neuer Landmaschinen – ein Ziel, das zum ehrgeizigen »Made in China 2025«-Plan gehört, im Zuge dessen Chinas Wirtschaft in eine Wissens- und Serviceökonomie umgebaut werden soll.

Was sein Serviceteam von anderen unterscheide, erzählt Wei, sei nicht allein, dass es überhaupt über Drohnen verfüge, sondern dass die Drohnen eine besondere Anziehungskraft auf motivierte junge Menschen ausüben. Diese kommen mehrheitlich aus ländlichen Gebieten und brennen darauf, sich neue digitale Fertigkeiten anzueignen, anstatt nach Art ihrer Eltern die Felder zu bestellen. In der Hochsaison arbeiten die Teams nimmermüde viele, viele Stunden am Tag. Ist die Erntezeit vorbei, nimmt sich Wei die Zeit, um im direkten Kontakt mit XAG neue Mitarbeiter im Umgang mit Drohnen zu trainieren und mit potentiellen Neukunden ins Gespräch zu kommen.

In diesem Jahr ist Wei mit seinem SUV schon mehr als dreißigtausend Kilometer landauf, landab herumgereist. Weil Drohnenanwender sehr gefragt sind, hilft er überall aus und besprüht von seiner Heimatprovinz Anhui bis zu den Baumwollplantagen von Xinjiang die Felder. Er liebt seine Arbeit, sagt er, eingeschlossen die Überraschungsmomente, wenn während der Arbeit in irgendeiner entlegenen Region plötzlich eine Drohne ausfällt und sofort repariert werden muss.

Ich versuche, mir Wei und seine Geschichte in Kalifornien vorzustellen, dem Bundesstaat mit der größten Agrarproduktion der USA, wo die Infrastruktur der industriellen Landwirtschaft vollkommen anders organisiert ist. Und weil ich gegenüber Geschichten, in denen die Technik das Leben der Menschen wie durch Zauberei verändert, nie so ganz traue, habe ich meine Zweifel, ob und wie dieses unternehmerische Modell sich so einfach übertragen ließe. Aber ich komme nicht umhin zuzugeben, dass Weis Werdegang inspirierend ist. Jemanden zu treffen, der in der Erwartung groß wurde, irgendwann einen uninteressanten Posten zu übernehmen, und der stattdessen nun sein eigenes Agrarserviceteam mit Drohnenpiloten leitet und mehr verdient als seine Eltern, ist genau die Art Wundergeschichte, um die sich die Gig Economy reißen würde, um unter dem Motto »Mach deine Träume wahr« ganz San Francisco mit ihren

Werbeplakaten zu pflastern. Ich sehe die Slogans in den Vorortzügen schon vor mir: *Kein Uni-Abschluss, aber Modellflieger? Kein Problem. Mach dein Hobby zum Beruf und steig ein in die Karriere zum Drohnenpilot. Sei dein eigener Chef. Unterstütze Bauern aus der Region. Du kannst nur gewinnen.*

Ob Wei wirklich sein eigener Chef ist, entzieht sich meiner Kenntnis, aber ich weiß mit Sicherheit, dass er selbst Chef von anderen ist, andere ausbildet und anleitet. Anders als in der Gig Economy wird seine Entlohnung weder von einem Algorithmus bestimmt noch hat er einen menschlichen Chef gegen einen Computer eingetauscht. Er hatte, um es im Jargon der neuen Arbeitswelt auszudrücken, »Entwicklungschancen«. XAG behandelt ihn und seinesgleichen nicht als reine Anwender von Drohnen oder als externe Dienstleister, sondern nimmt die Rückmeldungen seiner Drohnenpiloten ernst und bezieht sie bei der Aktualisierung der Drohnenhardware und deren Funktionen mit ein. Wei wäre allerdings auch nicht da, wo er jetzt ist, hätte er nicht den Luxus genossen, den die meisten chinesischen Eltern ihren Sprösslingen traditionsgemäß bieten: freie Kost und Logis, bis sie sich verheiratet haben.

Vor allen Dingen aber ist für mich sonnenklar, dass Wei Drohnen liebt und dass er dafür brennt, Teil von XAG zu sein. Viele Menschen, die in der Gig Economy arbeiten, haben mir erzählt, dass sie sich als Freelancer verstehen, die eben eine Zeitlang für eine Firma arbeiten, die ihnen im Grunde nichts bedeutet. Wei dagegen ist begeistert von XAG. Eines seiner Hobbys ist Fotografieren, und er hat sich in der Marketingabteilung von XAG einen Ruf als exzellenter Drohnenfotograf erworben. Er zeigt mir Bilder von märchenhaft schönen Reisfeldern und wogendem Weizen. Oft schickt er dem Marketing seine Lieblingsbilder, einfach nur zum Spaß.

Wei ist nicht allein auf der Konferenz. Etwa die Hälfte der Anwesenden sind Drohnenpiloten von Agrarservicefirmen aus ganz China. Die Drohnenpiloten stechen aus der Masse der Menschen hervor, ihre Haut ist von der Sonne gegerbt und sie grüßen einander in sprödem ländlichen Dialekt, der von der Standardaussprache des Hochchinesischen abweicht.

Ein Betreiber einer Servicefirma erzählt mir, dass viele Bauern den Drohnen anfangs misstrauten, inzwischen aber eingesehen haben, wie kosteneffizient sie sind. Drohnen sind viel präziser beim Ausbringen von Pestiziden und Düngemitteln, was den Bauern einiges an Materialkosten erspart. »Jetzt sind die Bauern der Meinung, dass Drohnen topmodern sind, und sie erzählen ihren Nachbarn davon«, meint der Unternehmer. 2018 wurde auf fünf Prozent des Agrarlandes in China Präzisionslandwirtschaft betrieben. XAG-Drohnen werden in der Regel auf Betrieben mit einer Größe von um die drei Hektar eingesetzt; mehr gibt die Hardware nicht her. Weil aber 98 Prozent der landwirtschaftlichen Betriebe über kleine Stücke Land von weniger als zwei Hektar verfügen, besteht für XAG noch reichlich Expansionspotential. Angesichts dieser Boom-Aussichten und der Erweiterungsmöglichkeiten von Weis Pilotentraining frage ich mich, wie lange die Branche wohl noch wachsen wird, bevor der Markt für Drohnenpiloten gesättigt ist.

2.

Die Konferenz der Drohnenbetreiber liefert einen Querschnitt der Technologie und der Dynamik des Lebens im heutigen China. Ganz vorne erblickt man die Investoren und Risikokapitalgeber, ihre tipptopp gebügelte Kleidung und geschniegelten Frisuren strahlen die Sorglosigkeit des Reichtums aus. Hinter ihnen sitzen die schlanken, durchtrainierten Vordenker in ihren T-Shirts sowie einige Gastredner der Konferenz – Vertriebsmanager von Ant Financial und Alibaba, Bayer Crop Science, außerdem die Akademiker: Absolventen von Spitzenuniversitäten wie der Tsinghua oder der Beida (Universität Peking) oder mit einem Abschluss im Ausland, in Australien, England oder den Vereinigten Staaten. Hinter den Vordenkern und den Gästen wiederum sitzen ein, zwei Ingenieure von XAG und natürlich die Pressevertreter. Zwei junge Frauen von CCTV Channel 7, dem staatlichen Fernsehkanal für Militär- und Agrarthemen, langweilen sich anscheinend fürchterlich. Mit Mühe halten sie die Augen offen, die eine döst am Nachmittag immer wieder kurz ein.

Es schließt sich ein breiter Zwischengang an, der die wichtigen Gäste von den Serviceunternehmern und Drohnenanwendern trennt (letztere sitzen ganz hinten). Dort sitzt auch Sun Wei zusammen mit Lei Bing, den ich ebenfalls kurz zuvor kennengelernt habe – ein schweigsamer Drohnenpilot in meinem Alter, jedoch zehn Jahre älter wirkend, der in der Szene für seine waghalsigen Flugmanöver in schwierigem Gelände bekannt ist. Hier in den hinteren Reihen des Publikums brodelt es. Während der Technikvorstand von XAG die Funktionen des neuesten Drohnenmodells vorstellt, herrscht ein undeutliches Stimmengewirr. Aber als er den automatisch nachfüllbaren Pestizidbehälter ankündigt und in den vorderen Reihen des Auditoriums höflich applaudiert wird, hält es einige hinten nicht mehr auf den Stühlen, sie recken die Fäuste und rufen: »Endlich! Endlich hört ihr auf uns!« Der Technikvorstand verweist auf verbesserte Sensoren an der Drohne, und die Drohnenpiloten jubeln und klatschen laut wie Zuschauer beim Fußball. Als er als weitere Neuerung modulare, zusammensteckbare Komponenten ankündigt (was bedeutet, nicht mehr mitten auf dem Acker stehend irgendwelche winzigen Teilchen zusammenfummeln zu müssen), drehen die Leute endgültig durch und johlen und schreien so laut, dass es den geschniegelten Herren in den vorderen Reihen ein Grinsen ins Gesicht zaubert.

Der Technikvorstand kommt dann darauf zu sprechen, dass an der Entwicklung eines vereinfachten Navigationssystems gearbeitet werde, damit die Bauern die Drohnen selbst fliegen können. Zum ersten und einzigen Mal bleibt es unter den Serviceteams und Drohnenpiloten still. Beim Gedanken an die Zukunft ihrer Jobs steht ihnen die Sorge ins Gesicht geschrieben. Der Technikvorstand muss das geahnt haben und beschwichtigt, das seien in Wirklichkeit gute Nachrichten für die Drohnenbetreiber! Wenn irgendwann die Bauern ihre Drohnen selbst fliegen, könnten die Drohnenbetreiber sich anspruchsvolleren Aufgaben widmen: Datenmanagement, Kartierung, Geschäftsstrategie. Jeder, der sein Leben den Drohnen verschrieben hat, könne damit rechnen, vorwärtszukommen und die Karriereleiter aufzusteigen, jedes Jahr eine Stufe weiter.

Ich befrage Sun Wei nach seiner Meinung zu den egalisierenden Effekten der Technologie. Hat eine technische Position wie die seine eine befreiende Wirkung, erlaubt sie ihm, in Zukunft alles zu tun, was er will? Dass Technik und technische Entwicklung sich egalisierend auswirkten, ist ein Gemeinplatz, der einem ständig begegnet, so abgedroschen wie die Geschichten von der »lebensverändernden Technik«. Projekte wie die Bildungsoffensive »Ein Laptop pro Kind« von Nicholas Negroponte oder die Initiative »Hole in the Wall« triefen nur so vor naivem Technikoptimismus: Wenn man einem Kind nur ein Laptop in die Hand drückt oder in einem beliebigen Slum in Indien einen Computer aufstellt, dann werden die Kinder sich schon ganz von allein lineare Algebra beibringen und der nächste Bill Gates werden. Wir wissen längst, dass dieser Mythos durch einen Hype-Zyklus künstlich aufgebläht wurde. Ein intaktes Unterstützersystem, bestehend aus Lehrpersonen, Gleichaltrigen und der Familie, übt einen ungleich stärkeren Einfluss auf ein Kind aus als ein Laptop oder ein Computerbildschirm. Aber ein Teil von mir – mein amerikanischer Anteil – will die Erzählung von der Leidenschaft des Individuums glauben, die letztlich alles überwindet, auch mangelnde Schulbildung oder fehlende Netzwerke.

Sun Wei muss über meine Frage grinsen und sieht mich ein wenig mitleidig an. »Natürlich nicht. Ein paar Teamkollegen von mir sind später an die Beida gegangen, und anders als wir *diaosi* [wörtlich »Schamhaare«, Slang für Versager] werden sie ständig befördert und haben verantwortungsvolle Stellen. Sie sind super ausgebildet, sie haben Ingenieurwissenschaften studiert. Ich dagegen, ich habe Drohnenfliegen studiert, mehr nicht.«

Ein Werdegang wie der seine könnte allerdings zukünftig häufiger werden. Ein Schwerpunkt der aktuellen staatlichen Politik ist es, die Kluft zwischen ländlichem und urbanem Bildungswesen durch vielerlei Maßnahmen zu verringern: Unterricht per Livestream, mehr Offline-Angebote zur Berufsausbildung und ein gewaltiger Anschub für offene Onlinekurse. Manche dieser digitalen Bildungsinitiativen sind privat und von Konzernen wie Alibaba und NetEase kofinanziert, andere sind staatlich. XAG selbst hat sich Zhonghang Future (中航未来教育集团) als Partner gesucht, um eine riesige virtuelle Flugschule mit reinem Online-Unterricht aufzubauen, neben hunderten Flugschulen vor Ort, die über das ganze Land verteilt sind. Ende 2018 haben bereits mehr als zwanzigtausend Studierende das Online-Trainingsprogramm über WeChat absolviert. Und wenn XAG plant, heutige Bauern zu künftigen Drohnenbetreibern zu machen und heutige Drohnenbetreiber zu Managern von Geoinformationsdaten, wird diese Initiative digitaler Fernausbildung sich allgemein durchsetzen? Wird sie erfolgreicher sein als frühere Modelle von Bildung und Entwicklung durch Technologie?

3.

Die Stadt Chengdu in der Provinz Sichuan ist Amerikanern wohl vor allem als Ursprungsort von besonders scharfem Essen und als Heimat der Pandas bekannt. In China kennt man Chengdu wegen seiner Number 7 High School. Die Number 7 High School ist berühmt für die Spitzenleistungen ihrer Schülerinnen und Schüler. Es ist eine staatliche Schule, die sich rühmt, dass 99 Prozent ihrer Absolventen danach Universitäten besuchen, darunter renommierte Institutionen wie UC Berkeley, Harvard und das MIT. Etliche ihrer Schüler und Schülerinnen gewannen internationale Wettbewerbe in Mathematik und Naturwissenschaften oder nahmen erfolgreich an Olympischen Spielen teil. Die Schule verfügt über ein breites Angebot außerschulischer Aktivitäten wie etwa ein Schulorchester, das weltweit auf Tournee geht.

In dem vielgelesenen Internetartikel »Dieser Bildschirm verändert Leben« dokumentiert der Autor Cheng Mengchao ein breit angelegtes Experiment der Number 7 High School: 2015 wurde mit Unterstützung von New Oriental Education, einem Pekinger Unternehmen für Lerntechnologien, der Schulunterricht per Livestream an zweiundsiebzigtausend Schülerinnen und Schüler aus besonders von Armut betroffenen ländlichen Gebieten in Yunnan und Guangxi übertragen.[25] Mit ebenso unerwarteter wie verheerender Wirkung: Die Lehrkräfte in den Dörfern zerrissen aus Protest ihre Bücher, weil sie sich durch Lehrer aus Chengdu auf einem digitalen Bildschirm ersetzt sahen. Schülerinnen und Schüler brachen vor Verzweiflung und Frustration in Tränen aus, als sie erkannten, wie weit sie hinter ihren Altersgenossen aus der Stadt zurücklagen. »Ich wusste nicht, dass ich so schlecht in der Schule bin, ich hatte keine Ahnung, wie wertlos ich bin«, meinte ein Schüler.

Während in den Vereinigten Staaten sich für mehr als 40 Prozent der High-School-Abgänger eine irgendwie geartete Ausbildung anschließt, trifft das nur auf 10 Prozent der Chinesen im ländlichen Raum zu. Selbst ein höherer Schulabschluss ist dort eher selten, wohingegen die Abbrecherquote an den Mittelschulen bei 50 Prozent und an der Oberschule sogar bei 66 Prozent liegt. Schülerinnen und Schüler auf dem Land stehen unter einigem Druck, möglichst schnell in Lohn und Brot zu kommen, um ihre Familien unterstützen zu können, anstatt noch länger die Schulbank zu drücken. Das hat teilweise auch mit einem festgefügten Selbstbild zu tun: Eltern wie Schüler sind oftmals der Überzeugung, sie seien einfach nicht »fürs Lernen gemacht«.

Drei Jahre nach der ersten Livestream-Übertragung von Unterricht aus Chengdu macht sich ein Hoffnungsschimmer bemerkbar. Erstmals scheinen die Ergebnisse der Aufnahmeprüfungen zu den Hochschulen vielversprechend zu sein. In den Vorjahren hatten es ganze zwei Studierende aus ländlichen Gebieten an eine Spitzenuniversität in China geschafft. Nach dem drei Jahre dauernden Experiment nahmen achtundachtzig Schulabgänger ein Studium an der Tsinghua und an der Beida auf. Ein Student vom Land bekam seine Zulassung zur Universität Peking, als er gerade mit seinem Vater auf einer Baustelle arbeitete.

Li Miao, Soziologieprofessor an der Universität Shandong, der über digitale Lehrmethoden im ländlichen Bildungswesen forscht, weist mit Nachdruck darauf hin, dass sich die materiellen Bedingungen für die Schulbildung auf dem Land bis heute stark benachteiligend auswirken. Zum Beispiel kommen viele Schülerinnen und Schüler oft zu spät oder verpassen Teile des Unterrichts, nur weil die Schultoiletten sich weitab vom Schulgebäude befinden. Und selbst wenn Mobiltelefone, Tablets und 5G-Internet im ländlichen

China allgegenwärtig sind, herrscht in den Familien unverändert die Einstellung vor, dass Bildung eher ein Privileg ist als eine Notwendigkeit.

4.

Warum betreibt die chinesische Regierung überhaupt diesen Aufwand, um die Kluft zwischen ländlicher und urbaner Bildung zu überwinden? Es geht wohl nicht so sehr um einen reinen Akt der Güte und auch nicht unbedingt darum, den Daumen am Regler des Wirtschaftswachstums zu haben, sondern schlicht um Folgendes: Die derzeitigen Machthaber möchten auch künftig an der Macht bleiben.

Lange Zeit galt die Regel, dass Arbeitsmigranten im Alter von achtzehn bis fünfundvierzig Jahren in Richtung Städte zogen und dort zwar um ein Vielfaches mehr verdienten als in ihrer Heimat, aber dennoch nicht genug, um sich an die Stadt binden zu können – sprich, dort Wurzeln zu schlagen oder gar Eigentum zu erwerben. Aus etlichen Studien geht hervor, dass junge Migranten sich in den Städten, in denen sie arbeiteten, nicht willkommen fühlten, als Fremdlinge, die vom Zugang zu den üblichen Kennzeichen eines erwachsenen Lebens (ein Auto, eine eigene Wohnung) ausgeschlossen waren. Sie hatten praktisch keine Wahl zwischen dem Leben in der Stadt und dem Leben in der Heimat. 2017 wurde die Notlage der Migranten weithin deutlich, als ein Feuer in einer Wanderarbeiter-Siedlung in Peking wütete. Diese Siedlungen kennt man in China als »Stadt-Dörfer«. Die Stadtregierung von Peking titulierte die Wanderarbeiter als »unteres Ende der Bevölkerung«, das beseitigt gehöre. Die Stadt-Dörfer seien nichts als Schandflecken. Die Stadt hatte damit einen Vorwand, um die Behausungen abzureißen und die Migranten zu vertreiben.

Die zwischen Stadt und Land hin- und herziehenden Menschenmassen sind ein potentielles Pulverfass. Junge, durchtrainierte Arbeiter, mehrheitlich junge Männer ohne Bindung an Wohneigentum, ein eigenes Auto, einen festen Arbeitsplatz oder eine Familie stellen eine Bedrohung der politischen Stabilität dar. Die Regierung setzt daher auf ihre Politik der Revitalisierung des ländlichen Raums, in der Hoffnung, die jungen Menschen wieder zurück in ihre Heimat zu ziehen, wo sie unter dem wachsamen Auge der Alten leben oder zumindest ein irgendwie geartetes Gefühl der Zugehörigkeit und Ortsgebundenheit haben. Dieser Prozess der »Wiederverländlichung« zeitigt gemischte Ergebnisse. Steuerliche Anreize sind nicht ausreichend, um neue Chancen auf dem Land in Aussicht zu stellen, deshalb wird für potentielle Rückkehrwillige in die Bildungsinfrastruktur investiert und es werden neuartige Möglichkeiten des Lebensunterhalts eröffnet.

Bisher verfolgte China auf seinem Weg hin zur größten Volkswirtschaft der Welt eine Strategie der Quantität – im Vertrauen auf die Kostenvorteile der Massenproduktion und auf seine riesige Bevölkerungszahl. In der Realität aber gibt es immer irgendwo auf der Welt einen Ort, wo man etwas noch billiger produzieren kann. Um wahrhaft nachhaltigen wirtschaftlichen Erfolg zu erzielen und um mehr Menschen in die Mittelschicht zu ziehen, muss in der breiten Bevölkerung ein höheres Bildungsniveau erreicht werden.

Anne, die Leiterin des Bereichs internationales Marketing bei XAG, ist dreißig Jahre alt. Sie liebt Ikebana und könnte ebenso gut einem beliebigen Tech-Unternehmen in San Francisco entstiegen sein. Geboren und aufgewachsen in Guangzhou, ist auch sie eine Rückkehrerin. Nach einigen Jahren im Ausland und einem Studium in Großbritannien lebt sie nun wieder in Guangzhou. Hier bieten sich ihr mehr Möglichkeiten.

Zum Mittagessen ist für die Konferenzteilnehmer im Hotel Nikko ein großes Buffet aufgebaut, das einer verschwenderischen Zurschaustellung von Überfluss gleichkommt. Es gibt bergeweise Fleisch, Fisch und Meeresfrüchte in tausenderlei Varianten, von langsam geschmortem Rindfleisch und frittiertem Huhn bis zu grob zerteilten Sushi-Happen. Das Buffet zwingt dazu, sich eine Strategie zu überlegen, wie viele verschiedene Gerichte man wohl probieren kann, um voll und ganz auf seine Kosten zu kommen. Im Preis-Leistungs-Verhältnis ganz oben rangieren Fleisch und Meeresfrüchte, weit abgeschlagen landen Obst und Gemüse. Die geladenen Vordenker und Risikokapitalgeber wirken unbeeindruckt angesichts des Überflusses, zu dem sie sowieso jederzeit Zugang haben. Einige von ihnen sehe ich in einer Ecke zusammen am Tisch sitzen, an ihrem Tee nippen, hin und wieder in einem Schüsselchen Reis herumstochern, während sie sich aufgeregt über Renditen und das nächste Quartal unterhalten.

Anne und ich haben uns in eine Ecke der Lobby gequetscht. Neben unserem Tischchen sitzt ein schweigsamer japanischer Journalist, der nebenbei erwähnt, dass er in der kommenden Woche nach Xinjiang reisen wird, um über Präzisionslandwirtschaft in der Provinz zu berichten, die als Unruheregion bekannt ist. 84 Prozent der chinesischen Baumwollproduktion stammt von dort – keine Kleinigkeit angesichts der Tatsache, dass China der zweitgrößte Baumwollproduzent weltweit ist. Als ich ihn frage, ob er Chinesisch oder Uigurisch spricht, hebt er kurz sein Handy hoch und sagt nur: »Google Translate«.

Mein Gespräch mit Anne dreht sich inzwischen um die Rückkehr »nach Hause« und darum, woher so etwas wie ein Heimatgefühl eigentlich kommt. So wie sie über das Thema spricht, ist ihr anzumerken, dass das Gefühl, irgendwohin zu gehören, ihr sehr wichtig ist. Das wird besonders deutlich, als sie von der Heimkehr junger Drohnenpiloten spricht. »Pflanzenschutz mithilfe von Drohnen ist ein neuer Berufszweig, der den Leuten vom Land ausreichend Einkommen bringt, damit sie in ihrem Heimatort und bei ihren Familien bleiben können. Die Arbeit verschafft ihnen Würde und Respekt. Deshalb zieht es inzwischen immer mehr Menschen zurück in ihre Heimat. Für uns ist das eine sehr erfreuliche Entwicklung.«

Doch reicht das, um die jungen Leute zurück aufs Land zu locken?

Hier am Buffet eröffnet sich eine ganz andere Welt, fern vom Landleben, wo die Portionen klein sind und die Auswahl kärglich. Während wir sitzen und essen, schaue ich hinüber zu den Drohnenpiloten, wie sie scherzen und lachen, vor sich vollgehäufte Teller mit Krabbenschalen, Garnelenköpfen und Fischgräten. Einer haut seinem Kumpel gutmütig auf die Schulter und sagt mit breitem Lächeln: »Was hab ich gesagt? Hier in Guangzhou, da verstehen es die Leute zu leben! Jetzt sind wir auch mal dran!«

Anleitung
Wie man sich selbst isst

Cloud Computing ist ein dreckiges Geschäft. Der locker-flockigen Bezeichnung zum Trotz fressen seine Datenzentren mit ihren vielen Serverrechnern ungeheure Mengen an Energie und Ressourcen (derzeit handelt es sich um zwei Prozent des weltweiten Stromverbrauchs). Dieser Prozentsatz wird mit dem stetig zunehmenden globalen Traffic nur weiter steigen. Ein paar Cloud-Computing-Firmen wollen sich durch den Erwerb von CO_2-Zertifikaten einen »grünen« Anstrich geben, wobei diese Praxis des Greenwashing in der Kritik steht, weil sie Ungleichheit weiter verschärft und reichen Industrieländern gestattet, sich durch den Erwerb aus ihrer Verantwortung für die selbst verursachte Treibhausgasemission zu stehlen. Die oft in entlegenen Regionen stehenden Datenzentren benötigen eine ganze Reihe von Seltenen Erden, bei deren Förderung die Umwelt schwer belastet wird. Es wird daher an alternativen, umweltfreundlichen Methoden geforscht, um die massiv wachsenden globalen Datenmengen zu speichern. Die Forschungsabteilung von Microsoft begann 2017 mit der Entwicklung eines Verfahrens zur Speicherung von Daten *in* der DNA, was viel effizienter wäre als die Verwendung von Serverrechnern. Das folgende Rezept weitet den Blick in eine Zukunft, in der gentechnisch veränderte Lebensmittel und DNA-Datenspeicherung zusammenfallen. Wenn Sie wirklich Ihre eigenen Nutzerdaten wären, könnten Sie sich dann selbst essen?

Zutaten für die Sojamilch

150 g	getrocknete Sojabohnen
2 l	Wasser (mindestens, je nach gewünschtem Flüssigkeitsgrad; eine dünnere, weniger »bohnenlastige« Variante verlangt mehr Wasser)

Zutaten für frittierte Sojabällchen

400 g Seidentofu
120 g Mayonnaise
60 g Maisstärke
11 g Salz (nach Belieben)
Öl zum Frittieren (Senföl, Erdnussöl o.ä.)
Frühlingszwiebeln in feinen Ringen (nach Belieben)

Werkzeuge

Standmixer, Mulltuch

In den späten 2030er Jahren wandten die Unternehmen sich der DNA-Datenspeicherung zu, die ein bedeutend günstigeres, nachhaltigeres, platzsparenderes Verfahren zu sein versprach als die bis dahin praktizierte »kalte Lagerhaltung« auf Computern. Ein paar Jahre später gab das in Shenzhen ansässige Unternehmen BGI Genomics in einem Joint Venture mit Bayer Crop Science bekannt, dass gentechnisch modifizierte Nutzpflanzen wie Sojabohnen und Mais ab sofort Daten in ihr Erbgut kodiert bekommen könnten.

Für Sojafarmen, die gentechnisch verändertes Saatgut anbauen, dürfte sich damit eine zusätzliche Einnahmequelle erschließen. Sie könnten in Kooperation mit großen Cloud-Computing-Unternehmen Felder mit Datensoja anlegen, wo jeder einzelnen Bohne Kundendaten eingeschrieben sind. Inzwischen gelten fast überall auf der Welt strenge Datenlokalisierungsgesetze, die vorschreiben, dass Daten über die Einwohner eines Landes aus Sicherheitsgründen physisch innerhalb der nationalen Grenzen vorgehalten werden müssen. Die chinesischen Ministerien für Technologie und für Landwirtschaft erkannten folglich die Gelegenheit, zwei Sicherheitssysteme in einem zu vereinen: Lebensmittelsicherheit und Datenlokalisierung. Sojareserven wären dann zugleich Datenreserven.

Anders als die »kalte« Datenspeicherung auf Computern hat die DNA-Speicherung eine extrem lange Halbwertszeit von etwa fünfhundert Jahren. Es musste daher noch eine betriebswirtschaftlich sinnvolle Methode der Datenvernichtung gefunden werden. Die Forschenden steckten die Köpfe zusammen, bis sie eine Lösung parat hatten: Cloud-Sojabohnen mit eingebetteten Daten werden zu stark reduzierten Preisen als Lebensmittel verkauft. Nachdem diese Bohnen verdaut sind, sind garantiert auch die Daten gelöscht und dem Datenschutz ist Genüge getan.

Sojabohnen sind enorm vielseitig verwendbar. Während sie im Altertum in ganz Ostasien von Hand gestampft wurden, verwendet man heute für die Herstellung von Sojamilch in der heimischen Küche ein elektrisches Mixgerät. Aus der fertigen Sojamilch kann man verschiedene Arten von Tofu herstellen, die zerstampften Reste der Milchherstellung werden in der Pfanne zu köstlichen Happen frittiert.

Man kann natürlich frei wählen, welche Daten man gern konsumieren möchte, aber der Geschmack der Cloud-Sojabohnen verändert sich je nach Inhalt der Daten. Ist es ein fünf Jahre altes Foto von Ihnen, das mit dem verunglückten Haarschnitt? Ein schmeichelhaftes Porträt von Ihrem LinkedIn-Profil? Oder sind es die Nachrichten, die gestern Schlagzeilen machten? Für dieses Rezept empfehlen wir eine neutral schmeckende Datensojabohne, vielleicht ein Auszug aus der Buchhaltung oder Ihre To-Do-Liste von vor ein paar Jahren. Wer Nervenkitzel sucht, greift zum privaten E-Mail-Archiv. Das verleiht dem Ganzen eine komplexe Schwere bei besonders knuspriger Textur.

Zubereitung der Sojamilch

Zuerst werden die Bohnen sorgfältig verlesen und dabei alle grünen oder nicht makellos gelben Sojabohnen aussortiert – es könnte auf Datenverfall hinweisen. Die Bohnen in eine große Glasschüssel geben und über Nacht in Wasser einweichen.

Die Bohnen am nächsten Tag abgießen und abtropfen lassen. Einige Minuten im Standmixer auf höchster Stufe pürieren, bis eine Flüssigkeit von breiiger, geschmeidiger Konsistenz entsteht.

Den Inhalt des Mixers in einen großen Topf geben und zum Kochen bringen, dann die Hitze reduzieren und die Sojamischung

10 Minuten köcheln lassen. Dabei den Topf stets im Auge behalten, Sojamilch kocht leicht über! Die Mischung ist fertig, wenn sich an der Oberfläche Schaum absetzt. Gehen Sie jedoch sicher, dass die Sojaflüssigkeit ordnungsgemäß gekocht hat – sie muss sprudelnd gekocht und dann mindestens 10 Minuten auf niedriger Hitze geköchelt haben –, denn ungekochte Sojabohnen sind schwer verdaulich.

Trennen Sie nun die Flüssigkeit (Milch) von den zerkleinerten Sojabohnen (Vorsicht, die Flüssigkeit ist sehr heiß!). Hierzu wird das Mulltuch in ein Sieb gelegt und über eine tiefe Schüssel platziert. Nun den Topfinhalt in das Mulltuch gießen, die Flüssigkeit abseihen und die festen Bestandteile mithilfe eines Kochlöffels ausdrücken und pressen, bis keine Flüssigkeit mehr austritt. Die Masse beiseitestellen.

Nun die Milch zurück in den Topf gießen und ein zweites Mal aufkochen. Dabei häufig rühren, damit nichts anbrennt. Nach dem Aufkochen die Hitze reduzieren und leicht köcheln lassen. An der Oberfläche bildet sich allmählich eine leichte Haut, die abgeschöpft und aufbewahrt wird – es ist ein besonders guter, zarter Tofu, der als Delikatesse gilt! Die fertige Milch kann je nach Geschmack verdünnt oder gesüßt werden.

Frittierte Sojabällchen

Die übrige Sojamasse mit Seidentofu, Mayonnaise und Maisstärke vermengen, mit Salz abschmecken und zu kleinen Bällchen formen.

In einem Wok reichlich Öl erhitzen, damit das Frittiergut bedeckt ist. Die Bällchen in das Öl gleiten lassen und bei mittlerer Hitze frittieren, bis sie eine goldbraune Kruste entwickeln. Mit einem Schaumlöffel aus dem Öl nehmen und auf Papierservietten abtropfen lassen. Die Sojabällchen munden ausgezeichnet mit einem Dip Ihrer Wahl.

Dies ist nur eine von vielen Verwendungsmöglichkeiten für die anfallenden Reste bei der Herstellung von Sojamilch. Sie machen sich hervorragend in Eierpfannkuchen, mit Reis vermischt und zu Kuchen gebraten, gedünstet mit Datteln und Reisbrei oder zu allem, wonach Ihnen der Sinn steht.

Made in China

1.

In dem Haus, in dem ich gerade zu Gast bin, steht auf der Fensterbank meines Zimmers ein Spielzeugvögelchen, so klein, dass es in meine Hand passt. Sein Leib aus Plastik und Styropor ist mit Naturmaterialien beklebt – das Schwänzchen besteht aus einem Stück Holz, die Augen aus Samenkörnern, Zapfenschuppen bilden einen prachtvollen Federbusch. Auf dem kleinen runden Aufkleber am Bauch des Vögelchens steht *Made in China*.

Selbst bis hierhin, in eine nordkalifornische Kleinstadt mit rund eintausend Einwohnern, verfolgen einen diese Worte. Plötzlich peinlich berührt, stelle ich das Vögelchen zurück auf die Fensterbank, aber solange ich zu Besuch bin, stoße ich immer wieder versehentlich dagegen.

In der Umbruchszeit des chinesischen Wirtschaftsbooms der 1990er Jahre war mein Onkel Mitbetreiber eines Import-Export-Geschäfts, das Millionen genau solcher Vögelchen verkaufte. Regelmäßig flog er vom Perlflussdelta zu Handelsmessen in die Vereinigten Staaten und hatte künstliche Vögelchen, künstliche Blumen, Zierkörbchen, Pilze aus Styropor und Gartenzwerge im Gepäck. Er wohnte dann ein paar Tage bei uns in der Familie und ließ sich die Kochkünste meiner Mutter schmecken, anstatt sich auf seiner Reise amerikanisches Fastfood antun zu müssen. Manchmal ließ er ganze Kisten mit Musterexemplaren bei uns zurück. War ein Deal zustande gekommen, brauchte er sie nicht mehr. Und immer klebten daran die Worte *Made in China*. Die drei Worte hatten auf mich eine eigentümliche Anziehungskraft. Staunend stand ich vor diesen Gegenständen und ließ den flirrenden Zauberbann des Materialismus auf mich wirken.

Einige dieser Vögelchen landeten schließlich auf einem Straßenstand in Boston, den eine meiner Tanten an den Wochenenden betrieb. Auf einem niedrigen, mit einem weißen Tuch bedeckten Tischchen breitete sie ihre Waren aus: Jadeanhänger, Fächer aus Holz und allerlei andere Chinoiserien, wie es sie auch in Geschäften zu kaufen gab, die Namen wie Eastern Trading Co. trugen.

Einmal half ich ihr am Wochenende und hatte übrige Musterstücke von zuhause mitgebracht. Mein Plan war, dafür zu sorgen, dass meine Tante ihre Verkäufe steigerte. Sie war erst vor kurzem in die USA gekommen und konnte kaum Englisch, also schrieb ich Schildchen mit möglichst blumigen Formulierungen: *wunderhübsch, exotisch, handgearbeitet!, Jadeschmuck…*

Irgendwann kam ein älteres Paar an unseren Stand. Ich strahlte sie an. Sie lächelten freundlich zurück, besahen sich alles genau und gingen dann weiter. Der Mann zog die Frau weg mit den Worten: »Fall doch nicht auf solchen Ramsch rein, das ist alles Made in China.« Einen Moment lang wusste ich nicht, was er meinte – die Sachen auf dem Tisch oder mich selbst.

Als Zehnjährige verwirrte mich diese Reaktion. Ich fand sie vollkommen unsinnig. In den 1990er Jahren war das, was als chinesische Kultur galt, noch ein Produkt der amerikanischen Phantasie. Jeden, aber auch jeden Tag wurde ich ausgelacht, weil ich »so komisches Essen« zum Mittagessen dabeihatte. In den Chinarestaurants standen noch General Tso's Chicken und Chop Suey auf der Speisekarte, freilich ohne jeden Anspruch von Gourmetküche. Die Leute an unserem Stand hatten keine Ahnung, was Jade überhaupt war, und fragten mich oft, ob es sich um Glas handelte. Dabei hatten wir Jade von allererster Güte im Angebot und verlangten auch den entsprechenden Preis. Doch die Kunden waren gar nicht in der Lage, die Qualität selbst einzuschätzen und kamen zu dem Schluss, wir wollten sie übers Ohr hauen. Eine ganze Menge Leute waren sowieso schon überzeugt, dass wir sie übers Ohr hauen wollten, aufgrund der simplen Tatsache, dass wir Chinesen waren. Irgendwann griffen wir dann natürlich doch auf die minderwertigste Jade zurück, in der Hoffnung, jemand würde sich von dem grünblauen Farbenspiel verlocken lassen und einen Impulskauf tätigen – schließlich kostete es ja wirklich nicht viel.

Made in China hat sich mir seither als der Inbegriff des Schäbigen und Korrupten eingeprägt. Die drei Worte standen für schlecht gearbeitete, hingehudelte Ware von der Hand stumpfsinniger Arbeitsbienen aus Riesenfabriken, deren Geschäftsmodell darin bestand, leichtgläubigen Ausländern ein, zwei Cent mehr aus der Tasche zu ziehen. Ich sah genau vor mir, wie die Menschen in den Fabriken, bei denen mein Onkel einkaufte, mit glasigem Blick ohne Sinn und Verstand Tannenzapfenschuppen auf Styroporvögelchen klebten. *Made in China* spiegelte die vermeintliche Faulheit der Chinesen, die mit echtem handwerklichen Geschick nichts anfangen konnten, für gewissenhaftes Arbeiten von ihrer Kultur her einfach nicht gemacht waren und alles möglichst billig haben wollten. *Made in China*: hergestellt von Menschen, die aussahen wie ich, Menschen, die womöglich mit mir verwandt waren – entfernte Cousins und Tanten aus der Heimat meiner Familie und meiner Ahnen. Mein kindlicher Optimismus zerschellte an der geringschätzigen Äußerung dieses Mannes, und die drei Worte *Made in China* waren für mich fortan die schmählichste Bezeichnung, die ich mir nur denken konnte.

Im ländlichen China, etwa in der Provinz Anhui, aus der der Drohnenbetreiber Sun Wei stammt, hat *Made in China* das Leben von Millionen Menschen verändert. Es ermöglichte zum Beispiel jungen Frauen, in die Städte zu ziehen und sich zum ersten Mal aus der erdrückenden Herrschaft patriarchaler Familienstrukturen zu befreien, wie Leslie T. Chang und Ching Kwan Lee in ihrer Dokumentation über junge Fabrikarbeiterinnen zeigen: junge Frauen, die allein in die Stadt ziehen, in der Fabrik arbeiten, in Arbeiterwohnheimen wohnen. *Made in China* strukturierte Familien um, reorganisierte die Arbeitswelt und ordnete die politische Macht neu. Es brachte im wahrsten Sinne des Wortes Innovation: wirtschaftlichen und technologischen Wandel, der das soziale Gewebe des ganzen Landes veränderte, mit allen Vor- und Nachteilen. Heute wird *Made in China* abermals neu definiert. Und diesmal geht die Neudefinition vom Lande aus.

2.

Das Tianjin-Museum erhebt sich inmitten eines betonierten Rondells als ein ausgreifender, spektakulärer Neubau, der dem kosmopolitischen Anspruch der Stadt innerhalb des Großraums Peking-Tianjin-Hebei (Jing-Jin-Ji) Ausdruck verleihen soll. Eine Ausstellung in der dritten Etage dokumentiert mehr als 300 Jahre Stadtgeschichte vom 17. Jahrhundert bis heute. Tianjin war früher ein Vertragshafen, und ein Vorzug der Ausstellung liegt darin, dass sie zeigt, wie Tianjin geographisch unter den Westmächten aufgeteilt war.

Im großen Eingangssaal hängt ein Stadtplan, daneben Bilder des in Trümmern liegenden Tianjin. An einer Wandtafel wird aufgelistet, in welcher Weise die eingesessenen Bewohner Tianjins als Bürger zweiter Klasse im eigenen Land behandelt wurden. Ein gläserner Schaukasten macht die Demütigung noch anschaulicher. Darin liegen die Waffen, mit denen die chinesische Armee im 19. Jahrhundert gegen die westlichen Truppen kämpfen musste. Auf der einen Seite wird das schneidige Gewehr eines britischen Generals präsentiert, auf der anderen ein paar Macheten, eine Handvoll Pfeile und eine einfache Pistole mit kurzem Lauf, wie die chinesischen Soldaten sie hatten. Für ein Land, das sich der Erfindung des Schießpulvers rühmt, ist das Häuflein Pfeile geradezu lachhaft.

In den 1960er Jahren erhob der Historiker Joseph Needham die Frage: »Warum hat China nie eine moderne Wissenschaft entwickelt?« Trotz vieler bahnbrechender Errungenschaften in früheren Zeiten kamen aus China nach dem 16. Jahrhundert keine wissenschaftlichen und technischen Erfindungen mehr. Needhams Frage beherrscht die Debatten, die man in den Vereinigten Staaten über die Innovationskraft Chinas führt, bis heute.

Man starte nur einmal eine Online-Recherche mit den Suchbegriffen »China« und »Innovation«, und man wird keine Artikel zu Innovationen aus China finden, sondern eher welche, die untersuchen, »warum China unfähig zur Innovation ist«. Letztlich enden alle Antworten bei dem – bereits von Needham identifizierten – angeblichen Haupthindernis Chinas auf dem Weg zur Innovation: seiner Kultur. Needham erblickte im alten Taoismus, der China bis heute prägt, die Ursache des Problems. Es sei der ewige, träge östliche Glaube daran, dass das Universum bereits perfekt ist: Wir müssen nur sein Gleichgewicht erhalten, das ist alles. Diese Denkweise, so Needham, steht dem Projekt der Innovation diametral entgegen.

Das Wort »Innovation« trägt einigen Ballast mit sich und hat eine ganze Industrie mitsamt Konferenzen, Medienformaten und Vordenkerfiguren aufblühen lassen. Was Innovation eigentlich genau sein soll, ist unklar, aber wie auch immer ist sie ganz offensichtlich eine knappe Ressource, die lediglich im Silicon Valley überreich sprudelt.

Im Englischen war der Begriff »Innovation« beileibe nicht immer so positiv konnotiert wie heutzutage. Im Lateinischen bedeutete das Wort ursprünglich »erneuern, etwas *als neu* einführen«, wodurch implizit anerkannt wird, dass die Kategorie des »völlig Neuen« schwierig zu definieren ist. Zur Zeit der Königreiche in Europa war »Innovation« ein Schmähbegriff für eine Spielart politischen und wirtschaftlichen Wandels, die Imperien zu Fall bringen konnte und den Status von Königen und herrschenden Eliten gefährdete. Im Zuge der industriellen Revolution setzte allmählich eine Aufwertung des Begriffs ein, wobei sich zugleich eine Ingenieurskultur herausbildete. Zu Beginn des 20. Jahrhunderts vertrat Thorstein Veblen die Auffassung, Technologien seien das Ergebnis, das *Produkt* einer Gruppe – männlicher[26] – Arbeiter, der »Ingenieure«. Während die Ingenieure schöpferisch arbeiteten und Technologien entwickelten, seien es die Unternehmenseigner, die Industriekapitäne, die diese Innovationen als Quell des Profits ausbeuteten.

Derzeit hat es den Anschein, als würden die Innovationen in den Vereinigten Staaten wie in China die bestehende politische und wirtschaftliche Weltordnung eher noch stärken anstatt sie zu untergraben. Wenn man sich einmal anschaut, welche Innovationen in der letzten Zeit medial besonders hohe Wellen geschlagen haben, dann sind das meist Produkte, die irgendeine Form *von Steuerung und Management durch Technologie* perfektionieren – die Steuerung von Menschen und von Autos, das Management von Essensbestellungen und von Waren. Die Monarchen unserer Tage, sprich: Konzerne und CEOs, haben von Innovationen keine Bedrohung zu befürchten. Mir stellt sich dennoch die Frage: Wenn Innovation eigentlich so ein disruptives und revolutionäres Potential hat, warum schreiben dann jene sie sich auf die Fahnen, die wirklich viel zu verlieren hätten?

3.

Ich will herausfinden, was »Innovation« wirklich bedeutet, und treffe mich zu diesem Zweck mit einer Analystin aus einem der größten transpazifischen Venture-Capital-Unternehmen weltweit (mit einem Portfolio an Firmen, Marken und Produkten, das Sie bestimmt aus eigener Anschauung kennen). Es ist ein hybrides chinesisch-amerikanisches Unternehmen, das die geographische Ungebundenheit einer transpazifischen Elite widerspiegelt. Die Analystin ist jung, sieht aus wie frisch aus dem Ei gepellt und ist mit einem derart einschüchternden Selbstbewusstsein gesegnet, dass ich mich gleich zehn Jahre jünger fühle als sie. Wir kennen einander, weil wir auf derselben Universität waren, sonst verbindet uns nichts. Ihre Weltsicht ist von gnadenloser Schärfe, während ich immer noch an der Definition des Wortes »Innovation« knabbere.

Wir sind in einer Joghurtbar in Palo Alto verabredet. Wir setzen uns, ich stochere in meinem tristen Becher handgerührtem, von Eisbrocken durchsetztem Joghurt herum. Wir landen beim Thema Essen. Heiter teilt sie mir mit, dass *sie* ihre Eiscreme auf Taobao.com zu kaufen pflegt. Das Problem der asymmetrischen Information, sprich, dass die Kunden die Qualität der von ihnen gekauften Ware nicht kennen, wird aus ihrer Sicht durch den Kauf von Lebensmitteln im Internet gelöst. Die Verkäufer erhalten durch schlechte Bewertungen zuverlässig ihre gerechte Strafe.

Ein ewiger Hemmschuh für Innovationen aus China ist der Vorwurf, dass jeder technologische Fortschritt immer dem geheimen Ziel der Regierung diene, die Bürger zu überwachen. Die Analystin schüttelt den Kopf und äußert ihr Unverständnis. Immer diese Amerikaner mit ihrem Fimmel eines chinesischen Überwachungsstaates. Umgekehrt scheint es ihnen ja nichts auszumachen, wie ihr eigenes

Leben überwacht wird. Wir kommen auf Silicon Valley zu sprechen, auf die dort herrschende Hybris, die die Leute davon abhält, sich tiefergehend und selbstkritisch mit chinesischer Technologie zu beschäftigen: »Silicon Valley steht nun mal für die Speerspitze jeder Innovation, warum sollte irgendein anderer Ort auf der Welt uns übertreffen?« An der Rückseite dieser Hybris lauert eine rhetorische Falle, die China als Feind der amerikanischen Regierung konstruiert, um durch das Schüren eines guten alten Nationalismus *Made in USA* Unterstützung für diverse politische Maßnahmen im eigenen Land mobilisieren zu können. Da ist es kaum verwunderlich, dass Tech-Giganten wie Mark Zuckerberg China als Popanz benutzen, wenn sie darauf pochen, dass staatliche Regulierung amerikanische Unternehmen am Wachsen hindert. Selbst da, wo es um China als Wirtschaftsmacht geht, gilt China nicht als innovativ, sondern es stiehlt, betrügt und unterdrückt.

Nach Gründung der Volksrepublik China kamen wissenschaftliche und technologische Entwicklung nur langsam in Gang. Wie Barry Naughton und Chen Ling beschrieben haben, hielt der Staat Forschung und Entwicklung unter strenger institutioneller Aufsicht. Das änderte sich erst in den Nullerjahren, als Forschung und Entwicklung sich immer mehr in den privaten Sektor verlagerten – der Erfolg früher, von privaten Investoren finanzierter Internet-Startups wie Sohu und Baidu warf ein erstes Schlaglicht auf diese Entwicklung. An der wirtschaftlichen Blüte von kommunal betriebenen oder bereits privatisierten »Township and Village Enterprises« (TVE) war zu sehen, wie neue institutionelle Strukturen Innovationen befördern konnten. Indes waren viele Firmen in China seinerzeit weniger darauf aus, durch Innovation völlig neue Produkte zu schaffen – »disruptive Innovation« –, sondern es ging vor allem um neue Möglichkeiten, bestehende Prozesse zu optimieren und zu verschlanken – eine Art »kontinuierliche Innovation«.

In den Nullerjahren hatten ausländische Unternehmen bereits in China Fuß gefasst. In einigen Sektoren dominieren diese Unternehmen in China bis heute den Markt, trotz allgegenwärtiger Nachahmerprodukte und des oft beklagten systematischen Diebstahls geistigen Eigentums. Die Rede ist hier weniger von Technologiefirmen, sondern von Unternehmen wie Procter & Gamble, Coca-Cola und KFC.

Ausländische Technologiefirmen wiederum konnten sich in China nicht durchsetzen. Der Grund ist der gleiche, der angeblich Chinas Innovationsfähigkeit im Wege steht: die Kultur. Konzerne wie eBay kamen in China arg ins Straucheln und litten unter dem Heimvorteil von Taobao, die den chinesischen Markt bestens kannten. Man versäumte es, auf wesentliche Details zu achten, darunter die Tatsache, dass auf eBay nun einmal mit Gegenständen aus zweiter Hand gehandelt wird, in China jedoch der Kauf von gebrauchter Ware, vorneweg Kleidung, verpönt ist. Selbst Google hatte nur einen Marktanteil von 33 Prozent, als es China verließ. Die großen Innovatoren der Vereinigten Staaten mussten feststellen, dass Innovation ein kulturelles Konstrukt ist. Technologie und Innovation waren weit weniger universal als angenommen.

»Meiner Meinung nach ist China längst innovativ«, meint die VC-Analystin. »Ich habe ein paar amerikanische Apps installiert, die ich vielleicht einmal im Monat öffne und irgendwann lösche. Bestimmte chinesische Apps öffne ich zigmal am Tag. Man kommt im Alltag einfach nicht mehr ohne Apps aus. Es gibt dafür inzwischen den Ausdruck ›China Speed‹ – die Technologie entwickelt sich in China in einem Tempo, dass die Amerikaner kaum hinterherkommen.« Für die Analystin sind diese allgegenwärtigen, so überaus praktischen Apps ein Indiz für die disruptive Innovation, die in China im Gange ist.

Ein Freund von mir, der Risikokapitalgeber ist, reist sehr häufig zwischen den Vereinigten Staaten und China hin und her. Er meint, die Silicon-Valley-Hybris sei real. Wie oft erzählen Leute von ihrem Projekt, da und da ein neues Silicon Valley zu gründen, und jedes Mal geht es schief. Infolgedessen überhöht sich die Großartigkeit des echten Silicon Valley ins nahezu Mythische. Was aber seiner Meinung nach Silicon Valley wahrhaft groß macht, ist gerade das Inkaufnehmen des Scheiterns. Diese Offenheit gegenüber dem Scheitern sei stark kulturell geprägt. In China beobachtet er eine wachsende Bereitschaft, Risiken einzugehen und möglicherweise auch zu scheitern, während zugleich Innovationen in allen Bereichen zunehmen. Diese veränderte Einstellung zum Risiko findet sich überall: bei jungen Studienabgängern, die einen sicheren Arbeitsplatz ausschlagen und ihre eigene Firma gründen (im genauen Gegensatz zu dem, was in China traditionell erwartet wird), bis hin zu riskanten Sprüngen in der Produktentwicklung, bei Investitionen und in der Kreditvergabe.

Mir fällt auf, dass für beide, die junge Analystin und meinen risikokapitalgebenden Freund, Innovation immer noch mit irgendwelchen Prämissen einhergeht. Warum sollte das Neue, das Neuartige unbedingt die Abhängigkeit von einer App voraussetzen? Wenn das Scheitern für Innovationen so wichtig ist, warum geht es dann immer nur um technologische Erfolgsgeschichten anstatt um spektakuläre technische Misserfolge? Wenn Offenheit gegenüber dem Scheitern eine Voraussetzung für Innovationen ist, wer darf dann das Privileg des Scheiterns in Anspruch nehmen? In Maos furchtbar aus dem Ruder gelaufenem Experiment des Großen Sprungs nach vorne bedeutete Scheitern Hungersnot und Tod. Für Studierende im heutigen ländlichen China bedeutet Scheitern vielleicht den Unterschied zwischen einem Leben harter körperlicher Arbeit und der vagen Chance, der

Armut entkommen zu können. Wie sich an den Skandalen um P2P-Kredite (Peer-to-Peer-Kredite) in China studieren lässt, macht es in puncto Investition und Scheitern einen gewaltigen Unterschied, ob eine Wagniskapitalfirma das Risiko eingeht oder ein siebzigjähriger Rentner. Für Investmentfirmen kann sich ein Scheitern sogar noch auszahlen. Im Land der von Risikokapital gepushten Innovation wirkt ein Scheitern wie ein – wenn auch reichlich anstrengender – Cocktailempfang.

Und da wären noch die nicht wegzuleugnenden technischen Realitäten von Innovation. Eine KI-Ingenieurin aus Zhongguancun, dem »chinesischen Silicon Valley«, mit der ich einmal sprach, schnaubte nur verächtlich, als es um »einheimische chinesische Innovationen« ging. Todernst wies sie mich darauf hin, dass China nach wie vor auf amerikanische Chiphersteller angewiesen sei, während die amerikanischen Chiphersteller ohne die Seltenen Erden aus China ihren Laden dicht machen könnten. Selbst die Chipingenieure seien eine internationale Gemeinschaft, und Chipfabriken gebe es rund um den Globus. »Einheimische Innovation« sei ein nationalistisches Ammenmärchen, weiter nichts.

4.

Durch Guangzhou zieht ein Monsungewitter. Der Regen flutet die Straßen, der Himmel ist fahlgrau, man sieht kaum die Hand vor Augen. Auf dem Balkon der Wohnung von Onkel und Tante steht zweieinhalb Zentimeter hoch das Wasser. In einem großen Keramikbehälter auf dem Balkon sitzt stoisch und vom Regen unbeeindruckt ihre Schildkröte. Wir sitzen drinnen fest, und ich vertreibe mir und meiner Tante die Zeit mit Internet-Memes und Fotos aus meinem Leben in den USA. Besonders witzig findet sie Fotos, auf denen ich beim Camping und beim Wandern zu sehen bin, zwei Freizeitaktivitäten, die in China gerade erst populär werden. »Wildnis« und »Naturerlebnis« gelten hier als reine Marketingerfindung, die den Leuten verkauft werden muss.

Meine Tante hat ein heiteres Gemüt, aber heute regt sie sich über das Gerede von einem baldigen, von Donald Trump angezettelten Handelskrieg auf. Sie nimmt den Handelskrieg *persönlich.* »Na dann, auf Nimmerwiedersehen!«, ruft sie. »Umso besser, dass wir diesen Handelskrieg haben, das sage ich dir. Immer haben wir all die guten Sachen nach Amerika exportiert und das minderwertige Zeug behalten und an unsere Leute verkauft. Schau dir bloß mal an, wie wir unsere Umwelt kaputtgemacht haben, bloß für euch Amerikaner! Das habt ihr euch so gedacht, ihr Schlaumeier! Ja, ja, Fabriken machen nun mal Dreck, euer eigenes Land wolltet ihr dafür nicht ruinieren!«

Aus Sicht Chinas haben die Amerikaner die Chinesen betrogen – die amerikanischen Firmen forderten derart niedrige Herstellungskosten, dass es schlichtweg unmöglich wurde, *keine* Abstriche an der Qualität zu machen. In den Vereinigten Staaten verkauften diese Firmen die Ware dann zu astronomischen Preisen weiter und verdienten sich eine goldene Nase damit.

Meine Tante redet sich richtig in Rage über den Handelskrieg. Dann fängt sie an, über die Qualität der Dinge in ihrem Haushalt zu sprechen. Sie lässt mich raten, wie viel dieser und jener Haushaltsgegenstand gekostet hat, und ich muss aufpassen, nicht zu lachen, während sie für mich eine Art *Der Preis ist heiß* aufführt. »Was meinst du, wie viel ich für das hier bezahlt habe?«, fragt sie und deutet auf ein überdimensionales, mit MCM-gemustertem Leder bezogenes Stofftier. Sie lächelt zufrieden. »Die Frage ist nicht, wo die

Sachen hergestellt werden, sondern in welchem Land die Qualitätskontrolle stattfindet.« Sie macht plötzlich kehrt, verschwindet in der Küche und kommt mit einer Bratpfanne zurück, die sie 2012 gekauft hat. »Ist die nicht phantastisch? So eine tolle Qualität! Wegen dem Diaoyu-Zwischenfall[27] haben wir damals japanische Waren boykottiert. Alle haben das so gemacht. Um 80 Prozent war der Preis herabgesetzt! Hergestellt ist sie in China, aber von einer japanischen Marke. Auf der Heimfahrt mit dem Bus musste ich sie verstecken, damit keiner die japanische Schrift auf der Verpackung sehen konnte. Sonst hätte man mich noch Verräterin genannt!«

5.

Naomi Wu ist ein Cyborg. An einem regnerischen Tag bin ich mit ihr im Shenzhen Open Innovation Lab verabredet. Ich bin sehr nervös, ich möchte von Naomi Wu gemocht werden. In der MINT-Branche gibt es asiatische Frauen, und es gibt Naomi Wu. Sie ist brillant, aber noch bemerkenswerter als das ist ihre Furchtlosigkeit, wie sie sich für ihre Brillanz öffentlich verehren lässt. Naomi wurde als Mensch geboren, bezeichnet sich jedoch als Cyborg. Was sich hinter dieser Selbstdefinition verbirgt, leuchtet sofort ein, wenn man ihre Videos sieht. Offenherzig präsentiert sie ihre Cyborg-Körpermodifikationen wie zum Beispiel Brustimplantate, die aufleuchten, wenn sie ein von ihr entworfenes und komplett selbst angefertigtes Korsett trägt.

Ihre Videos sind energiegeladen und sprühen vor Witz. In vielen stellt sie einer internationalen Fangemeinde ihre genialischen technischen Bastelprojekte vor: eine von *Neuromancer* inspirierte Wi-Fi-Minidrohne, ein selbstgebautes Game-Boy-Set im Retrostil. Andere Videos zeigen sie im echten Leben in Shenzhen, wie sie dort Makerspaces besucht und auf dem Elektronikmarkt umherschlendert.

Asiatische Frauen machen in den Vereinigten Staaten zwar einen gewaltigen Anteil der Beschäftigten in Ingenieursberufen aus, bleiben aber oft genug von Management- und Führungspositionen ausgeschlossen. Es ist für eine Führungsposition in der Tech-Branche tatsächlich von Nachteil, asiatischer Herkunft zu sein – die Wahrscheinlichkeit, von einem gewöhnlichen Mitarbeiter (d.h. Ingenieur) ins Management befördert zu werden, ist für Asiatinnen und Asiaten am geringsten.[28] Die Erwähnung dieses Faktums sollte nicht als Aufschrei über die Ungleichbehandlung von Asian Americans verstanden werden – vielmehr spiegelt sich darin die systemische Art und Weise, wie rassische Kategorien im Kapitalismus in den USA funktionieren. Menschen asiatischer Herkunft gelten als höflich, arbeitsam und ruhig, als mustergültige »Bilderbuchminderheit«, wobei für mich hinter derlei Zuschreibungen stets die unheilvolle Botschaft liegt: In einem gewissen Rahmen kannst du Erfolg haben, wenn du einfach die Regeln befolgst, mögen diese Regeln auch problematisch sein. In etwas grellerem Licht gesehen lassen sich diese Eigenschaften noch durch Gehorsam und Fügsamkeit ergänzen, wie sie den hirnlosen Arbeitsbienen angeboren zu sein scheinen, die nach meiner kindlichen Vorstellung in der Fabrik meines Onkels arbeiteten. In den Vereinigten Staaten gelten Asiaten nur selten als Innovatoren. Schließlich braucht es Wagemut, Kühnheit und eine gewisse Dreistigkeit, um innovativ zu sein. Im Technologiebereich schreibt man derlei Qualitäten gemeinhin eher einem westlichen weißen Mann zu, einem heroischen Erfindertypus wie John Galt, Protagonist von Ayn Rands Roman *Atlas Shrugged*. Je länger ich mich mit Naomi unterhalte, desto mehr drängt sich mir die Frage auf: Wie oft kommt es überhaupt vor, dass es von einer Person of Color heißt, sie oder er sei innovativ? Wie oft ist in den USA die Rede davon, dass *irgendein* anderes Land innovativ ist, vor allem ein nicht-westliches Land?

Begegnet man ihr leibhaftig, erweist Naomi sich als gänzlich unprätentiös und wirkt dabei mindestens ebenso energiegeladen wie in ihren Videos. Sie ist größer, als ich dachte. Es ist verblüffend, wie bescheiden sie ist angesichts hunderter Videos, in denen sie eine Vielzahl eigener Projekte vorstellt. Sie sei eine Bastlerin mit einem besonderen Faible für Technik, mehr nicht, meint sie. Was mich wirklich beeindruckt, ist ihr Verhältnis zu Maschinen und zu ihrem eigenen Körper. Es gibt verschiedene Gehäuse für Hardware, also begreift sie auch ihren eigenen Körper als ein Gehäuse. Sie modifiziert ihren Körper, weil sie glaubt, »dass man dem Computer geben muss, was er will«. Damit greift sie einer Welt vor, in der die Algorithmen der Computer Vision regieren und in der auf Videoplattformen das Ranking vom Content des Videos abhängt, wobei »attraktive Frauen« stets unter den ersten Suchergebnissen auftauchen. Und Naomi will an erster Stelle erscheinen. In einer idealen Welt hätte sie einen Laden in Huaqiangbei, dem berühmten Elektronikmarkt in Shenzhen, auch bekannt als »Markt der Zukunft«. Sie würde dort Körperteile verkaufen, als seien es Geräthüllen oder Computergehäuse. Du hättest gern einen besseren Arm? Geh doch zu Naomi. Ein zweites Paar Augen? Kann sie dir einbauen.

Es entbehrt nicht einer gewissen Ironie, wenn ich hier mit Naomi im Shenzhen Open Innovation Lab sitze, einem Makerspace, in dem überall Lötmetall, Drähte und Kabel herumliegen. Naomi kommt selbst aus Shenzhen. Und während viele ihrer Altersgenossinnen, mit denen sie zur Schule ging, heute in Fabriken Bauteile zusammenlöten, lötet Naomi als Influencerin in Internetvideos. Ihre Klassenkameradinnen gelten als stumpfsinnige Arbeitsbienen, sie hingegen als

Vordenkerin einer wachsenden DIY-Maker- und Hacker-Bewegung, die auf Innovation und MINT-Bildung setzt.

Ausgerechnet in Shenzhen wurden lange Zeit Amerikas innovativste Produkte hergestellt, und zwar von eben den Frauen, mit denen zusammen Naomi aufwuchs. Shenzhen ist aber auch der Ort, der den *shanzhai* zum Durchbruch verholfen hat – eine ursprünglich abwertende kantonchinesische Bezeichnung für Produktfälschungen und Plagiate. Wörtlich bedeutet *shanzhai* so viel wie »Bergfestung« – weil die Menschen aus den Bergdörfern sich echte Louis-Vuitton-Taschen oder die legal produzierte DVD der dritten Staffel von *Friends* nicht leisten konnten, kamen die *shanzhai*-Versionen aus einfachen, schlecht geführten Fabriken. Die *shanzhai*-Produkte sind für den Westen bis heute Beweis dafür, dass aus China keine Innovationen kommen, sondern höchstens Kopien.

David Li, Gründer des Shenzhen Open Innovation Lab, und die Wissenschaftlerin Silvia Lindtner stellen das Verständnis von *shanzhai* als Nachahmung in Frage. Gemeinsam haben sie in den letzten Jahren das Ökosystem der Innovatorenszene erforscht und schlagen eine neue Begriffsprägung vor: *new shanzhai*. David zufolge begann die ursprüngliche *shanzhai*-Wirtschaft unter anderem mit dem Kopieren von DVDs. Die Raubkopien ließen sich auf Markengeräten nicht abspielen, also wurden Produkte entwickelt, die die kopierten DVDs unterstützten. Daraus entwickelte sich alsbald ein ganzes Ökosystem von wilder Kreativität. *New shanzhai* ist Open Source im Hochgeschwindigkeitsmodus, das selbstbewusst auf Konfrontation mit westlichen Begriffen von geistigem Eigentum geht. Die Designer und Ingenieure von *new shanzhai*-Produkten greifen die Arbeit der jeweils anderen auf, um sie zu vereinnahmen, umzuwidmen, zu remixen, zu dezentralisieren. Im Elektronikmarkt Huaqiangbei, wo Naomi von einem eigenen Laden träumt, konkurrieren und kooperieren Firmen untereinander in rasender Abfolge. Wer durch den Markt schlendert, findet dort alles zum Kauf angeboten, was man sich nur vorstellen kann, und noch einiges mehr, was man sich nie hätte träumen lassen: Hologramm-Generatoren, 3D-Drucker, Karaoke-Mikrofone mit eingebauten Lautsprechern, Laserschneider, unscheinbare Mobiltelefone mit modularen, austauschbaren Teilen, die man mit simplem Gerät öffnen und reparieren kann (mithin das Gegenteil eines iPhones).

Früher war die erste Assoziation, die man bei dem Wort *shanzai* hatte, gefälschte iPhones. *New shanzhai* steht in krassem Gegensatz zur zunehmend proprietären Natur amerikanischer Technologie und zwingt dazu, über Zugang, Wartung und die Verquickung von geistigem Eigentum und *Zivilität* nachzudenken. Schließlich sind geistige Eigentumsrechte keine Gabe der Natur. Das Konzept entstand im 18. Jahrhundert in England im Zusammenhang mit der Vorstellung, dass es Eigentum und Besitz sind, die die Existenz bestimmen – das Recht auf Eigentum als Recht, Mensch zu sein.[29] In einer Zeit, in der amerikanische Konzerne Studierenden, die neue Technologien erforschen, mit Patentklagen drohen, scheint *shanzhai* dringlicher geboten zu sein als je zuvor.

Außerhalb der Grenzen finanziell bestens ausgestatteter Orte wie des Silicon Valley, im Rest der Welt also, wo man sich keine teure 3D-Modeling-Software oder das letzte Smartphone-Modell für US$ 300 leisten kann, das nur von Experten repariert werden darf, wird *shanzhai* dringend benötigt. Wie soll man bitteschön innovativ sein, wenn man sich die dafür benötigten Werkzeuge nicht leisten kann?

Shanzhai hat die Macht zur Dekolonisierung der Technologie. Lange Zeit war technologisches Fachwissen Sache einer äußerst überschaubaren technischen Elite. Viel ist unter Entwicklungsexperten die Rede vom »Technologietransfer«, im Zuge dessen Weltgegenden wie China, Kenia oder auch das ländliche Amerika ausgehend von den urbanen Ballungsräumen der USA mit technischen Geräten, Software, Hilfe bei der Einrichtung und Beratungsdienstleistungen missioniert werden. Der Erfolg solcher Projekte ist gemischt; nur zu oft sind die jeweiligen Communities hinterher abhängig von proprietärer Technologie. Damit die Technologie wirklich im dortigen Alltag aufgehen kann, brauchen diese Orte das entsprechende Milieu, das Instrumentarium und das Fachwissen, um irgendwann ihre eigenen Produkte entwickeln zu können, die auf ihre eigenen Gegebenheiten zugeschnitten sind. *Shanzhai* verschiebt mit Macht die Grenzen dessen, was wir gegenwärtig unter Innovation verstehen, und nimmt sich das Recht, ein Gerät oder eine Software nicht nur zu nutzen, sondern sie in kollaborativer Manier zu modifizieren, zu verändern und zurückzuerobern – eine *shanzhai*-Ökonomie anstelle einer Innovationsökonomie.

6.

Vier Stunden von Guangzhou entfernt haben sich im Dorf Yangguang einige Bauern zu einer Genossenschaft für biologischen Reisanbau zusammengetan. Nicht nur zeigt sich in dieser Aktion gelebte *shanzhai*-Ökonomie, sondern man erahnt, wie aus *shanzhai*-Praktiken eine gänzlich andere Welt erwachsen könnte.

Die Mitglieder der Genossenschaft »Reisharmonie« erwarten mich am Busbahnhof der nächstgelegenen Stadt, der aus einer einzigen Halle besteht. In diesem Teil der Provinz Guangdong geht es noch beschaulich zu. An einem Durchleuchtungsgerät, das schon lange den Geist aufgegeben hat, lehnt eine desinteressiert dreinblickende Frau. An dieser Busstation gibt es erstaunlicherweise nicht einmal Zugangskontrollen, niemand scannt die Personalausweise, die Leute laufen einfach so herein und wieder heraus.

Zum Mittagessen halten wir in einer nahegelegenen Stadt und gehen in ein einfaches Lokal. Abgenutzte Holztische, in der Mitte ein Drehtisch mit Glasplatte – und ausgezeichnetes Essen: hellgrüne pfannengerührte Zuckerschoten mit eingelegtem Schweinefleisch, Tofu mit Gemüsefüllung, perfekt auf den Punkt gekochter Reis. Der Älteste in der Gruppe, Bauer Qiu, ist sechzig Jahre alt, erfahrener Reisbauer und obendrein ein ziemlicher Griesgram. Ein anderer, Xinghai, ist dreiunddreißig Jahre alt und nach etlichen Jahren als Wanderarbeiter in Guangzhou ins Dorf Yangguang zurückgekehrt.

Reis aus Guangdong hat keinen guten Ruf. 2007 wurde festgestellt, dass 70 Prozent der Reisernte aus Guangdong aufgrund übermäßigen Düngemitteleinsatzes viel zu hohe Kadmiumwerte aufwies. In Yangguang war das Ackerland glücklicherweise unbelastet geblieben. Dennoch merkte Bauer Qiu vor einigen Jahren, dass mit dem Boden etwas nicht stimmte. Die Erde war hart und spürbar verdichtet, ganz anders als die Erde in seiner Kindheit.

Reisanbau ist ein arbeitsintensives Geschäft. In manchen Regionen Chinas greift man bis heute auf altüberlieferte Methoden zurück, beispielsweise das Reis-Fisch-Enten-Verfahren: ein dynamisches System, bei dem weder künstliche Düngemittel noch Pestizide benötigt werden. Auf den gefluteten Reisfeldern leben Fische, die Mückenlarven fressen und damit als natürliche Insektenvertilger dienen. Auch Enten paddeln dort herum, die für Dünger sorgen und den Bestand an Schnecken unter Kontrolle halten. In der Erntezeit wird das Wasser abgelassen, und die Fische müssen nur noch eingesammelt und in Wein eingelegt werden. Die Enten bleiben das ganze Jahr dort. Die geographischen

Gegebenheiten in den Bergregionen Südchinas bringen es mit sich, dass die Reisfelder sehr klein sind und eine maschinelle Bewirtschaftung schwierig ist.

Die Genossenschaft »Reisharmonie« nutzt ein System des biologischen Reisanbaus, das sicherstellt, dass alle Beteiligten auf Gedeih und Verderb aufeinander angewiesen sind. Auf den Reisterrassen von Yangguang fließt das Wasser von den alten Parzellen oben am Berg langsam hinab zu den am tiefsten gelegenen Terrassen – gewissermaßen eine natürliche Bewässerungsanlage. Alle fünf Jahre tauschen die Bauern ihre Parzellen untereinander nach einem Losverfahren, was dafür sorgt, dass keine Familie für immer auf einer günstig oder ungünstig gelegenen Parzelle sitzenbleibt. Aufgrund des Losverfahren besitzt auch niemand zusammenhängende Parzellen, was die Bewässerung zum Gegenstand fortwährender Aushandlungen macht. Besitzt man zum Beispiel ein Feld oben am Berg und staut das ganze Wasser für sich auf, dreht man damit nicht nur den Feldern anderer Familien das Wasser ab, sondern auch eigenen Parzellen, die weiter unten liegen. Verwendet man auf seinem Feld Pestizide, fließen die Rückstände auf die anderen Felder. Jede Veränderung bei der Kultivierung einer Parzelle hat Auswirkungen auf alle anderen. Selbst der Einsatz von Unkrautbekämpfungsmitteln an den Rändern der Reisfelder kann die Werte auf dem Nachbargrundstück beeinflussen. Regelmäßig werden Treffen der Dorfgemeinschaft einberufen, um sich über das pestizidfreie, biologische Reisanbausystem auszutauschen. Xinghai zeigt mir Fotos von einem der letzten Meetings. Die Bauern saßen zusammen und diskutierten, was gegen das ganze Unkraut zu tun sei, stimmten ab und schätzten ihre Ernteerträge für die laufende Saison. Als Genossenschaft sind alle finanziell an dem Unternehmen beteiligt.

Die Zahl der Mitglieder der Genossenschaft »Reisharmonie« wächst von Jahr zu Jahr, und das ist keine Kleinigkeit im heutigen China, wo der Individualismus immer stärker wird und die Erinnerung an frühere, katastrophal verlaufende Kollektivierungsbestrebungen der Regierung noch höchst lebendig ist. Doch die genossenschaftliche Struktur setzt auf die Dorfgemeinschaft als Ort der Entscheidungsfindung und schafft eine kollektive Beteiligung, die dominanzwilligen Einzelpersönlichkeiten und politischen Eingriffen von oben widersteht. Das Ganze ist kein einfacher Prozess, denn die Mitglieder der Genossenschaft müssen Konflikte lösen wollen, statt ihnen auszuweichen. Wie in jedem *shanzhai*-Projekt sind Handlungen Einzelner weder individuell noch singulär. Xinghai und Qiu verbringen die Pflanzzeit draußen auf ihren Parzellen, Seite an Seite mit anderen Bauern, helfen mit technischer Expertise aus und schlichten Konflikte.

Die Mitglieder der Genossenschaft teilen sich kleine, ihren Bedürfnissen angepasste Landmaschinen, um den Boden zu lockern und zu pflügen. Diese Geräte wurden von Qiu und Xinghai erdacht, die vorhandene Maschinen mit der Hilfe von Schmieden aus der Gegend umbauten und mit neuen Pflugscharen und anderem Zubehör versahen. Vor der Leihbücherei der Genossenschaft »Reisharmonie« stehen auch zwei dieser Frankensteinmaschinen bereit.

Zwar entwickelt »Reisharmonie« eigene Maschinen und bietet die ganze Bandbreite sozialer Medien und Plattformen auf, um den eigenen Reis verkaufen, doch sind es die Menschen, nicht die Technologie, die über den Kurs bestimmen. Das System ist zudem nach außen hin offen: »Reisharmonie« empfängt Interessierte aus der ganzen Welt, die etwas über den biologischen Landbau lernen wollen. Wie jedes System hat auch diese Art der Landwirtschaft ihre Kritiker: Es lasse sich nicht hochskalieren, die Erträge seien zu gering, es sei unwissenschaftlich und mit technisierten, industriellen Verfahren nicht vergleichbar. Ausgerechnet die lokalen Behörden sind es, die auf wissenschaftliche, rationalisierte Bewirtschaftung drängen, den Einsatz von Pestiziden und Düngemitteln inklusive. Doch allen Debatten zum Trotz funktioniert diese Art des Landbaus im Dorf Yangguang bestens.

Die Genossenschaft »Reisharmonie« ruft in Erinnerung, dass Innovation mit Demut zu tun hat, dass das Potential zur Erneuerung und zur Veränderung politischer und gesellschaftlicher Strukturen ganz klein anfängt. Innovation ist im wahrsten Sinne des Wortes ein Ökosystem für »Reisharmonie« – ein Ökosystem, das sich nicht auf tausende oder gar Millionen User ausdehnt, sondern sich über die Zeit hinweg erstreckt und den Boden wie den Zusammenhalt einer Gemeinschaft von einer Anbauperiode zur nächsten erneuert und regeneriert. Dafür braucht es kein Risikokapital, keine Heerscharen von Ingenieuren und keine Millionen User.

Ich wandere durch die Reisfelder, vorbei an den Frankensteinmaschinen, vorbei an säuberlich aufgehäuftem Reisstroh, das als organischer Dünger dient. Zwar schickt die Innovation den Zauberbann des Kapitalismus auch in diese entlegene Bergregion, doch ich verstehe *shanzhai* als etwas, das einen Gegenzauber heraufbeschwören kann. *Shanzai* heißt, Protokolle in Praktiken zu verwandeln, die unseren Zusammenhalt stärken anstatt auf eine zentrale Autorität zu setzen. Es heißt, sich von der Vergötzung der schieren Größe abzuwenden und unser Engagement zu erneuern, unsere Bereitschaft, uns zu *kümmern*. Wieder habe ich die Worte im Ohr, die ich als Kind hörte, jenen anderen Zauberspruch: *Made in China*, und den wegwerfenden Tonfall in der Stimme des Mannes. Heute ist viel die Rede von Erfolgs- und Innovationsbarometern; eine Erfindung derer, die das Geld haben.

In diesem Kontext scheint Engagement auf die oberflächliche Interaktion zwischen informierten Usern degradiert zu sein – was für ein Zerrbild im Verhältnis zu jenem durchdachten Handeln verantwortungsbewusster Bürger, die es mit dem gesellschaftlichen und strukturellen Wandel aufnehmen und dafür auch lange Sitzungen mit der Dorfgemeinschaft erdulden. Es gibt etliche, von Venture-Capital-Fonds getragene Unternehmensgründungsprogramme, durch die das gefördert werden soll, was aus Sicht der VC-Geber die maßgeblichen Werte der Innovation sind. Anstatt in Erfolg und Innovation weiterhin einen Wert an sich zu sehen, plädiere ich für neue Maßstäbe: für ein Verständnis unserer Welt durch *shanzhai* und durch die Fähigkeit, Bindungen zu pflegen, zu erhalten, zu erneuern und zu vertiefen.

Eine Frau kommt mir entgegen, auf dem Kopf balanciert sie einen Eimer, um mit dessen Inhalt die Hühner zu füttern, die wiederum zur Schädlingsbekämpfung beitragen. Sie pfeift vor sich hin, während sie bergan geht. Aus der technischen Infrastruktur der Landwirtschaft in diesem Dorf erwächst ein eigenes sozioökonomisches Ökosystem. Was könnte wohl in unserer vernetzten Infrastruktur die Parallele dazu sein? Auch wenn es beängstigend klingen mag, es wird einige Zeit brauchen, die Welt mit *shanzhai* zu durchsetzen – erst müssen wir unsere Definition von Vernunft auf den Prüfstand stellen, unser Verständnis von geistigem Eigentum hinterfragen und zur Debatte stellen, was eine sinnvolle Existenz ohne die Schranken individueller Eigentümerschaft bedeuten könnte. *Shanzhai* impliziert, dass wir unser Ego hintanstellen, ja aufgeben, anstatt eine kurzfristige Innovationslösung aus dem Boden zu stampfen, auch wenn sie sich millionenfach umsetzen ließe. Denn Geld und Startkapital sind endlich, doch die Zeit hört niemals auf zu vergehen, und wir haben zuletzt immer noch mehr Fragen als Antworten.

»Niemand kann die Zukunft voraussagen«

1.

Auf der Polizeiwache in Guiyang ist es laut. Die Polizisten pöbeln herum und rufen einander Witze zu, viele trinken Tee, während einer tatsächlich hinter dem Empfangstresen eingenickt ist. Es herrscht ein ständiges Kommen und Gehen. Im Korridor riecht es nach Hotdogs und Dosenfleisch. Grelles Neonlicht strahlt auf ehemals weiße Fliesen, die von den niemals endenden Bauarbeiten in Guiyang längst schlammbraun sind. Irgendwann trottet ein ausgezehrter Mann in Lederjacke vorbei, von dem ein starker Geruch nach Urin und ungewaschenem Körper ausgeht. Er macht einen verwirrten, desorientierten Eindruck. Niemand beachtet ihn auch nur im Geringsten. Jemand hat auf dem Treppenabsatz der ersten Etage ein hellgraues Whiteboard auf Rollen aufgestellt. Eine Liste hängt daran: »Drogenfälle« lautet die Überschrift, darunter fünf mit ausgeblichenem Filzstift hingekrakelte Namen.

Ich bin mit dem Polizeibeamten Herrn Xiaoli verabredet, der sich für die Zustände entschuldigt. Das sei hier Alltag, meint er; es sei immer jede Menge los, und wahrscheinlich sei ich aus den hübschen, blitzsauberen Polizeiwachen der Küstenstädte Peking und Guangzhou anderes gewohnt. Die Medien haben Xiaoli zu ihrem Aushängeschild erkoren: der Bilderbuchpolizist aus Guiyang, gutaussehend, Millennial und natürlich technikaffin, der endlich frischen Wind in die Polizeiarbeit der Stadt bringen will. Ich möchte mit ihm über die Realbevölkerungsplattform Shi You Ren Kou Ping Tai (实有人口平台) reden, die über ein gigantisches Kompendium an Daten über die Bürger in Teilen von Guiyang verfügen soll.

Die Realbevölkerungsplattform ist ein Produkt der Firma Huacheng Technology, und ihr Versprechen ist, wie es die Firma vollmundig nennt, die »totale Kontrolle der Bevölkerung«. Durch Gesichtserkennung gewonnene biometrische Daten, behördlich zugeteilte persönliche Identifikationsnummern, Fingerabdrücke und Führungszeugnis werden auf der Realbevölkerungsplattform zusammengeführt. Ähnliche Plattformen wurden zeitgleich auch in anderen Städten eingeführt, obwohl sie noch nicht flächendeckend in allen Provinzen im Einsatz sind. Manche Städte sind dabei erfolgreicher als andere.

Im Brennpunkt von Guiyangs »totaler Bevölkerungskontrolle« steht nicht die gesamte Stadtbevölkerung, sondern die Bewohner der Dörfer-in-der-Stadt (*chengzhongcun*, 城中村). Diese Siedlungen gemahnen nachdrücklich und unübersehbar an das gewaltige Projekt der Urbanisierung Chinas und an den niemals endenden Prozess des Aufbaus (und Wiederaufbaus). In den großen Städten gedeihen sie so lange in scheinbarem Wildwuchs, bis die Stadtregierung beschließt, sie auszumerzen. Im Winter 2009, als Pekings Stadt-Dörfer noch standen, war ich in einem zu Besuch, das direkt an den Alten Sommerpalast Yuan Ming Yuan angrenzte. Auf den Gassen herrschte quirliges Treiben und allgegenwärtige Armut – Kinder spielten draußen Federball, es türmte sich der Müll, um den sich streunende Hunde balgten, direkt vor dem Eingang einer öffentlichen Toilette hingen Fleischstücke zum Trocknen – offenbar nutzte jemand den knapp bemessenen Platz im Freien aus. Die Siedlung war ein seltener, erschwinglicher Zufluchtsort für die Migranten, die sich die astronomischen Mieten in Peking nie und nimmer leisten könnten.

Die städtischen Dörfer tragen viel dazu bei, das Problem der Beherbergung neuer Zuwanderer abzufedern, doch sie verschwinden im Zuge der (nicht nur aus China sattsam bekannten) Bestrebungen, die Stadt »schöner, sauberer und sicherer« zu machen, zusehends. *Chengzhoncun* bedeutet wörtlich übersetzt »Dorf in der Stadt«; diese Dörfer entstehen, indem chinesische Städte sich massiv in die Fläche ausbreiten und das umgebende Agrarland allmählich verschlingen. Irgendwann wird das Land für den Neubau von Wolkenkratzern plattgemacht und die Bauern vom Staat finanziell und durch neuen Wohnraum entschädigt. Im Idealfall werden aus den Bauern gutsituierte Wohneigentümer in der neuen Stadtlandschaft. Wenn es schlecht läuft, haben sie am Ende eine so geringe Entschädigung in der Hand, dass es nicht für den Kauf einer neuen Bleibe reicht.

Wie bei der Esskultur und bei der Sprache gibt es auch bei den städtischen Dörfern in China erhebliche regionale Unterschiede. Ihnen allen ist gemeinsam, dass dort jene wohnen, die an den Randbereichen des urbanen Lebens existieren – Kinderfrauen, Haushaltshilfen, Reinigungskräfte, Bauarbeiter, Lieferanten. Eine Schlüsselrolle beim Aufschwung der Stadt kam den Dörfern-in-der-Stadt einst in Shenzhen zu, wo sie als Keimzelle informeller Ökonomien neuen Erfindungsgeist und Ideenreichtum hervorbrachten. Grundsätzlich jedoch gelten diese Viertel aufgrund des sozioökonomischen Status ihrer Bevölkerung bei der städtischen oberen Mittelschicht als gefährlich. Der Begriff, mit dem Chinesen der oberen Mittelschicht diese Bevölkerung charakterisieren, lautet »von schlechter Qualität« (*disuzhi*, 低素质). Bemerkenswerterweise scheint eben diese obere Mittelschicht keine Probleme damit zu haben, wenn selbige Menschen »schlechter Qualität« in die wohlhabenderen Viertel pendeln, auf ihre Kinder aufpassen oder ihnen die Wohnung putzen.

Guiyangs Ruf als boomender Technologiestandort wird durch das fast traumähnliche, wie einem Science-Fiction-Film entsprungene Stadtbild noch verstärkt. Die Stadtautobahn ist erst seit zehn Jahren in Betrieb, doch an den Tragwerken und Streben schießen Eukalyptusbäume empor und die Auffahrten sind dicht mit Schlingpflanzen überwuchert. Kreuz und quer und rauf und runter ist die Stadt von Brücken und Tunneln durchzogen, die Autos und Menschen bis in die obersten Stockwerke von Gebäuden und Bergspitzen bringen. Das explodierende Wirtschaftswachstum hat zwischen den ohne erkennbares Prinzip angelegten Straßen etliche städtische Dörfer entstehen lassen. Herrn Xiaolis Büro befindet sich im zweiten Stock der Polizeiwache und bietet einen direkten Blick auf das städtische Dorf, für das er zuständig ist. Blaue Bauzäune säumen die Straßen und trennen unfertige Bürgersteige und Bauschutt vom bunten Gewühl der Fußgänger, Motorroller, Autos und Fahrräder. Straßen und Häuser sind von einer Schmutzschicht überzogen.

Xiaoli und ich sind gleich alt – eine Tatsache, die uns einander sofort nahebringt. »Wir sind nach 1980 geboren, also komm, reden wir ganz direkt miteinander, das offizielle Gehabe können wir weglassen«, meint er, womit er auf das Auftreten der meisten Politiker in China anspielt, wenn man sie im Fernsehen sieht: steif, fast roboterartig, um nur ja die Autorität zu wahren. Nachdem Xiaoli seinen Bachelor in Soziologie in der Tasche hatte, ging er auf die Polizeischule. Er ist in Guizhou geboren und aufgewachsen und hat irgendwann beschlossen, seiner Heimatprovinz treu zu bleiben. Er ist seit mehreren Jahren verheiratet; er und seine Frau haben eine fünfjährige Tochter.

Zwar sind Xiaoli und ich etwa gleichaltrig, aber es fällt mir trotzdem schwer, meine aus Büchern und Liedern angelernte Kindheitsprägung abzuschütteln und ihn *nicht* »Onkel Polizist« zu nennen, wie die respektvolle Anrede einer Autoritätsperson so nett lautet (*jinchashushu*,警察叔叔).

Das chinesische Polizeisystem ist kompliziert. Früher waren die Strukturen zwischen den Städten und Provinzen noch kleinteiliger als heute, landesweite oder zentralisierte Daten gab es fast keine. Einmal traf ich auf einer Reise jemanden, der wegen kleinerer Vergehen ein Vorstrafenregister hatte: Diebstahl, Körperverletzung unter Alkoholeinfluss. Er bewegte sich ungehindert im ganzen Land, bis ihn 2018 die Pekinger Polizei bei dem Versuch abfing, die Stadt zu betreten – wohl aus Furcht, er könnte in der Hauptstadt und dem politischen Zentrum des Landes Amok laufen.

Jahrzehntelang gab es in China eine Version der Nachbarschaftswachen, die aus Ehrenamtlichen, Neugierigen und grauhaarigen Großmütterchen bestanden und Auge und Ohr der Polizei vor Ort waren. Seit einigen Jahren baut die chinesische Polizei auf externen Sachverstand, um Ausbildung und Polizeiarbeit auf den neuesten Stand zu bringen. Im Zuge von Programmen zum »Wissensaustausch« zwischen China und Europa und selbst den Vereinigten Staaten konnten Polizisten aus China Polizeiwachen im Ausland besuchen, um sich ein Bild von moderner Polizeiarbeit zu machen. Wie schon der Kapitalismus und die freie Marktwirtschaft folgt die Grundausrichtung der Polizeiarbeit in China US-amerikanischem Vorbild. Austauschstudierende chinesischer Polizeischulen verschlug es an die Sam Houston State University nach Texas, und die Polizei von Los Angeles schreibt sich gar stolz eine sogenannte »Polizeidiplomatie« auf die Fahnen und verweist auf die Zahl der Austauschbesuche zwischen L.A. und China.

An Orten, die eine so rasante Entwicklung durchlaufen wie Guiyang, hat die Polizei vor allem mit der steigenden Kriminalität aufgrund wirtschaftlicher Ungleichheit zu tun. Systematische Tricks und Betrugsmaschen, Überfälle und Straßenraub stehen besonders im Fokus. Entgegen der offiziellen Statistik, die eine niedrige Kriminalitätsrate ausweist, verzeichnet China zudem eine massive Zunahme »krimineller Dörfer«, bei denen die gesamte Bevölkerung eines Dorfes in irgendwelche kriminellen Aktivitäten eingebunden ist. Solche Dörfer ähneln den »Taobao-Dörfern« (Dörfern im Hinterland, die Waren für die E-Commerce-Plattform Taobao herstellen), doch statt dem chinesischen Traum auf legalem Weg nachzueifern, werden gesetzwidrige Methoden eingesetzt, die von finanziellen Betrügereien im Zusammenhang mit Kuchenlieferungen bis hin zu geschäftsmäßig betriebenen Entführungen reichen.[30] Chinas niedrige Kriminalitätsrate hat auch mit einer Verzerrung der Statistik zu tun, welche die Bevölkerung der Wanderarbeiter in den Städten nicht einbezieht, die an bis zu 80 Prozent der städtischen Kriminalität beteiligt sind – als Opfer wie als Täter.

Xiaoli öffnet die Realbevölkerungsplattform, und auf der ersten Seite prangt zur Begrüßung eine großartige Luftaufnahme – kein Satellitenfoto, sondern eine Drohnenaufnahme, bereitgestellt von SuperMap, einer Pekinger Firma für Geoinformationssysteme.

Die Gebäude auf der Aufnahme sind mit willkürlich zugewiesenen Nummern versehen, beginnend mit 1. Ich frage Xiaoli, ob damit die echte Adresse angezeigt ist, und er erklärt mir: »Also, der Punkt an den Stadt-Dörfern von Guiyang ist, dass es keine echten Adressen gibt. Ihre Bauweise ist durch und durch informell. Anfangs standen hier nur wenige Gebäude, kleine dörfliche Häuser auf Acker- und Weideland. Die alten Häuser stehen bis heute, und weil sich mit der Vermietung von Wohnraum Geld verdienen lässt, kommen ständig Anbauten dazu. Oder es entstehen zwischendrin neue Häuser.«

Xiaoli redet weiter. »Diese Plattform gibt es hauptsächlich deshalb, weil Guiyang sich heute so schnell entwickelt und so viele Migranten hier leben. 80 Prozent der Migranten wohnen in städtischen Dörfern, und zwischen 70 und 80 Prozent der Verbrechen in Guiyang werden in den städtischen Dörfern begangen. Was sollen wir machen? Das ist der Grund, warum wir diese Plattform haben. Wir müssen jeden registrieren und tracken, daran führt kein Weg vorbei. Es dient der öffentlichen Sicherheit.« Die Migranten, von denen er spricht, sind die gleichen Menschen, die ich auf meinen Reisen ins Hinterland getroffen habe: junge Männer und junge Frauen, die ihren ländlichen Heimatdörfern auf der Suche nach wirtschaftlichen Chancen den Rücken gekehrt haben. Die Migranten werden in China *liudongrenkou* (流动人口) genannt, die »schwimmende Bevölkerung« – frei flottierende Menschen in einer Welt im Fluss.

Xiaolis Büro ist klein und unaufgeräumt. Es gibt ein Sofa, auf dem ich Platz genommen habe, dazu Decke und Kissen für ein kurzes Schläfchen während einer langen Schicht. In einer Ecke liegt auf einem Minikühlschrank ein Stapel sauber gefalteter Polizeiuniformen, daneben eine Teekanne und Teedosen. Xiaoli klickt noch ein wenig in der Karte herum. Wirklich jedes Haus trägt seine eigene Nummer, manche mit Bindestrichen wie 1-1 oder 684-1. Bei jedem Klick auf ein Gebäude öffnet sich ein Fenster mit einer Liste seiner Bewohner. Ich möchte wissen, warum die Nummerierung so präzise ist, wo es doch keine formalen Adressen gibt, und wie sie überhaupt an die Bewohnerdaten kommen. Mir schwebt dabei ein raffiniertes Computer-Vision-Tool vor, das sich das Luftbild ansieht, automatisch die Gebäudegrenzen errechnet und ihm eine Nummer zuweist. Nach meiner Vorstellung setzt die Stadt Sensoren und Überwachungskameras ein, die erfassen, wie viele Menschen in einem Gebäude aus- und eingehen. Ferner stelle ich mir vor, dass die Überwachungskameras das Gesicht und die persönliche Identifikationsnummer jedes einzelnen Bewohners kennen, ja vielleicht seit ihrem winzigen Dorf auf dem Land schon ihren Spuren folgen – schließlich hängen ja überall Überwachungskameras, an den Bahnhöfen, an Getränkeautomaten, auf der Straße.

Stattdessen, so erfahre ich, basiert das System keineswegs auf Automatisierung, sondern auf menschlicher Unterstützung. Xiaoli hört nicht auf, sich durch die Karte zu klicken. »Jede Polizeidienststelle kann auf zahlreiche Polizeihelfer zurückgreifen, die in den Stadt-Dörfern wohnen. Sie sind unsere Augen und Ohren. Sie sind mit der Dorfgemeinschaft vertraut, sie sind es, die in jedem einzelnen Fall überprüfen, ob es das Gebäude auf unserer Luftaufnahme wirklich gibt, und jedem Haus seine Nummer zuweisen. Und sie unterstützen die Hauseigentümer bei der Registrierung auf der Plattform. Man registriert sich über WeChat mit dem Miniprogramm.« Xiaoli öffnet die WeChat-App und geht in die Miniprogramme. Dort tippt er einen Registrierungs-Button an, woraufhin ein Formular erscheint. Die Polizeihelfer seien ganz normale, in ihrer Gemeinschaft gut vernetzte Bürger, die schon lange im Stadt-Dorf lebten. Sie informieren die Polizei seiner Dienststelle auch über Vorfälle, die sich im Dorf ereignen.

»Die Registrierung ist freiwillig. Allein schon aus logistischen Gründen können wir die Hausbesitzer nicht zwingen, jedermann zu registrieren. Dazu kommt noch das Problem…« Er unterbricht kurz und wühlt in dem Papierhaufen auf seinem Schreibtisch nach einer schmalen gehefteten Broschüre. Auf dem Umschlag sind drei Passfotos abgebildet: zwei Männer und eine Frau. »Dazu kommt noch das Problem, dass manche Hausbesitzer alt sind oder Analphabeten oder beides. Sie sind schlicht nicht imstande, WeChat zu nutzen, um ihre Mieter zu registrieren. Sie bekommen dann von den Polizeihelfern dieses Heft hier zum Ausfüllen. Die Daten übertragen wir später händisch.« Er wirft einen kurzen Blick auf einen weiteren Stapel Unterlagen neben dem Fenster. »Das kostet wirklich eine Menge Zeit. Bis jetzt haben wir erst um die sechzigtausend Menschen auf der Plattform registriert, auch wenn schon fast ein Jahr vergangen ist.«

All diese Informationen sind in einer Datenbank vereint, jenem gigantischen technischen Wunderwerk, auf dem in unserer heutigen Welt so vieles beruht. Datenbanken gestatten es den Menschen, Daten auf recht zuverlässige Weise zu lesen, zu schreiben, zu aktualisieren und zu vernichten. Aber sie setzen auch voraus, dass die Menschen, die Datenbanken erstellen, klare Vorstellungen von der Welt und ihrer Struktur haben. So sind beispielsweise die Attribute eines Nutzers auf einer Plattform durch Spalten vorgeschrieben, die ein Techniker in der Datenbank definiert hat. Wie die Daten formatiert werden müssen, folgt je nach Datenbank einer anderen Logik, was sich wiederum darauf auswirkt, wie wir die Welt für Computer aufgeschlüsselt haben. Im Fall der Realbevölkerungsplattform, sagt Xiaoli, sei das größte Problem die Kompatibilität der Daten.

»Ehrlich gesagt, wir hatten mit den ganzen Neuerungen in Guiyang oft ziemliche Scherereien«. Xiaoli sieht mich an und fragt dann plötzlich: »Stimmt es, dass jeder Amerikaner eine Nummer hat, mit der er getrackt werden kann? Und dass es nur eine einzige Datenbank gibt, die die Nummer hat? Die Sozialleistungsnummer?« Kurz stutze ich, begreife aber dann, dass er die Sozialversicherungsnummer meint. Für mich war nicht unmittelbar naheliegend, dass die Sozialversicherungsnummer uns alle trackt. Aber genau das tut sie, wie jeder Amerikaner bezeugen kann: Unsere Sozialversicherungsnummer gibt Auskunft über unsere Kreditwürdigkeit, sie entscheidet, ob wir ein Darlehen erhalten, einen Kreditrahmen, Zugang zu Wohnraum. Zwar geben wir unsere Sozialversicherungsnummer meist ohne zu überlegen preis, doch haben Untersuchungen gezeigt, dass der mit dieser Nummer verbundene Credit Score die ohnehin felsenfest etablierte Ungleichheit in den Vereinigten Staaten weiter verschärft. Für den einzelnen Menschen ist es eine harmlose Nummer, doch dahinter steht ein gigantisches System.

Ich bejahe also und erkläre Xiaoli, dass es wirklich nur eine Nummer gibt, die Sozialversicherungsnummer, und ein paar private Bonitätsprüfungsinstitute. Xiaoli schaut ungläubig. »Also, hier war es besonders schwierig, weil wir in China mehrere verschiedene Datenbanken haben. Man kann seine Ausweisnummer und irgendeine Adresse für Arbeitsdokumente verwenden und eine andere Adresse für die Stromrechnung. Vor allem für Wanderarbeiter ist es schwer anzugeben, wo sie denn nun eigentlich wohnen. Keiner von denen hat eine feste Adresse. Vor der Realbevölkerungsplattform hatten wir eine andere Datenbank, bei der das Datenformat sehr starr war. Für jede Person konnte man nur eine Adresse eingeben. Doppelte Namen waren im System nicht vorgesehen. Die Realbevölkerungsplattform funktioniert schon viel besser, und wir haben eine Datenbank, in der jemand mehrere Adressen haben kann. Es ist aber immer noch schwierig, alle Einträge miteinander abzugleichen. Es gibt so viele häufig vorkommende Namen…«

Nebenher klickt er immer noch auf seinem Bildschirm herum. Jeder Eintrag enthält den Namen einer Person, Adresse, Geburtsdatum und die nationale Identitätsnummer. Manchmal ist noch ein Foto dabei, manchmal nicht. Ich male mir aus, wie fatal es wäre, wenn es wegen eines Datenbankfehlers, eines Vertippers oder eines im Eingabefeld verrutschten Eintrags zu einer Verwechslung käme.

Xiaoli meint, dass die Schwierigkeit der sinnvollen Erstellung von Daten nicht nur zeigt, wie wichtig Daten sind, sondern auch verdeutlicht, dass sie eben nicht aus dem Nichts entstehen und auf Knopfdruck von der Maschine ausgespuckt werden. Daten müssen gesammelt, zur Strecke gebracht, bearbeitet und gesäubert werden. Das heißt, die Sammlung von Daten und das Design einer Datenbank sind intentional: Der von der Datenbank vorgegebene Zuschnitt der zu sammelnden Daten ist bereits Ausdruck einer Entscheidung, wie feinkörnig das sich daraus ergebende Weltbild gestaltet sein soll. Für die Übertragung eines menschlichen Lebens in Spalten und Reihen gilt das gleiche wie für jede andere Abbildung eines Gegenstands: Sie ist lediglich eine Repräsentation dieses Gegenstands. Egal mit welchem Gerät man den Gegenstand fotografiert, das Bild ist und bleibt eine körnige Annäherung.

Wie lange es wohl dauert, bis sie die Daten aller Personen gesammelt haben, will ich wissen. Xiaoli meint, sie würden ihr Möglichstes tun, aber echte Sicherheit, wirklich alle in der Datenbank erfasst zu haben, gebe es für sie nicht. »Wir sind auf die Vermieter angewiesen. Wir gehen davon aus, dass man als Hausbesitzer nur an zuverlässige Leute vermietet, aber man weiß ja nie. Wir haben unsere Polizeihelfer, die zu jeder Tages- und Nachtzeit in den Wohnungen vorbeischauen. Viele Wanderarbeiter arbeiten im Schichtdienst und sind nachts nicht da. Da ist es schwer zu sagen, wie viele Menschen in einem Zimmer leben. Manche stehen voll mit Etagenbetten und sind noch dazu doppelt belegt. Wer Nachtschicht hat, schläft tagsüber, und die am Tage arbeiten, schlafen nachts.«

Um an mehr Datenmaterial zu kommen, hat sich die Stadtregierung unter anderem mit dem Mobilfunkanbieter China Unicom zusammengetan, um die Vorteile einer Registrierung auf der Realbevölkerungsplattform bewerben zu können. Auf meine Frage, welches Interesse China Unicom an einer solchen Kampagne haben sollte, erwidert Xiaoli verdrossen, fast zynisch: »Je mehr Leute die Plattform benutzen, desto größer das Datenvolumen, dass sie verbrennen. Und Unicom verdient daran.«

Nachdem ich Xiaoli während etlicher Tassen Tee eine Stunde lange Fragen gestellt habe, kommen wir auf sein Familienleben und auf seine Position innerhalb der Polizeidienststelle zu sprechen. Er ist optimistisch, was den aktuellen Stand der Polizeiarbeit angeht, und gibt sich überzeugt, dass die städtische Dorfgemeinschaft sich bestens dafür eigne, Polizeistrategien daran auszurichten. Wir reden darüber, wie jung er für einen leitenden Polizeibeamten ist. Das sei nicht einfach gewesen, räumt er ein. Viele der älteren Polizisten hätten ihre eigenen Ansichten darüber, wie dies und jenes schon immer gemacht worden sei und auch in Zukunft gemacht werden sollte. Diese älteren Polizisten seien wie große Felsbrocken, die seit Ewigkeiten an einem Platz liegen, witzelt er. »Du gibst ihnen einen Tritt, und sie bewegen sich ein, zwei Zentimeter. Ist nicht gerade viel, aber immerhin. Man darf halt nicht aufhören zu treten!« Xiaoli ergänzt noch, dass ältere Polizisten technologische Neuerungen oft als lästige Schikane empfinden. Aber da sie nun einmal zur Umstellung gezwungen sind, flüchten sie sich in eine Art magisches Denken und behaupten, die Technologie könne noch viel mehr, als sie eigentlich leistet, oder sie scheuen jede eingehendere Auseinandersetzung und verlegen sich auf bequeme Ein-Klick-Lösungen.

Was die Zukunft der Realbevölkerungsplattform betrifft, so frage ich mich, ob wohl jeder so eine realistische, intelligente Einschätzung von den Möglichkeiten und Grenzen der Technologie hat, wie Xiaoli sie an den Tag legt. Schon mehrfach hat er sich an die Entwickler der Plattform gewandt, ihnen Probleme mit der Nutzeroberfläche rückgemeldet und vorgeschlagen, die Datenbank um zusätzliche Spalten zu erweitern, fand jedoch kein Gehör. Darum hat Xiaoli eigene Behelfslösungen gefunden.

Zuletzt falle ich doch noch mit der Tür ins Haus: »Wie steht es mit prädiktiver Polizeiarbeit?« Xiaoli pariert die Frage mit einem Lachen. »Weißt du, wenn wir tatsächlich Verbrechen verhindern könnten, dann müsste ich einen Weg gefunden haben, wie man in die Zukunft sehen kann. Niemand von uns kann die Zukunft voraussagen. Wenn jemand ein Verbrechen begehen will, dann wird er es tun. Aber mit Hilfe dieser Plattform versuchen wir, die besten Datenquellen zusammenzustellen. Mit dem gesammelten Datenmaterial können wir dann die Leute überprüfen, wir wissen, in welchen Gegenden Delikte begangen wurden, wer sie begangen hat und auf wen wir ein Auge haben müssen. Angenommen, wir wollen herausfinden, wer im Stadt-Dorf eine Drogenküche betreibt. Wir versuchen also den Stromverbrauch pro Haushalt zu ermitteln. Plötzliche Ausschläge am Stromzähler wären dann ein Hinweis auf mögliche illegale Aktivitäten. Allerdings gibt es strenge Vorschriften zur gemeinsamen Datennutzung zwischen verschiedenen Organisationen, ganz so einfach ist es also nicht. Und dann bleibt immer noch die Frage des Abgleichs all dieser Daten, um sie nutzbar machen zu können.«

Xiaolis Arbeitsalltag ist chaotisch und banal zugleich. Während unseres Gesprächs geht er immer wieder ans Telefon, kritzelt Nummern und Adressen auf einen Zettel. Ein Großteil der Bestrebungen zur Modernisierung, zur »Amerikanisierung« der Polizei läuft darauf hinaus, mehr Gewicht auf das Berichtswesen zu legen, auf die zahlenmäßige Erfassung und Messung des Effekts der Polizeiarbeit selbst. Dahinter steht die Überlegung, dass ohne Leistungsindikatoren und Statistiken Polizeiarbeit ein planloses Unterfangen ist. Zum Zweck der Modernisierung wird also die Realbevölkerungsplattform samt Datenbank eingeführt und jede Bewegung, jede Interaktion zwischen Polizei und Verdächtigen nachvollziehbar gemacht.

Xiaoli tippt Ausweisnummern in seinen Computer ein und findet die dazugehörigen Personen. Am Bildschirm ist jeder Mensch bloß ein Eintrag in der Datenbank. Wenn er zu einem Einsatz ins Viertel gerufen wird, füllen die abstrakten Zahlen sich mit Leben und mit Emotion: eine häusliche Auseinandersetzung zwischen einem Mann und einer Frau.

Ein aggressiver Mann, der seinen Cousin bedroht. Xiaoli sagt, er versuche sein Bestes, um ruhig zu bleiben. Aber es ist die Kluft zwischen der Nummer in der Datenbank und dem plötzlichen, durch den Anruf ausgelösten Adrenalinstoß, in die die Angst eindringt. Eine Kluft, die von der Abstraktion der Zahlen geschaffen wird.

2.

Das Büro von Megvii (Face++) in Peking ist nüchtern und ohne besonderen Reiz. Er erinnert mich an irgendein beliebiges Büro in der Bay Area. In der Ecke steht ein Getränkekühlschrank, nur dass man dort keine LaCroix-Dosen bekommt, sondern Tee.

Nach Durchlauf der B- und C-Finanzierungsrunden dominiert im Büroalltag eines Start-ups eine Mischung aus Nervosität und Komfort. Softwareentwicklung ist teuer. Ingenieure sind gefragt, deren marktübliches Gehalt hoch ist, egal ob in New York, Peking oder Shanghai. Ein weiterer Kostenfaktor neben den Personalkosten ist die planvolle Modellierung einer »Büroatmosphäre«, um Räumlichkeiten zu schaffen, die sowohl Produktivität als auch Ungezwungenheit ausstrahlen und Talente anziehen sollen. Dazu kommen die laufenden Serverkosten – Rechenzeit geht ins Geld. Und nicht zuletzt sind bestimmte Produkte mit einer langen Forschungs- und Entwicklungsphase verbunden, und es kann Jahre dauern, bis sich tatsächlich Kundschaft findet. Die Unberechenbarkeit des Marktes und die hohen Kosten der Softwareentwicklung machen diese zu einem Unterfangen, das auf die Finanzierung eines bunten Haufens Risikokapitalgeber angewiesen ist, die dann einmal im Vierteljahr zu Meetings auftauchen, um sich zu vergewissern, dass ihr schönes Geld auch gut angelegt ist.

Der Arbeitsalltag eines Softwareingenieurs bzw. einer »einzelnen Fachkraft« ist geprägt von Koffeinzufuhr und Snacks, Bildschirmen und einem Arbeiten, das ständig hin- und herschaltet zwischen technischen Herausforderungen, die einem das Blut stocken lassen, und unbefriedigenden Routineaufgaben. Jede Aufgabe, an der man arbeitet, ist nur ein kleiner Teil eines größeren Ganzen. Oft ist es schwierig, den gesamten technischen Rahmen eines Projekts zu überblicken und den über Jahre entstandenen Programmcode zu entwirren, geschrieben von irgendwem, der längst nicht mehr bei der Firma ist. In meiner Zeit als Softwareingenieurin in San Francisco pflegte ich immer mal wieder meinen Texteditor auf benutzerdefinierte Farben zu verändern oder neue Aliasse für Bash-Befehle zu erstellen – als bedürfte es einer visuellen Belebung meiner Arbeitsoberfläche, um mich aus dem Dämmerschlaf zu reißen. Das Erstellen und Optimieren von Systemen bereitete mir geradezu körperliches Vergnügen. Fand ich einen Programmfehler, versetzte es mir einen Adrenalinstoß, als sei ich ein Privatdetektiv. Das Programmieren als Job zu machen, führte bei mir jedoch zu einer erhöhten Sensibilität für Details. Kleinigkeiten werden plötzlich bedeutungsvoll – eine Pause oder eine spontane Reaktion genügen, um es bei der Programmierarbeit ein wenig menscheln zu lassen. Bei Megvii sitzen die Softwareingenieure alle auf einer Seite des Raumes, manche haben Steharbeitsplätze, und zeigen einander Codezeilen auf ihren Bildschirmen. Manche haben zwei Monitore vor sich stehen und schreiben an dem einen Bildschirm etwas im Texteditor, während sie sich auf dem anderen nebenher durch Shoppingplattformen klicken. Die meisten Programmierer sind Männer zwischen zwanzig und fünfunddreißig Jahren, bebrillt und mit über der Hose hängendem T-Shirt. Zwischen ihnen sitzen auch ein paar Designer und starren unverwandt auf digitale Mock-Ups von Benutzeroberflächen. Am anderen Ende des Büros arbeiten, wie es aussieht, die Teams von Vertrieb und Marketing. Durch eine ruckelnde automatische Glastür kommen immer wieder Kuriere mit Paketen, die der gelangweilte Mitarbeiter am Empfang entgegennimmt.

Während das militärische Forschungslabor als Brutstätte der nuklearen Vernichtung des 20. Jahrhunderts galt, steht im 21. Jahrhundert ein verglaster Konferenzraum mit Whiteboard sinnbildlich für die Organisation von todbringender Umweltzerstörung und zügellosem Kapitalismus. Am Ende des Flurs werden in einem großen Showroom stolz die Errungenschaften von Face++ präsentiert. Es ist ein Technologieunternehmen wie jedes andere, es könnte an jedem beliebigen Ort der Welt sein. Das gemischte Gefühl, das mir diese geographische Austauschbarkeit bereitet, wächst allmählich zu einer unguten Vorahnung heran, die meinen Argwohn gegenüber einem chinesischen Überwachungsstaat überlagert. Handelt es sich nicht eher um die Entstehung einer globalen Überwachungsindustrie, hergestellt durch Menschen, die davon erheblich profitieren werden?

Face++ versorgt zahlreiche Plattformen mit seinen Algorithmen zur Gesichts- und Bilderkennung. Es bleibt festzuhalten, dass es auf seinen Servern keinerlei Daten speichert – es stellt lediglich den Mechanismus zur Erkennung eines Gesichts zur Verfügung. Zuerst muss der Algorithmus erkennen, dass auf einem Bild ein Gesicht zu sehen ist, vielleicht auch ein hervorgehobenes Gesicht auf einem Bild mit mehreren Gesichtern. Er kann Augen von einer Nase unterscheiden, ein nützliches Feature für die vielen in China verwendeten Meitu-Apps zur Verschönerung von Fotos, mit denen Porträts bis zur Unkenntlichkeit bearbeitet werden können, indem die Lippenkonturen verändert oder Make-up aufgetragen werden. In einer von Social-Media-Bildern überschwemmten Welt hat man auf Selfies immer gut auszusehen.

Der Algorithmus erkennt jedoch nicht nur einzelne Gesichtspartien, sondern unterscheidet zum Beispiel auch gewisse Kennzeichen, die zu Ihrer Klassifizierung dienen – Ihren Augenabstand, die Breite Ihres Unterkiefers. Diese Maße werden sodann mit dem Durchschnitt aller gesammelten Messwerte abgeglichen, um kategorische Aussagen über Sie treffen zu können – ob Sie etwa froh oder traurig aussehen, aber auch weit verstörendere Schlussfolgerungen sind möglich. Auf die Erfassung von Merkmalen folgt im nächsten Schritt die Gesichtserkennung: Ihr Gesicht wird aufgenommen, auf Messwerte reduziert und eine Gesichtsdatenbank danach durchsucht. Das System Gesichtserkennung setzt sich aus verschiedenen Teilbereichen zusammen, die jeweils in privater Hand liegen – ob bei der Eigentümerfirma der verwendeten Überwachungskameras, dem Unternehmen, das die Rechte am Algorithmus hat, oder den externen Servern, bei dem die Rechenleistung gemietet wird.

Der Showroom von Face++ ist mit flauschigem weißen Teppichboden ausgelegt, in die weißglänzenden Wände sind Bildschirme eingelassen. Eine Wand zeigt Kameraaufnahmen in Echtzeit von außerhalb des Showrooms, aus dem Büro und vor dem Gebäude. Am Monitor wird angezeigt, wie schnell und wie präzise die Computer-Vision-Algorithmen von Face++ arbeiten – jemand geht am Gebäude vorüber, und der Algorithmus erkennt dessen blaue Hosen und einen Regenschirm. Es wird auch eine versteckte Kamera präsentiert, vor der man sich aufstellen kann und von deren Algorithmus man in Sekundenschnelle nach Alter und Geschlecht klassifiziert wird. Ich werde vom Face++-Algorithmus aus irgendeinem Grund als siebenundzwanzigjähriger Mann eingestuft. Meine vierunddreißigjährige nicht-binäre Existenz errechnet der Algorithmus nicht.

Das Überwachungssystem der Regierung mit dem völlig ernst gemeinten Namen Skynet wird im Showroom ebenfalls präsentiert. Hinter dem ehrgeizigen Programm steht die Hoffnung, China möge zu den USA aufschließen, was die Zahl der Überwachungskameras pro Einwohner angeht. Unter dem Dach von Skynet befindet sich auch das Programm XueLiang (»Scharfe Augen«), das Überwachungstechnologien in weniger entwickelte, ländliche und autonome Regionen wie Xinjiang bringen soll. Auch wenn Skynet das nationalistische Streben nach einem modernen Überwachungsstaat verkörpert, hat der Handelskrieg von 2018 zwischen den Vereinigten Staaten und China den globalen Charakter der Überwachungsindustrie offenbart. Die für Skynet eingesetzten Kameras bestehen aus vielen Einzelkomponenten. Manche Teile kommen aus den fernen Niederlanden, die Chips aus den USA. Zusammengebaut werden die Kameras in China, oft mit chinesischer Firmware.

Megvii/Face++ hat Investoren weltweit, von Südkorea über Russland bis Abu Dhabi. Die technischen Führungskräfte sind mannigfach international ausgebildet. Bei meinen Besuchen dort erwähnten etliche Mitarbeiter, mit denen ich ins Gespräch kam, nebenbei ihre Zeit in den USA oder ihre Arbeit beim *Wall Street Journal*.

Es wäre so einfach gewesen, sich die Überzeugung zu bewahren, dass das technologische Wettrüsten zwischen China und den USA real ist und dass das Unternehmen hinter Chinas Skynet-System sich geheimniskrämerisch wie zu Sowjetzeiten gibt. Es wäre so einfach gewesen, weil dann eine bestimmte Person, eine Firma oder ein Land als das bedrohliche Sinnbild der Überwachung hätte herhalten können. Stattdessen begegnete man mir mit komplett indifferenter Offenheit, freilich in Kombination mit einer dürren, messerscharf formulierten Vertraulichkeitsklausel. Das Ganze erinnerte mich nicht bloß an Silicon Valley, es *war* Silicon Valley.

In Silicon Valley jedoch sind Geld und Investment Götzenbilder, um derentwillen die Menschen Regeln und Verbote überwinden. Bei allem Getöse um Chinas »Great Firewall« und die Blockade von Twitter und YouTube bietet Aliyun von Alibaba an, die Great Firewall zu umgehen – gegen eine Gebühr. Andere bekannte Überwachungsfirmen wie Hikvision und SenseTime haben einen Haufen ausländischer Geldgeber. Zu den Investoren von SenseTime zählen Qualcomm, Fidelity International, Silver Lake Partners (mit Sitz in Menlo Park, Kalifornien) und SoftBank Vision Fund aus Japan. Der Vision Fund der SoftBank hat Verbindungen zu saudischem Geld, und mit seinen Investments von Alibaba bis zu WeWork und Slack reicht sein Einfluss um die ganze Welt.

In einer anderen Ecke des Showrooms wird Meitu vorgestellt, die Beauty-App, mit der sich im Handumdrehen Selfies bearbeiten lassen. Es läuft ein fröhliches Werbefilmchen, in dem eine Frau sich ein Paar Hasenohren, etwas Wangenröte und Lippenstift verpasst. Dann macht sie sich noch einen Tick blasser und ihre Augen einen Tick größer, wie es in Ostasien dem modischen Ideal entspricht – »kaukasische« Gesichtszüge gelten als besonders schön. Diese Schönheitsstandards, die durch die bequemen Gesichtsfilter der App im Nu zu haben sind, dominieren auch die Werbeplakate von Schönheitschirurgen, die heute überall in den chinesischen Städten zu sehen sind: brünette Frauen mit perlweißer Haut und der heißbegehrten schmalen Nase.

Die von Soundeffekten untermalte Werbung läuft ein Mal pro Minute. Vor dem Bildschirm steht die Sprecherin von Mevgii, eingerahmt von regelmäßig anschwellenden gurrenden Geräuschen und Glitzereffekten, und bläut mir nochmals ein, dass Megvii keine Datenkrake ist. Von ihnen stamme nur der Algorithmus, alles ganz harmlos, sagt sie. Was Regierungen und Konzerne damit anfangen, sei ihre Sache. Die Programmierer kommen jeden Tag zur Arbeit und tun ihren Job.

Die Algorithmen von Megvii zerlegen Körper und Leben in Zahlen, Messwerte und Einzelteile. Diese Art zu denken ist nicht neu – teils sind wir seit Jahrhunderten darin gefangen, wovon das ewige Haschen nach einer flüchtigen, atomistischen Identität zeugt. Sieht man sich die Ingenieure an, wie sie da vor ihren Rechnern sitzen, ist es ein Leichtes, sie für ihre ethischen Grundsätze zu verurteilen, sie zu fragen, warum sie weiterhin jeden Tag hierherkommen, während im Nebenraum Skynet-Videos in Dauerschleife laufen. Indes: Es ist wie bei den meisten Schreibtischjobs heutzutage – die ethische Grenzlinie wird durch den Grad des *Bewusstseins* bestimmt. Wenn man gelernt hat, Probleme zu lösen, indem man sie in einzelne Teile zerlegt, wie will man dann das große Ganze sehen, um zu erkennen, ob man Unheil anrichtet? Sicher, die Welt ist komplex, aber ist es nicht ein gutes Gefühl, die Ordnungskräfte darin zu unterstützen, sie ein Stück sicherer zu machen? Warum sollte man eigentlich *nicht* darauf vertrauen, dass die eigene Arbeit von politischen Entscheidungsträgern eingesetzt wird, die wissen, was sie tun?

3.

Im dunklen, schäbigen Hausflur scheint ein gelbes Licht auf. Mein Meituan-Fahrer ist im zweiundzwanzigsten Stock angekommen. Er hat zwei Minuten Zeit für die Ablieferung meiner Bestellung, und das schließt die Zeit ein, die er vom Erdgeschoss bis nach hier oben braucht. Er rennt jetzt am an die Wand gelehnten E-Roller des Nachbarn vorbei, setzt zu einem gewagten Sprung über die quer im Flur stehende Holzbank an und landet auf beiden Füßen vor mir wie ein Spitzenturner. Wortlos reicht er mir eine Tüte mit gekühlten Medikamenten und hetzt weiter.

Meituan ist eine der Apps, die die junge Analystin aus Palo Alto mehrmals am Tag öffnet – eine in China äußerst beliebte Liefer-App und eine der neuesten Entwicklungen in »chinesischer Geschwindigkeit«. Das irre Tempo wird möglich durch komplexe logistische Koordination, die brachiale Power des Niedriglohnsektors und die Verfügbarkeit von Billighandys. Vorbei die Zeiten, da man sich auf dem Markt durch das Gemüseangebot wühlte oder im Laden alte Mütterchen zur Seite schubste, um die beste Ware zu ergattern. Von Medikamenten über warmes Mittagessen bis zu Gemüse kann inzwischen alles über Meituan ausgeliefert werden, ja zu exakt dem Moment vor Ihrer Wohnungstür stehen, wenn Sie von der Arbeit kommen. In den Städten Chinas sind längst Heerscharen gelbuniformierter Lieferfahrer unterwegs, drängen sich auf E-Rollern durch den dichten Verkehr und bevölkern die Fahrradspuren.

Für eine Internetplattform hat Meituan ein vergleichsweise robustes Geschäftsmodell. In einem Vortrag bei der Asia Society in San Francisco 2017 erklärte Kai-Fu Lee, der Gründer von Sinovation Ventures, worauf der Erfolg von Meituan beruht. Der Lieferalgorithmus stützt sich auf Künstliche Intelligenz, besonders maschinelles Lernen, indem Unmengen an Datenmaterial – standortbezogene geographische Daten und zeitbezogene Daten zum Verkehrsgeschehen – verarbeitet werden, um Vorhersagen und Anweisungen für die Fahrer treffen zu können. Der Wettbewerb zwischen den Fraktionen von Chinas Tech-Szene ist gnadenlos. Meituan kämpfte einen erbitterten Gladiatorenkampf gegen Ele.me, den Lieferdienst von Alibaba. Am Ende behielt Meituan die Oberhand, indem es die Kosten pro Lieferung auf umgerechnet 70 Cent begrenzte und jede Stadt flächendeckend mit Wechselstationen für die Akkus seiner E-Roller-Flotte pflasterte.

Ein paar Tage später, als ich meine Erkältung auskuriert habe, sitze ich in einem Meituan-Büro im Kreis Xifeng. Es ist eine wunderliche kleine Stadt, gewissermaßen noch im Entstehen begriffen. Die Gebäude sehen aus, als seien sie aus Schotter, Lehm und grobem Kies aus dem bröckeligen Gestein der Berge ringsum aufgestapelt. Sogar das Essen hier schmeckt irgendwie nach Staub. Die Stadt ist so klein, dass sie noch nicht einmal im Klassifizierungssystem der chinesischen Städte gelistet ist.

Das Büro von Meituan ist auf der anderen Seite der Hängebrücke gelegen, gegenüber einem trübsinnigen Klaviergeschäft. Im Büro stehen zwei E-Scooter, die an einer Steckdosenleiste angeschlossen sind. Von dort führt ein Wust an Kabeln zu Akkuladegeräten und Handys. Neben einem Wandspiegel hängt ein Plakat mit den Kleidungsvorschriften für Angestellte von Meituan. Es gibt drei Uniformen: eine für die Übergangszeit von Frühjahr und Herbst, ein kurzärmliges Sommeroutfit und eine gefütterte Winterjacke mit Handschuhen, alles in leuchtendem Gelb. Ein großes Poster zeigt die Kurierfahrer des Monats in Xifeng mitsamt ihren Prämien. Auf dem ersten Platz: Luo Re Ding, der einen Bonus von 300 RMB erhält (40 US-Dollar, den Gegenwert eines Blockchain-Hühnchens). Zweiter ist Wang Yun mit einem Bonus von 200 RMB. Der Drittplatzierte bekommt eine Packung Akkus für sein Mobiltelefon, der Vierte eine wasserdichte Handyhülle.

Es riecht nach kaltem Zigarettenrauch, verschwitzten Socken und Essen vom Schnellimbiss. Überall liegen Plastikbecher herum. Vier Computer stehen bereit, die Mauspads sind mit dem lustigen Meituan-Maskottchen bedruckt – einem pummeligen Känguru. In der Ecke, auf einem Stapel Helmen mit dem Markennamen darauf, thront ein riesengroßes Meituan-Plüschkänguru aus abgewetztem gelben Stoff. Zwei sehr hübsche Frauen, die gelangweilt auf ihre

Handys schauen, leiten das Büro. Ein paar Wärmelampen pusten trockene, heiße Luft und verbreiten den schalen Zigarettengestank noch mehr. Willkommen in Xifeng in der Zweigstelle eines Unternehmens, das bei seinem Börsengang mit 55 Milliarden US-Dollar bewertet wurde.

Ich frage die Frauen, was sie eigentlich genau machen. Sie erwidern, sie würden Bürotätigkeiten und Verwaltungsaufgaben erledigen sowie Kundenbeschwerden bearbeiten. In der Stadt Xifeng sind heute nur etwa zwanzig Lieferfahrer unterwegs. Das Geschäft von Meituan läuft hier gerade erst an.

An der Wand hängen überall Flyer, auf denen um Verstärkung geworben wird. Es gibt auch einen Zettel, der aufschlüsselt, wie sich ein Monatslohn zusammensetzt. Im Unterschied zu den meisten Gig-Economy-Fahrern erhalten die Kuriere bei Meituan ein monatliches Grundgehalt von 2.000 RMB (380 US-Dollar). Bis auf eine Unfallversicherung stehen ihnen keinerlei Sozialleistungen zu, sie sind also auf ihre staatliche Krankenversicherung angewiesen. Für jede Lieferung werden ihnen auf ihr Grundgehalt 4 RMB aufgeschlagen. Alles, was sonst noch auf dem Zettel zur Gehaltsberechnung angeführt ist, sind Gebühren. Eine verspätete Lieferung kostet den Fahrer 5 RMB Strafe. Eine schlechte Kundenbewertung schlägt mit 20 RMB zu Buche. Wer einen Auftrag ablehnt, der im System bereits zugewiesen wurde, muss 100 RMB zahlen, und für eine zu frühe Lieferung blüht einem eine Strafgebühr von satten 500 RMB. Das Grundgehalt mag zunächst verlockend erscheinen, aber die lange Liste an Strafen erzeugt eine prekäre Arbeitsexistenz. Man erkennt Parallelen zu Gig-Jobs in den Vereinigten Staaten und anderswo – DoorDash-Fahrer und Task-Rabbit-Kuriere. Auch dort hat das System, die Plattform, jegliches Betriebsrisiko auf die Fahrer abgewälzt und kann sich so aus der Verantwortung den Kunden gegenüber stehlen. Hier wie dort wird die Arbeit durch Bonuspunkte, Strafgebühren und den Wettbewerb um die Position »Mitarbeiter des Monats« gamifiziert.

Als ich von den beiden Frauen wissen will, wie lange das System schon in Kraft ist, erhalte ich ein Achselzucken als Antwort. »Naja, das ist schon immer so, seit wir hier angefangen haben. Aber ich habe mir die Regeln nicht ausgedacht. Ich setze sie nur durch. Ich mach hier bloß meinen Job.«

4.

Im Jahr 2012 reiste ich mit einem Freund in die Innere Mongolei in die Stadt Baotou, in der Seltene Erden aufbereitet werden. Im Norden der Stadt liegen die Minen von Bayan Obo, wo schätzungsweise mehr als 70 Prozent der (bekannten) weltweiten Vorkommen an Seltenen Erden lagern. Der Boden ist von Erzen und Fluorit durchzogen. Nach ihrer Extraktion werden sie gereinigt und nach Baotou transportiert, um in Mobiltelefonen, Computern und Batterien verbaut zu werden.

Die Innere Mongolei war die Heimatprovinz meines Freundes. Die Reise war ihm Anlass, mir das Grasland der Region nahezubringen, erwies sich aber vor allem als eine strapaziöse Herumfahrerei per Bus und per Bahn, als ein Abgesang auf die letzten Reste mongolischen Nomadenlebens. Wir fuhren von einer Kupfermine zu einem Kohletagebau bei Hulun Buir und sahen versprengte Schafherden im auf dem Rückzug befindlichen Grasland. Er ist ethnischer Mongole. Zur Zeit der Aufspaltung der Mongolei in einen unabhängigen Staat und eine autonome Region auf chinesischem Territorium Anfang der 1920er Jahre war seine Familie auf der chinesischen Seite der Grenze geblieben. Als

Angehöriger einer ethnischen Minderheit in China ist seine Haltung zur Regierung angespannt. Eine umgehend ausgerufene Politik der Assimilation sowie die Zwangsansiedlung nomadisch lebender mongolischer Hirten in von Han-Chinesen erbauten Städten haben zur Auslöschung der mongolischen Sprache und Kultur in der Region geführt. Der Bergbau als von der nationalen Regierung hochgejubelter Industriezweig besudelt und schändet die Weideflächen – diese Spannungen entluden sich 2011 in Unruhen, nachdem ein Han-chinesischer Bergarbeiter einen mongolischen Hirten mit einem Laster überfahren und getötet hatte.

Während wir beim enervierenden Warten auf den nächsten Bus aus Baotou die Zeit totschlugen, erzählten wir uns gegenseitig Geschichten von früher. Mein Freund gestand mir rundheraus, dass er im Alter von neunzehn Jahren für mehrere Jahre ins Gefängnis gekommen war, nachdem er mit ein paar Kindheitsfreunden irgendein krummes Ding in einer örtlichen Bank gedreht hatte. Auslöser des Ganzen war eine naive jugendliche Sehnsucht nach ausreichend Geldmitteln, um dem staubigen Nirgendwo der Inneren Mongolei und der öden Existenz, die vor ihm lag, zu entkommen. Die wilden Pferde gab es nicht mehr, das sommerliche Froschkonzert war verstummt, überall fraß sich der Tagebau ins Land, leer und ohne Sinn. In einem Anfall jugendlicher Klaustrophobie, in der ich mich selbst wiedererkannte, versuchten er und seine Freunde, schnell an Geld zu kommen.

Er erinnerte sich an die harte Arbeit und an die endlosen Stunden des Nichtstuns im Gefängnis. An den Geschmack einer seltenen Zigarette. An die Lähmung, die er empfand, als er wieder in Freiheit war, volle zwei Jahre im Haus seiner Eltern mit *shanzai*-Fassungen von Godardfilmen verbrachte und in tiefer Depression versank. Daran, wie er undeutlich von Freiheit träumte, von einer globalen, kosmopolitischen Welt, davon, in die Vereinigten Staaten auszuwandern. Jahrzehnte später sah sein Leben in Peking vollkommen anders aus. Dennoch – sein Vorstrafenregister war ihm geblieben, was ihn neben seinem ohnehin problematischen Status (als Angehöriger einer ethnischen Minderheit und als Migrant in Peking) in den Augen der Behörden zusätzlich verdächtig machte. Und so blieb er unter ständiger Überwachung, wo er sich auch hinwandte. Irgendwer hatte ihn immer im Auge.

Im staubverhangenen, düster-orangenen Sonnenlicht jenes Nachmittags in Baotou empfand ich plötzlich eine fast schmerzliche Intimität. In einem sozioökonomischen System, das auf klaffenden Unterschieden gründet, meinte mein Freund, sei es doch unvorstellbar komisch, ja bizarr, dass wir beide einander überhaupt begegnet waren. Er, ein Migrant in Peking, der kaum die weiterführende Schule abgeschlossen hatte, ehemaliger Häftling und Angehöriger einer ethnischen Minderheit in China. Ich, eine amerikanisierte Han-Chinesin, Harvard-Absolventin, pflichtbewusste amerikanische Bürgerin, die brav ihre Steuern zahlte, mit dem Kauf ihrer Mobiltelefone dazu beitrug, dass staubbedeckte Drecknester wie Baotou überhaupt existierten, und stillschweigend auf ihren US-amerikanischen Pass und die dahinterstehende Regierung vertraute. Es ist billig, Schuldgefühle wegen seiner privilegierten Stellung zu haben, solange es im Abstrakten verbleibt. Ich sah ihn an und nahm seine Hand. Statt etwa misstrauisch zu werden, dass er etwas von mir verlangen könnte, befiel mich heftige Traurigkeit. Er hatte längst erkannt, wie die Welt ihn von außen sah. Er lebte durch die Perspektive anderer.

Ich muss an ihn denken, wie er in dem ständigen Bewusstsein lebt, unter Beobachtung zu stehen. Auch wir merken inzwischen, dass wir in eine Kultur der Überwachung eingelassen sind und wie diese Kultur sich immer breiter macht: ob mit smarten Heimgeräten wie Alexa oder mit unseren eigenen, unbedacht dahingerotzten Sprüchen in den sozialen Medien. Welche Ausmaße der Überwachungskapitalismus annimmt, wird uns allmählich bewusst.

Im Lauf der Geschichte jedoch spielte die Überwachung als politische Taktik stets eine tragende Rolle bei der *Verfertigung* von Kriminalität, indem sie eine Trennlinie zwischen einer vorgeblich richtigen und einer falschen Seite der Gesellschaft etablierte. Ermöglicht wird das Ziehen einer solchen Linie durch die Zerlegung des Lebens nach willkürlichen Aspekten: Klasse, Rasse, Geschlechtszuschreibung, wobei die rote Linie zur Kriminalität im Laufe der Zeit und im Dienste politisch-ökonomischer Krisensituationen ständigen Verschiebungen unterliegt. »Die Kriminalität stieg, die Kriminalität sank wieder; da war hartes Durchgreifen angesagt«, meint Ruth Gilmore dazu.[31] »Ist mir doch egal, ob ich von Alexa überwacht werde, ich habe nichts zu verbergen« – wie oft habe ich das schon gehört. Sicherlich, wir empören uns schon manchmal darüber, dass wir im Internet von *Konzernen* überwacht werden, aber mindestens ein Teil unserer Empörung kommt daher, dass das ja wohl nicht abgemacht war! Im Klartext: Wer auf der »richtigen« Seite der Gesellschaft steht, dürfte auch nicht überwacht werden. Privatsphäre und Datenschutz geben wir auf, um im Austausch Sicherheit zu erhalten, und Sicherheit bedeutet Freiheit von Angst.

Wenn ich in San Francisco die Leute über Internetplattformen schimpfen höre, die zu Profitzwecken unsere Daten tracken und monetarisieren, dann nicke ich natürlich heftig. Davon einmal abgesehen wünschte ich, wir würden uns mehr damit befassen, wie die Überwachung zu einem moralischen Gebot des Polizeiwesens wurde und wie es kam, dass der Polizeistaat unbemerkt Normalität geworden ist. Bei der Überwachung ging es *nie* nur um Verbrechen, wie Historiker und andere Wissenschaftlicher wie Simone Browne gezeigt haben, sondern sie ist in der Tat auf das Engste an

Rasse, ethnische Zugehörigkeit und Kriminalitätskonstruktionen gebunden, die von der Überlegenheit der Weißen ausgehen. So wie Plattformen das ganze Risiko auf Gig-Economy-Arbeiter abwälzen, erzeugt der unkontrollierte Kapitalismus ökonomische Ungleichheit und wälzt die Risiken und Ängste auf uns alle ab.

Um wirklich gegen die Überwachung anzugehen, müssen wir über den Tellerrand der Internetplattformen, die uns tracken und unsere Daten zu Geld machen, hinaussehen, und, wichtiger noch, wir müssen unsere eigenen Ängste und Illusionen von Sicherheit bekämpfen. Wir müssen die Kultur von Überwachung und Inhaftierung hinterfragen, die uns darauf konditioniert hat, dass ein Leben in Angst die einzige Möglichkeit sei, uns als lebendig zu verstehen. Wir müssen neu denken, was Sicherheit eigentlich bedeutet und was es hieße, Gemeinschaften zu schaffen, in denen jedermann ein ungebundenes Leben führen kann, anstatt Menschen dafür zu bestrafen, dass sie arm sind. Und es geht darum, wie die Aktivistin Tawana Petty einmal gesagt hat, den Unterschied zwischen *safety* (in Sicherheit zu sein) und *security* (gesichert zu sein) zu erkennen. Diese Arbeit ist eng verbunden mit transformativer Gerechtigkeit als selbstorganisiertem Prozess – und mit dem Kampf für die Abschaffung der Gefängnisse. Solange wir uns dem nicht stellen, werden wir nicht in der Lage sein, die Überwachung als normalisiertes Vorgehen zu überwinden, und wir werden nicht in der Lage sein, angemessen für das Recht aller auf Privatsphäre einzutreten.

Wieder denke ich an meinen Freund, an seinen müden, abgespannten Gesichtsausdruck. An seine Scham, als er mir seine Vergangenheit offenbarte. Wir kannten uns da schon seit ein paar Jahren und hatten unzählige Stunden auf Reisen miteinander verbracht. Ich weiß noch, dass er hinterher sagte, wie erleichtert er war, es mir endlich erzählt zu haben, und wie er sich immer, wenn wir zusammen unterwegs waren, ausgemalt hatte, was ich wohl denken würde. Ich erinnere mich, wie desillusioniert er war, als er auf Besuch in den USA gewesen war und amerikanische Städte gesehen hatte, und wie er fand, dass die Amerikaner keineswegs so frei waren, wie sie immer meinten, sondern in ihrem alltäglichen Handeln von Ängsten bestimmt.

Ich will nicht in einer Welt leben, in der das Recht auf Privatsphäre nur für eine Kategorie Menschen zum Menschenrecht erklärt wird – Menschen wie mich –, für andere aber nicht. Dieses Recht auf Privatsphäre ist keine individualistische Angelegenheit von Geheimhaltung etc., sondern ein soziales Recht, das verlangt, dass wir vertrauensvoll unser tägliches Leben führen können.

Auf diese Weise könnten wir irgendwann in der Tat Freiheit von Angst erreichen, die Art von Freiheit, die wir sonst mit dem Begriff »Sicherheit« umschreiben. Daten haben noch eine andere Seite, auf die ein Licht fällt, sobald wir die Angstgebäude in unserem Alltagsleben verstehen. »Können Daten jemals wissen, wer wir wirklich sind?«, fragt die Forscherin und Aktivistin Zara Rahman.[32] Im Falle meines Freundes und so vieler anderer stehen die Daten über eine vergangene Straftat ein Leben lang in der Akte. Und auch wenn das Leben sich ändert – als Freund, Ehemann, hingebungsvoller Vater, Künstler, Onkel –, bleiben die einzelnen Daten aus der Vergangenheit kleben. Daten repräsentieren nicht die ganze Bandbreite des Lebens. Sie bilden lediglich einen schmalen Ausschnitt der Welt ab. Und irgendein Verzerrungseffekt ist immer eingebaut. Dennoch bilden wir uns ein, dass Zahlen etwas bedeuten, was zu einer verbreiteten Tendenz führt, die der Statistiker Philip B. Stark »Quantifauxcation« nennt – der Versuch, ein Phänomen durch die Zuweisung irgendwelcher Zahlen zu untermauern, bzw. zu quantifizieren, als würden allein quantitative Daten schon reichen, um Gewissheiten zu schaffen.[33] Gewisse Strategien der Quantifauxcation, so Stark, arbeiten damit, Dinge zu sagen, die die Leute glauben *wollen*, und sie mit Modellen von erheblicher Komplexität zu untermauern, denn Komplexität wird oft mit Genauigkeit verwechselt.

Mit der Vermengung von Kriminalitätsdaten und Prognose begibt man sich ins Reich der Quantifauxcation. Xiaoli räumt ein, dass er die Zukunft nicht voraussehen kann, gibt sich aber weiterhin überzeugt, dass sich durch die Sammlung von Daten über Straftaten im städtischen Dorf »Problemgegenden« herauskristallisieren, was der überlasteten Polizei dabei hilft, Schwerpunkte zu setzen. Das Extra an Aufmerksamkeit, die den Problemgebieten zuteilwird, verzerrt an sich schon die unvoreingenommene Beobachtung. Je mehr Streifen in einer bestimmten Gegend unterwegs sind, desto mehr Straftaten werden auch beobachtet. Die Zahlen allein sind freilich nicht besonders aussagekräftig, sondern vor allem Indikatoren dafür, dass die Polizeipräsenz an die Stelle sozialer Angebote gerückt ist und dass der wirtschaftliche Effizienzgedanke inzwischen als Maßstab der Polizeiarbeit gilt. Xiaolis prädiktive Polizeiarbeit ist ein Beispiel für jene zirkuläre Logik, die sich in so vielen Bereichen durchgesetzt hat und auf dem Glauben beruht, technische Lösungen seien der Weisheit letzter Schluss. Mit der Aktivistin Ruha Benjamin gesprochen: »Mit Verbrechensvoraussage kennt man sich heute besser aus als damit, wie es zu Verbrechen kommt.«[34]

Dass das Leben seiner Erfassung in simplen Zahlen und Formularfeldern so störrisch widersteht, ist eine kraftvolle Behauptung des wirklichen Lebens gegen die lastende Übermacht von Daten zu prognostischen Zwecken. Sich von der herrschenden Ansicht zu verabschieden, dass Daten prädiktive Macht besitzen, heißt auch, sich gegen die Notwendigkeit von Überwachung zu wenden. Eine Abkehr von unserer blinden Datengläubigkeit setzt die Gegenwart wieder in ihr Recht und bahnt dem wirklichen Leben neue Wege, jenseits der Kategorien von Drop-Down-Menüs, Ankreuzfeldern und Formularen.

Die über mich gesammelten Daten sind wertlos und sinnfrei, so wie die über Sie gesammelten Daten schon einen Moment später nichts mehr bedeuten. Meine während der letzten zehn Jahre mit Kreditkarte getätigten Käufe sagen nicht das Geringste über die poetische Stimmung meiner Morgenstunden aus, nichts über den Schrägstand der kalifornischen Sonne, wenn es vier Uhr nachmittags ist, nichts über den Moment zwischen Traum und Erwachen.

In einem bewusst und spezifisch begriffenen Leben hat die scheinbare Allmacht von Überwachung und Datensammlung keine Bedeutung, und die industrielle Übersetzung von Menschen in Kategorien wird wirkungslos. Es folgt daraus der Appell zu einem bewusst in Augenschein genommenen Leben. Das Kategorische hat keinen Wert an sich. Über die nackte Existenz, die durch Klassifizierung an Macht gewinnt, lässt sich keinerlei Aussage treffen.

1952 sprach sich der Psychiater und Philosoph Frantz Fanon für ein Leben *gegen* die Last der Geschichte aus. Er schrieb dies zu einer Zeit, da der Kalte Krieg gerade anfing und der Zweite Weltkrieg noch frisch in Erinnerung war. Die Neuordnung der Weltmächte prägte die wirtschaftliche Entwicklung und die Wissenschaften, die Entkolonisierung schritt voran, postkoloniale Bewegungen entstanden. In diesen unruhigen Zeiten standen die Fragen, was es hieß, zu leben und ein Mensch zu sein, im Mittelpunkt des Denkens vieler, die am gemeinsamen Aufbau einer neuen Gesellschaft beteiligt waren, darunter auch Fanon. Sein Grundsatz, gegen die Geschichte zu leben, lässt sich auch auf unser Verständnis von Daten anwenden. »Ich bin kein Gefangener der Geschichte. Nicht in ihr darf ich nach dem Sinn meines Schicksals suchen. In jedem Augenblick muss ich mich daran erinnern, dass der wahre Sprung darin besteht, die Erfindung in die Existenz einzuführen. In der Welt, in der ich fortschreite, erschaffe ich mich unaufhörlich.«[35]

Noch einmal denke ich an das, was Xiaoli gesagt hat: »Niemand kann die Zukunft voraussagen.« Und Xiaoli hat recht. Wenn ich heute meinen Freund ansehe, wie er sein pausbäckiges sechsmonatiges Baby herzt, wie sich dessen erbsenförmige Zehchen krümmen, dann sehe ich eine Freude, die von keiner Spalte in einer Datenbank erfasst wird, die sämtliche Einträge in einer Akte, jeglichen von Menschen programmierten Algorithmus transzendiert. In der Welt, in der wir fortschreiten, hängt unser Lebensrecht davon ab, dass wir uns unaufhörlich erschaffen.

Auf Shoppingtour in der Bergfestung

1.

Der kürzeste Weg zwischen dem winzigen, tausendjährigen Dorf Shangdiping und der nächsten Stadt ist ein gewundener, fünf Kilometer langer Fußpfad durch Berge, Reisterrassen und Bambuswald. In den letzten tausend Jahren kam über diesen Weg alles nach Shangdiping, wurde von den Dorfbewohnern mit dem hölzernen Tragjoch geschleppt. Über diesen einzigen Bergpfad brachte man seinen Reis zum Entspelzen oder begab sich zur Hochzeit eines Verwandten in die Stadt. An einem regnerischen Wintertag wandere auch ich auf diesem alten Pfad und orientiere mich dabei an einer Wegskizze auf Papier. Ein Freund hat mir von Shangdiping erzählt; er pilgert einmal im Jahr in das Dorf.

Im Jahr 2017 wurde indes eine zweite Verbindung nach Shangdiping fertiggestellt: eine betonierte Fahrstraße, gerade breit genug, dass ein Auto und ein Motorrad aneinander vorbeikamen. Die Betonstraße läutete ein neues Zeitalter für das winzige Dorf ein, das Zeitalter von E-Commerce und rasanter Entwicklung. Eine kleine Dorfgemeinschaft von Subsistenzbauern lernte, Teil der Marktwirtschaft zu werden.

Das Dorf hat ungefähr 900 Bewohner. Sie alle gehören zur Volksgruppe der Dong, einer ethnischen Minderheit in China mit Bevölkerungsanteilen auch in Laos und Vietnam. Die Dong sind bekannt für ihr »nationales immaterielles Kulturerbe«: die mehrstimmigen Gesänge in ihrer Sprache Kam Sui, eine eigene Reissorte, kunstvoll geschnitzte Bauwerke und die Indigofärberei. Sie sind in den Bergtälern und Reisterrassen der Provinz Guizhou seit tausenden von Jahren beheimatet.

Mitten auf dem Dorfplatz von Shangdiping steht ein alter Holzturm. Ein offener Unterstand aus Holzbalken, mit Keramikziegeln gedeckt, beschirmt eine Feuerstelle und einige Bänke. Dort finden Dorfversammlungen statt. Im Winter sorgt ein loderndes Feuer in der Mitte für Wärme. Auch Abfälle werden dort verbrannt. Das Dorf hat sich seit hunderten von Jahren nicht verändert. Angelegt wurde es von Soldaten auf der Suche nach einem *shanzhai* im ursprünglichen Sinne, als Bergfestung.

Shangdiping ist dabei, Teil der Marktwirtschaft zu werden, und überall bringt der Wandel scheinbar Unvereinbares auf magische Weise zusammen. Am Eingang zum Dorf bleibe ich stehen und schaue zu, wie am Flussufer ein Schwein geschlachtet wird. Direkt daneben eine E-Commerce-Beratungsstelle, gepflastert mit Aufklebern, die für verschiedene Kurierdienste werben: Zhongtong, Shunfeng, Tiantian. Das Schwein, das eine Vorderbein abgespreizt, quiekt in höchster Todesangst, ein grauenerregender, fast menschlicher Schrei, der laut über die Reisterrassen hinweghallt. Ein paar Minuten später ist es still. Ein Mann sengt das Schwein nachlässig mit einem Gasbrenner ab, ein anderer, Zigarette im Mundwinkel, hat eine Schaufel in der Hand und schabt damit kräftig auf dem Schwein herum, um die versengten Borsten zu entfernen. Die Beine des Tiers schlackern mit der Bewegung hin und her. Noch steckt ihm das Schlachtmesser in der Brust. Die Schule ist aus, und ein Dutzend Kinder kommt aus einem Holzhaus auf den Dorfplatz gelaufen. Ausgelassen springen sie auf den hölzernen Bauten herum. Ein rundliches kleines Mädchen schaut beim Schlachten zu. Sie lässt ein langsames, kehliges Lachen hören, als sei das Schwein selbst schuld, dass es getötet wird.

Das einzige Esslokal im Dorf hat kein Schild, aber es ist unschwer zu finden: Die Dorfbewohner dirigieren einen dorthin, wenn Mittagessenszeit ist und man eindeutig nicht aus

Shangdiping kommt. Im Gastraum setze ich mich und unterhalte mich mit dem Eigentümer, Ren Fujiang, während dieser seinen Canon-Drucker zum Laufen zu bringen versucht. Das reichlich vergilbte und staubverkrustete Gerät verweigert jede Kooperation, obwohl Fujiang mehrmals die Kartusche entfernt und wieder einsetzt. Seine Hände sind schwarz von Tinte. Ein großer, leuchtend roter Kalender mit den Konterfeien von Xi Jinping und Hu Jintao ist mit Reißzwecken an der Wand befestigt. Fujiang versucht die Klassenliste des nächsten Halbjahres für die Dorfschule auszudrucken. Während viele Schulen im ländlichen Raum schließen mussten, weil sich keine Lehrer mehr fanden, die dort unterrichten wollten, ist es durchaus ermutigend, dass es in Shangdiping noch eine Grundschule gibt. Fujiangs Sohn Xiao Niu erzählt, sie hätten große Schwierigkeiten gehabt, die Lehrer zu halten. Hoffentlich ändert sich das durch die neue Straße, meint er.

Die Essensauswahl ist bescheiden. Das Lokal liegt im Erdgeschoss von Fujiangs Wohnhaus, und die Küche ist gleichzeitig die Küche der Familie. Sein Sohn zündet den gemauerten Ofen in der Ecke an. Ein Kohlefeuer unter einem großen Wok. Es gibt eine Schale gebratene Tomaten mit Ei, etwas eingelegten Rettich, ein paar Blätter vom letzten Kohlkopf der Saison und dazu Reis aus der Ernte der Familie. Die Auswahl beschränkt sich auf das, was Fujiang und seine Familie im vergangenen Jahr geerntet und wie viel davon sie einlegen konnten. Tomaten, Kohl und Reis sind aus alten Sorten selbstgezogen, das Saatgut aus der Ernte der Vorjahre gewonnen.

Die Portionen sind geradezu lächerlich klein im Vergleich zu dem, was man in größeren Städten aufgetischt bekommt. Doch die Tomaten sind köstlich, der Kohl süß und knackig. »Wir bauen alles für uns selbst an«, sagt Fujiang. »Wir essen euch Städtern die ganzen guten Sachen weg. Bei uns gibt's keine Pestizide, keinen Dünger. Das Zeug ist sowieso zu teuer!« Die Gerichte sind gekrönt von einem Klecks fermentierter Chilipaste aus selbstangebauten Chilischoten. Sie schmeckt so gut, dass ich Fujiang frage, ob ich ihm welche abkaufen kann. Er stockt kurz, meint aber dann, an sich gerne, er habe nur kein passendes Gefäß da. Sein Sohn kramt in einem Schrank herum und fördert eine große leere Sprite-Flasche zutage.

»Wie viel kostet das?«, frage ich, und er muss eine Minute darüber nachdenken. Es wird deutlich, dass es im Dorf noch keine gierigen Kapitalisten gibt, keine Preisschilder und keine Waagen. Endlich sagt er: »Wären 10 RMB (1,40 US-Dollar) in Ordnung? Können Sie mit WeChat zahlen?«

2.

Shangdiping ist nur eines von vielen Dörfern, die die Regierung aus der Armut herausholen will. Bevor die Familie das Lokal eröffnete, in dem ich zu Mittag esse, hatte sie von dem gelebt, was ihre kleine Landwirtschaft so hergab. Das Dorfkollektiv wies jedem Haushalt genug Ackerland zu, dass er sich selbst mit Nahrungsmitteln versorgen konnte. Waren das Wetter und die Umstände günstig, reichte die Ernte dann ein Jahr, mit Glück auch etwas mehr. Die Hege und Pflege des eigenen Stückes Land war ein Anreiz an sich, denn die Ernte des kommenden Jahres hing davon ab.

Ganz allmählich entwickelte die Lokalregierung politische Maßnahmen, um zusätzliche Alternativen zu schaffen – neben dem Wagnis, das eine kleine Landwirtschaft für eine Familie jedes Jahr von neuem bedeutete. Ganz allmählich hatte nämlich auch die jüngere Generation begonnen, das Dorf zu verlassen. Zum Beispiel Fujiangs Sohn Xiao Niu, ein hochgewachsener, dünner, schweigsamer junger Mann.

Er zog auf die Baustellen in der Stadt Guangzhou, um von dort aus zum Familieneinkommen beizutragen.

Aber Xiao Niu blieb nicht in Guangzhou. Heute hilft er seiner Familie bei der Feldarbeit, kocht für sporadische Gäste im Restaurant und beteiligt sich, wie ich in seinem WeChat-Feed sehen kann, an Bauprojekten im Dorf. Nach seiner Rückkehr nach Shangdiping heiratete er eine Dong-Frau aus dem Dorf. Während des Essens kommt sie immer mal kurz herein. Ihr langes, mindestens zehn Jahre nicht geschnittenes Haar trägt sie in einer Hochsteckfrisur oben auf dem Kopf, die mit Holzkämmen zusammengehalten wird. Sie haben ein kleines Kind, das in einer Lauflernhilfe durchs Haus tapst.

Warum ist Xiao Niu nicht in Guangzhou geblieben? »Das Leben in der Stadt ist nicht darauf angelegt, einen dort zu halten«, meint er. »3.000 oder 4.000 RMB Monatslohn klingt ja erst mal nicht schlecht, aber wer in der Stadt wohnt, gibt allein schon für die Miete mehr aus. Darauf kann man sich kein Leben aufbauen.« Man darf das Spiel nur so lange mitspielen, bis das Glück sich gegen einen wendet. Also nahm Xiao Niu irgendwann sein verdientes Geld und kehrte zurück in die Berge von Guizhou. Er würde nicht auf das Spiel reinfallen. Immerhin hatte er genug Geld beisammen, um damit etwas anfangen zu können. Sein Elternhaus renovieren zum Beispiel und seinem Vater einen Drucker kaufen.

Zur Armutsbekämpfung gehört, die Armut bemessen und ins Verhältnis setzen zu können. Unter Fachleuten für internationale Entwicklung herrscht Uneinigkeit über das richtige Vorgehen, vor allem, wie man die Armut von Gemeinschaften misst, die von der Landwirtschaft abhängig sind. Eine Methode wäre eine Erhebung der Haushaltsvermögen, aber bei Bauern schwankt das Vermögen jahreszeitbedingt, je nachdem, ob die Erhebung vor oder nach der Erntezeit erfolgt. Eine andere Methode ist die Ermittlung des verfügbaren Haushaltseinkommens, der Kaufkraft. Wenn solche lokalen Schwankungen unrelativiert in größere makroökonomische Zahlen eingehen, kann man leicht zu der Schlussfolgerung kommen, die globale Armut sei deutlich zurückgegangen oder habe stark zugenommen. Damit ist allerdings nicht beantwortet, warum die Menschen überhaupt arm geworden sind oder warum Armut immer noch existiert, wenn wir doch schon den Schlüssel zu ihrer Beseitigung gefunden haben.

Wie immer man es nun beziffert, es bleibt eine Tatsache, dass Shangdiping und andere Orte im ländlichen China eine höhere Kindersterblichkeit und geringere Lebenserwartung verzeichnen als Städte. Der Zugang zu Bildung ist schlecht. In den entlegenen, ländlichen Regionen Chinas, in denen ethnische Minderheiten leben, wie Xinjiang, Tibet, Ningxia, Guizhou und Yunnan, ist die Armut bis heute fest verwurzelt.

Deshalb werden im Rahmen des Programms der Revitalisierung der Landgebiete wirtschaftliche Experimente eingeführt. Sie bauen auf das Internet und neue Technologien, um das ländliche Unternehmertum anzukurbeln und neue sozioökonomische Ökosysteme zu schaffen, die an die »Town and Village Enterprises« (TVEs) der 1980er Jahre erinnern. Diese Initiativen nutzen E-Commerce, mobile Zahlmethoden und Breitbandinternet, flankiert von den in China üblichen massiven Infrastrukturprojekten (Straßenbau, Hochgeschwindigkeitszüge, Staudämme). Der wirtschaftliche Wandel verändert zwangsläufig auch die ländliche Kultur, wenn die Marktdynamiken die überlieferten Familiendynamiken kreuzen. Diese Experimente spielen sich auf ungeordnetem Terrain ab. Ein ganzer Flickenteppich privater Firmen und schleppende staatliche Kontrolle treffen auf Reibereien zwischen bäuerlichen Unternehmern und lokalen Regierungen. Die explosionsartige Entwicklung des

E-Commerce im ländlichen Raum ist nicht etwa ein isoliertes Experiment, sondern eher ein Beweis dafür, wie eng Chinas Hinterland und der Rest der Welt zusammenhängen – in einer Zeit, in der ein Großteil unserer täglichen Arbeit in den Städten darin besteht, online einzukaufen und zu konsumieren.

3.

Ich erzähle Xiao Niu von der E-Commerce-Beratungsstelle und von der Schlachtung des Schweins. Ja, in Shangdiping läuft es mit der Einführung von E-Commerce eher schlecht, meint er. Dabei lacht er freimütig, als habe er kein Problem damit, die Wahrheit zu sagen – etwas, das viele heutzutage nur höchst ungern tun. Das eigene Erfolgsimage aufrecht zu erhalten scheint etwa genauso wichtig zu sein wie der Erfolg selbst.

»Wir haben erst vor kurzem die Betonstraße bekommen, 2017 war es, aber auch damit zieht sich die Strecke! Wir sollten alle unsere Sachen in einen Online-Shop von Taobao stellen. Dann war die Straße fertig und Leute aus Shanghai bestellten Eier. Es hat zwölf Tage gedauert, bis die Eier dort ankamen. Eher unpraktisch, wenn man nur etwas zum Abendessen machen will«, sagt Xiao Niu.

Wie soll man in Zahlen ausdrücken, was sich aus Shangdiping verkaufen lässt? Ich male mir aus, wie ein Prüfbeauftragter ins Dorf kommt und eine Liste erstellt: Unbelasteter Boden – Biogemüse – saubere Luft. Wirklich rentable Produkte sind nicht dabei. Will man Gemüse transportieren, muss es gekühlt werden, was wiederum die Kosten erhöht. Vorwurfsvoll meint Fujiang, die meisten Städter würden das Biogemüse gar nicht mögen – zu ungleichmäßig, zu fehlerhaft. Ähnliches haben mir viele Biobauern berichtet, darunter einer, der Matilda Yimishijis Plattform belieferte. In Shangdiping lief es darauf hinaus, Eier zu verkaufen.

Ob nun durch E-Commerce oder nicht, das Dorf werde sich auf jeden Fall entwickeln, versichert mir Fujiang. Auf seinem Mobiltelefon zeigt er mir einen illustrierten Entwicklungsplan von Shangdiping. Während es in Shangdiping zurzeit nur zweckmäßige Steinbrücken gibt, sieht der Entwicklungsplan kunstvoll gedeckte Brücken im Dong-Stil vor, die vor Wind und Wetter schützen. Das Dorf verfolgt eine in China verbreitete touristische Strategie – unter dem Schlagwort »kultureller Tourismus« versucht es aus seiner Eigenschaft als zertifiziertes Minderheitendorf Kapital zu schlagen. Das erklärt, warum an jeder Ecke des Entwicklungsplans auf die Dong-Kultur Bezug genommen wird. Er sieht die Einrichtung von touristischen Unterkünften im gesamten Dorf vor, außerdem die Pflanzung einzelner Bäume entlang der Straßen, was ein etwas seltsames Detail ist angesichts der Tatsache, dass Shangdiping umgeben ist von Wäldern, in denen Kiefern, Birkenfeigen und immer wieder auch Bambus wachsen.

Mit einer Frage kann ich jedoch nicht hinter dem Berg halten: »Als ich das letzte Mal hier war, musste ich die Toilette aufsuchen. Sie bestand aus einem Holzbrett mit einem Loch in der Mitte direkt über dem Fluss und einem schmalen Zaun als Sichtschutz. Beschäftigt sich der Entwicklungsplan denn auch mit diesem … Thema?«

Fujiang muss lachen. »Ja, ja, wir wollen ein Abwassersystem für den ganzen Ort einführen. Danach ist es ein Kinderspiel. Breitbandinternet haben wir schon. Wir wohnen im ersten Stock, haben aber noch Zimmer übrig. Die Touristen müssen nur noch kommen. Man findet uns sogar schon im Internet. Geben Sie einfach ein: ›Slowly, Slowly Guesthouse and Restaurant‹. Sagen Sie mir Bescheid, wenn Sie das nächste Mal kommen. Und bringen Sie alle Ihre Freunde mit!«

4.

Die Toilettenkabine im Dorf Dinglou, einige tausend Kilometer nördlich von Shandiping in der Provinz Shandong, ist beinahe glamourös zu nennen. Sie hat nur ein kleines Manko: Sie ist rundherum durchsichtig. Wo normalerweise Wände sind, hat sie Glasscheiben, weshalb man während seines ganzen privaten Toilettenaufenthalts wie auf dem Präsentierteller sitzt.

Offenbar haben die Eigentümer des China Number One Taobao Village Hotel beschlossen, einen Teil ihres neuen Reichtums in ein raffiniertes Raumausstattungskonzept zu stecken, das einem entgegenschreit: *Großstadt! Lichter! Glamour!* Die marmorne Treppe vom Foyer nach oben ist eng und dunkel und hat ein paar abschüssige Stufen, aber im Korridor leuchten tiefblaue Lampen wie in einem schäbigen Strip-Club oder einem Film von Gaspar Noé.

Ich bin mit einem Regisseur und einem Kameramann für ein Filmprojekt über Technologie in China hier. Nach einem Zwölf-Stunden-Dreh sind wir schweißgebadet und hundemüde. In der Nacht bekommt der Kameramann Besuch von einem Geist. Am nächsten Morgen erzählt er uns davon. Der Geist krakeelte und schrie herum, sprach Shandong-Dialekt und verlangte eine Zigarette. »Ich habe nur diese E-Zigarette hier«, entgegnete unser Kameramann. Erbost fegte der Geist hinaus und verkroch sich wieder in seinem Unterschlupf auf der anderen Straßenseite.

Der kleine Ort Dinglou ist ein erfolgreicher E-Commerce-Standort mitten in den ebenen, staubigen Weiten der Provinz Shandong. Wie erfolgreich, zeigt sich an den Restaurants, den asphaltierten Straßen, dem quirligen Vormittagsmarkt und selbst an den Dorfgeistern, die reich genug geworden sind, um mit dem Rauchen anzufangen. Auf dem täglich stattfindenden Freiluftmarkt gibt es tausenderlei Dinge, wobei die wohl größte Sensation ein Mann ist, der Sesamöl aus einem riesigen Wok von der Größe eines kleinen Erwachsenen heraus verkauft. In Dinglou und im Nachbarort Daji herrscht im Vergleich zu anderen Dörfern im ländlichen China ein ungewöhnlicher Wohlstand. Auf dem Markt von Dinglou gibt es die spektakulärsten Dinge zu kaufen, während sich das Angebot ländlicher Märkte sonst auf Gemüse und Knoblauch beschränkt. Eine Bäckerei verkauft sogar kleine Kuchen, in deren Glasur 100-RMB-Scheine stecken. Das Dorf ist stolz auf sein Breitbandinternet via Glasfaserkabel, das angeblich schneller ist als in Shanghai. Eine richtige Boomtown und doch zum Weinen.

Im »Rural Internet Center«, einem niedrigen ockerfarbenen Gebäude direkt neben einem Feld, ist eine Ausstellung über die märchenhafte Erfolgsgeschichte Dinglous zu sehen. Ein Wärter reicht uns jedem eine Flasche lauwarmes Wasser, als wir vor einem großen LCD-Bildschirm stehen, und startet ein Video. Der Ton dröhnt aus klobigen, billigen Lautsprecherboxen durch den Ausstellungsraum, der komplett in Taobao.com-Orange gekachelt ist. »Rural Taobao gehört die Zukunft!«, hallt die Sprecherstimme durch die Lautsprecher.

Hier draußen auf dem Taobao-Land gibt es keine Regierung, sondern es herrschen die Regeln von Tabao. Alibaba betreibt eine ganze Reihe von Plattformen, unter anderem 1688.com (auf Chinesisch ausgesprochen klingen die Zahlen wie »Alibaba«), eine E-Commerce-Plattform für den Großhandel auf dem chinesischen Markt. Alibabas bekanntester Kanal ist jedoch Taobao.com, eine riesige E-Commerce-Website, über die kleine Unternehmen und Einzelpersonen ihre Ware direkt an die Verbraucher bringen können. Es handelt sich grundsätzlich um Neuware, vieles ist handgefertigt. Im Jahr 2017 hatte Taobao 600 Millionen aktive Nutzer pro Monat (zum Vergleich: bei Amazon waren es im gleichen Zeitraum 300 Millionen aktive Nutzer). Auf

Taobao findet man alles, und zwar wirklich alles: ein vergoldetes Feuerzeug in Gestalt eines koitierenden Paares, das aufstöhnt, wenn man es anzündet, Regenschirme in allen nur denkbaren Tierformen und -mustern, rote Datteln so groß wie Hühnereier, Tee, frittierte Teigtaschen, indizierte Bücher, indizierte Videospiele und Adidas-Yeezy-Sneaker – die gesamte Bandbreite von sofort erkennbaren Billigkopien über hochklassige Fälschungen (»AAA-Level«, im Jargon der Kopierindustrie) bis zur Originalware.

Das Video über Rural Taobao, dem die Zukunft gehört, feuert mit dem ganzen Arsenal visueller Effekte, die auch eine Microsoft-PowerPoint-Präsentation von Anfang der 1990er Jahre hätte auffahren können. Der Sprecher doziert, wie im Jahr 2013 der Internetriese Alibaba das Programm Rural Taobao startete – mit dem hehren Ziel, das Leben der Menschen im ländlichen China zu verbessern. Es klingt, als habe Google sich plötzlich in eine Unterorganisation der Vereinten Nationen verwandelt oder als habe Amazon beschlossen, eine Kohleregion in den Appalachen zu unterstützen, indem es den dort lebenden Menschen Gründungskredite für Bonbonläden gewährte.

Das Programm fährt eine zweigleisige Strategie: Es gibt Rural Taobao, und es gibt Taobao-Dörfer. Zu ersterem gehören die Rural Taobao Service Center, die in der Regel an die Dorfläden angeschlossen sind und eine gemeinsame Webadresse haben: cun.taobao.com. In den Rural Taobao Service Centers hat Taobao einen oder zwei Dorfansässige als Markenbotschafter unter Vertrag. Sie sind zwar nicht direkt bei Alibaba angestellt, erhalten aber eine kleine Vergütung dafür, dass sie den Dorfbewohnern bei der Auswahl und dem Kauf von Waren helfen und ihnen zeigen, wie man andere Dienste der E-Commerce-Plattform nutzt, etwa den Erwerb von Online-Zugfahrkarten oder die Vereinbarung eines Arzttermins. Natürlich ist Online-Shopping das Zugpferd von Rural Taobao, doch auch die Vermittlung digitaler Kompetenz wird großgeschrieben. In der Welt von Rural Taobao bedeutet »digital« alles, was irgendwie mit Alibaba zu tun hat. Goldene Feuerzeuge werden die Dörfler wohl eher nicht so bald kaufen, aber Produkte des täglichen Gebrauchs wie Waschmittel und lange Unterwäsche sind bei den ländlichen Nutzern der Plattform sehr beliebt.

Andere Unternehmen übernehmen diese Strategien, um den Kreis ihrer Nutzer auf dem Land zu erweitern, und von JD.com bis zu Pinduoduo (eine E-Commerce-App, die bei ihrem Börsenstart einen Wert von 1,6 Milliarden US-Dollar im NASDAQ verzeichnete) bietet sich den Nutzern in Chinas Hinterland eine ganze Palette an Marktplätzen für die verschiedensten Billigkopien und *shanzai*-Markenimitate, die sich an die ländliche Einkommensschicht richten. Klickt man sich einmal durch das Angebot von Pinduoduo, wähnt man sich plötzlich im Reich eines bizarren Gonzo-Kapitalismus, wo es PUMPERS-Windeln, SHAP-Fernseher und New-Bunren-Sneakers gibt.

Um Geld ausgeben zu können, braucht man Geld. Das ist der ehrgeizige Teil des Rural-Taobao-Programms von Alibaba: wirtschaftliches Wachstum im ländlichen Raum. Das bedeutet, den Boden für Taobao-Dörfer zu bereiten. Um das zu erreichen, unterhält Alibaba einen ganzen Unternehmenszweig, der sich mit ländlicher Entwicklung, Finanzierung und Rural Taobao befasst. Daneben gibt es noch das konzerneigene Forschungsinstitut für die Landregionen, AliResearch, das die Geschäftszyklen von Taobao-Zyklen analysiert, um Erfolge und Misserfolge bewerten zu können.

2012 wurde Dinglou von Alibaba offiziell zum ersten Taobao-Dorf gekürt. Danach schoss die Anzahl der Taobao-Dörfer in allen Provinzen Chinas von 1.311 im Jahr 2016 auf 3.202 im Jahr 2018 in die Höhe. Als ich einmal mit einem Forscher bei AliResearch sprach, zeigte dieser sich zuversichtlich, dass die Zahl weiter steigen werde. Schließlich handelt es sich um ein Win-Win-Modell für Alibaba und für die Wirtschaftsexperten in der Zentralregierung. Es sorgt für einen Bevölkerungsschub auf dem Land und wirkt dem Phänomen der »entleerten Dörfer« entgegen. Mehr und mehr Jüngere, die Orte wie das Dorf Dinglou verlassen haben, kehren in ihre Heimat zurück, statt in den Städten zu bleiben. Eine offizielle Verlautbarung aus Dinglou berichtet stolz, dass fünfhundert Universitätsstudenten in die Heimat zurückgekehrt seien, des florierenden Onlinehandels wegen. Das ist für das Dorf ein wahrer Bevölkerungsboom. Der E-Commerce zieht Talent und Knowhow zurück aufs Land, was wiederum für Entwicklung im ländlichen Raum sorgt, statt das Wachstum weiterhin nur den Städten zu überlassen.

Und wenn die Dorfbewohner keine Waren für Taobao herstellen? Dann bewirtschaften sie weiterhin ihre Felder. Es ist eine Spielart der Gig-Economy, auch wenn ich nicht sagen könnte, ob nun das landwirtschaftliche oder das herstellende Gewerbe *on demand* läuft.

In Dinglou werden schwerpunktmäßig Kostüme für Bühnen- und Filmzwecke produziert. Mehr als 90 Prozent der Bewohner sind in irgendeiner Weise an der Herstellung dieser Gewänder beteiligt. Sie werden auch in der Ausstellung im Rural Internet Center präsentiert, durch die wir gerade gehen. Das Ganze ist recht unheimlich – mit Puppen, die wirken, als wollten sie jederzeit lebendig werden. Ein aufwendiger Kopfputz über einem Affenkönig-Kostüm, eine Plastikmaske mit zwei dunklen Löchern anstelle der Augen. Rote Tüllröcke für Hochzeitsfotos, hier an einer Puppe mit stumpfgeschnittenem Bob aus weißblondem Kunststoffhaar. Eine ganze Reihe Tierkostüme für Kinder, fürs Schultheater. Weihnachtsmannkostüme und eine Prinzessin, die stark an Disneys Schneewittchen erinnert, ohne jedoch allzu eindeutig das Urheberrecht zu verletzen, dahinter sieben kleine

Puppen, die Kinder oder vielleicht doch Zwerge darstellen. Militäruniformen aus aller Welt für Theaterstücke und Filme; bei genauerem Hinsehen sind die Nähte lose. Während ich durch die nur schwach klimatisierte Halle spaziere und an meinem lauwarmen Wasser nippe, fühle ich mich an ähnliche Ausstellungshallen bei meinem Besuch in der Inneren Mongolei erinnert, die die Freuden der Gewinnung Seltener Erden und der Kaschmir-Produktion feierten. Ländliche Regionen waren bisher oft Abbau- und Grabungsgebiete, die bequemerweise außerhalb des Blickfelds der Städter lagen. Doch im Zeitalter der »Digital Economy«, wenn ein Großteil unseres Lebens sich um Online-Shopping, online ausgelebtes Begehren und Online-Selbstdarstellung für ein unbekanntes Publikum dreht, scheint die Existenz eines Ortes wie Dinglou, wo Theaterkostüme produziert werden, eine ebenso naheliegende wie ironische Entwicklung zu sein. Die steigenden Mieten in den Städten Chinas haben auch die Produktionskosten in die Höhe getrieben, was es erheblich schwieriger macht, die Waren zu konkurrenzfähigen Preisen zu verkaufen. Auf dem Land hingegen, wo die Bewohner durch ihren *hukou* ein Recht auf Grundbesitz haben und Mieten und Arbeitskosten niedrig sind, wandelt die Geographie der Taobao-Dörfer sich zu einem Wettbewerbsvorteil. Auf eine solche »räumliche Lösung«, wenngleich zentralisierter als Taobao, verlagern sich inzwischen auch andere Unternehmen wie zum Beispiel Foxconn, die eine gigantische Fabrik im ländlichen Henan errichteten statt im teuren, städtischen Shenzhen. Es verwundert nicht, dass die Erklärung der Kommunistischen Partei Chinas zur Revitalisierung des ländlichen Raums alles auf die E-Commerce-Karte zu setzen scheint. Das Internet verhieß einst Entkörperlichung, doch nie war das Internet materieller als heute. Die Vorstellung zweier getrennter Welten, einer physischen und einer digitalen, ist nichts als eine bequeme Fiktion.

5.

Es ist Samstag, und in der Siebdruckerei in Dinglou laufen die Maschinen heiß. Die Straßen von Dinglou und Daji sind von Bannern gesäumt, die verkünden: WAS GIBT ES SCHÖNERES ALS ZURÜCK IN DER HEIMAT EIN TAOBAO-BUSINESS AUFZUZIEHEN! Der Himmel ist gelblich und diesig, die Luft drückend. In der Hochsaison rund um Weihnachten und Halloween arbeiten die Familien in der Kostümfabrik, wenn Pflanzzeit ist, sind sie auf den Feldern. Inzwischen hat sich im Dorf eine ganze Industrie rund um Kostüme entwickelt, und wenn im Sommer alle Felder bestellt sind, ist jedermann in irgendeiner Weise in die Kostümherstellung eingebunden.

Die Siebdruckerei ist nur eine von vielen Werkstätten und Betrieben entlang einer breiten Hauptstraße. Direkt angrenzend an die Felder befindet sich eine Stickerei, aus der das unablässige Geklapper der Nadeln erklingt, während computergesteuerte Maschinen verschlungene Muster entstehen lassen. Eine andere Straße ist holprig, uneben und voller großer Schlaglöcher. Vor einem Haus bearbeitet ein Mann in der brütenden Sommerhitze eine gummiartige Substanz mit einem lodernden Gasbrenner. Ein paar Häuser weiter kommt gerade eine Frau die Treppe hinunter. Im Erdgeschoss befindet sich eine kleine Werkstatt, oben wohnt die Familie. Der Inbegriff einer Start-up-Garage. Sie beginnt, Muster auf einen dicken Stapel einzutragen, der aus hunderten übereinandergelegter Stoffbahnen besteht. Als die Muster fertig sind, schwingt sie sich in Pfennigabsätzen und rotem Rock auf den Tisch, ohne Schutzbrille oder Hörschutz. Ihr Mann holt eine Stichsäge, klemmt den Stoffstapel auf dem Tisch fest und reicht seiner Frau die Säge. Sie beginnt, die Stoffbahnen senkrecht von oben zu zerteilen. Mit ruhiger Hand treibt sie die Säge die Musterlinien entlang. Neben dem Tisch sitzt ihre Schwiegermutter, schaut zu und klebt derweil Etiketten auf Verpackungen. Nach getaner Arbeit liegen einige hundert zugeschnittene Stoffteile bereit zur Weiterverarbeitung. Daraus werden Militäruniformen fürs Theater genäht und nach Bedarf eingefärbt. Von draußen hört man das Gebell ihres Hundes über die surrenden Maschinengeräusche hinweg. Irgendwo gackert ein Huhn.

6.

Ren Qingsheng, der E-Commerce-Pionier von Dinglou, schreibt im Zwei-Finger-Suchsystem. Den linken und den rechten Zeigefinger lässt er über der Tastatur kreisen, um dann mit einem zuversichtlichen *Klack!* zuzustoßen. Seine Hände sind von der Sonne gegerbt, rau und schwielig. Zwar ist er im Dorf zu viel Geld gekommen, wird mit seiner Erfolgsgeschichte im Rural Internet Center vorgestellt und wurde letztens sogar zum Parteisekretär des Dorfes gewählt, doch ist er nach wie vor oft draußen auf den Feldern, wenn er im Rahmen seiner Tätigkeit für die Umweltkommission des Dorfes unterwegs ist. Heute ist er jedoch im Büro und pendelt zwischen dem Rathaus und seinem Familienbetrieb, der zugleich sein Zuhause ist und hinter dem sich die bewirtschafteten Felder der Familie erstrecken.

In den meisten chinesischen Dörfern sind an den Strommasten Lautsprecher angebracht, die für öffentliche Durchsagen genutzt werden. An diesem Morgen begibt sich Ren Qingsheng in seiner Eigenschaft als Dorfparteisekretär zur örtlichen Parteizentrale, einem kleinen Ziegelgebäude. Dort ist eine Flagge der Kommunistischen Partei mit Reißzwecken an der Wand befestigt. Die Flagge ist aus Papier und vom Sonnenlicht orange verfärbt. Darunter prangt in Comicschrift der Slogan: NA, HEUTE SCHON TAOBAO GEMACHT?

Er nimmt ein Stück Papier zur Hand, schaltet die Lautsprecheranlage des Dorfes ein und liest die Durchsage des Tages vor. »Liebe Genossen, liebe Dorfbewohner … wie ihr alle wisst, müssen die Pappeln weg. Wir müssen sie fällen. Wir sind ein stolzes Dorf. Ich rate euch, fällt die Pappeln. Ich selbst habe es schon letztes Jahr gemacht und habe jetzt mehr Platz, um Gemüse anzubauen. Wenn ihr Bäume liebt, könnt ihr ja anstelle der Pappeln Obstbäume pflanzen. Bitte fragt uns um Rat.«

Im Jahr 2009 fassten Ren Qingsheng und seine Frau den Entschluss, einen Internethandel aufzubauen, obwohl sie weder kaufmännische Erfahrung noch einen Computer besaßen. »Das Ganze war eigentlich eine Idee meiner Frau«, erzählt Ren, während er in seinem Büro einen Stapel Quittungen durchgeht. »Zu der Zeit arbeitete sie als ungelernte Arbeiterin in einem Sandwerk hier in der Nähe, richtig harte Arbeit, eine schwere Belastung für den Körper. Sie musste in Frührente gehen, sonst hätte es sie körperlich ruiniert. Aber bei uns zuhause wussten wir nicht mehr, wie wir über die Runden kommen sollten. Verstehen Sie, die Felder bringen einem allerhöchstens 5.000 RMB im Jahr ein, wenn man Glück hat. Und dann haben wir noch zwei Kinder, die wir zur Schule schicken.« Er schweigt kurz. »Dafür, dass sie aus einer Bauernfamilie kommt, ist meine Frau ziemlich gebildet, sie war sogar auf der Berufsschule. Ich selbst habe nur einen Grundschulabschluss. Sie ist aufgeschlossen für alles Neue, viel mehr als ich. Damals lebte in Dinglou ein Ehepaar, das diese Kostüme für Fotostudios machte. Ganz einfache Kostüme, in Heimarbeit. Um sie zu verkaufen, fuhren die beiden den ganzen Landkreis mit dem Fahrrad ab, denn damals hatte niemand genug Geld für ein Auto. Und da kam meine Frau auf die Idee mit Taobao. Ein Verwandter hatte ihr davon erzählt. Sie dachte sich, versuchen wir doch, die Kostüme über Taobao zu verkaufen.«

Um ihren Taobao-Shop zu eröffnen, liehen Ren und seine Frau sich die stolze Summe von 1.400 RMB von einem Familienmitglied und kauften einen Computer. Das Einstellen von Artikeln auf Taobao.com bedeutete für Ren einen gehörigen Lernaufwand. Die Eingabe chinesischer Schriftzeichen erfolgt dort in Pinyin, dem Umschriftsystem auf Basis des lateinischen Alphabets. Ren musste dafür das Schulbuch seiner Tochter zurate ziehen, denn er war von der Schule abgegangen, bevor Pinyin auf dem Lehrplan stand.

Es dauerte ein paar Monate, bis Ren und seine Frau die erste Bestellung erreichte. »Zu der Zeit hatten wir von Online-Banking keine blasse Ahnung. Wir mussten die Kostüme verschicken, und ich war so aufgeregt, kann ich Ihnen sagen. Jeden Tag lief ich den weiten Weg zur Bank und kontrollierte den Kontostand. Und das Geld kam tatsächlich! Meine Frau und ich gingen sofort los und kauften ein fettes Huhn, das wir zur Feier des Tages schlachteten.«

Nach dieser ersten Bestellung machte Ren sich Schritt für Schritt mit dem Internetverkauf und dem Online-Bezahlsystem Alipay vertraut. Alipay selbst wurde mit der Zeit immer benutzerfreundlicher, wuchs und gedieh und mauserte sich zu jener App für digitales Bezahlen, Überweisungen, P2P-Zahlungen und Vermögensverwaltung, die es heute ist.

In den folgenden Jahren verschaffte ihnen der Kostümverkauf ein verlässliches Einkommen, dazu kam noch die Landwirtschaft. Im Jahr 2011 ging das Geschäft auf einmal regelrecht durch die Decke, nachdem ein Schullehrer ihn wegen eines größeren Kostümauftrags kontaktiert hatte. Bisher hatte Ren Kostüme verkauft, die andere Leute aus dem Dorf angefertigt hatten, aber diese Bestellung brachte ihn dazu, sein Geschäftsmodell zu überdenken. Und er holte sich die Produktion und die dazu benötigten Anlagen ins Haus. Das Geschäft explodierte nahezu. 2017 brachte ihm seine Kombination aus fertigen Kostümen und Auftragsarbeiten 1,16 Millionen US-Dollar ein. Heute verkauft er Kostüme in der ganzen Welt, gerade hat er Bestellungen nach Vietnam und Korea verschickt. Das internationale Geschäft expandiert dank Dropshipping und der Plattform AliExpress, die ausländische Kunden mit kleineren Unternehmen in China – wie dem von Ren – zusammenbringt. Sein Neffe hat sogar einen lukrativen Job als Softwareentwickler in der nahen Stadt aufgegeben und ist zurückgekommen, um bei ihm im Taobao-Shop einzusteigen.

Heute würde sich die Lokalregierung seinen märchenhaften Erfolg im E-Commerce-Geschäft liebend gerne auf die Fahnen schreiben, aber Ren meint, dass er die längste Zeit auf sich allein gestellt war. Die Lokalregierung hatte nicht die leiseste Vorstellung von dem, was Ren bei sich zuhause so machte. 2012 erstattete der frischgewählte Parteisekretär des Kreises, Herr Su, den Menschen der Gegend stichprobenartig Besuch, darunter auch Ren. Su war entsetzt. Der Computer stand in der Küche, überall stapelten sich Stoffreste und im ganzen Haus lagen Kostüme herum. Su zeigte sich beunruhigt wegen der Brandgefahr. Auf seine Frage, was das Ganze eigentlich darstellen solle, erwiderte Ren, es handle sich um E-Commerce auf Taobao (*dianshang*, 电商). Ren erklärte ihm, er und seine Familie würden Kostüme machen, sie im Computer einstellen und für Geld verkaufen. Su verstand gar nichts mehr. Wie stellt man Kostüme *in* einem Computer ein? Wie verkauft man sie *online*? Nachdem Su fluchtartig das Haus verlassen hatte, mussten Ren und seine Familie befürchten, dass die Lokalregierung die Einstellung ihres Betriebes verfügte.

Aber es kam anders. Nachdem er ein paar Anrufe getätigt und bei höheren Stellen in größeren Städten Erkundungen über Taobao eingezogen hatte, kam Su mit einem Vorschlag wieder auf Ren zu. Er habe sich gedacht, dass der

E-Commerce ein Weg zur wirtschaftlichen Entwicklung des ganzen Dorfes sein könnnte, und er beauftragte Ren offiziell damit, den anderen Dorfbewohnern zu zeigen, wie sie E-Commerce-Unternehmer werden konnten.

Die Angst vor der drohenden Schließung klingt immer noch nach. Ren deutet auf eine Plakette mit der Aufschrift MODELLBETRIEB DER ZUKUNFT in seinem Büro. »Wir haben lange eine kleine Gebühr an die Lokalregierung gezahlt, damit sie uns in Ruhe lassen. Mehr war da nicht. Wir bekamen keine Unterstützung von der Regierung, aber sie haben uns auch nicht behelligt. Dann höre ich eines Tages, wie es an der Tür klopft. Ich sehe die lokalen Funktionäre draußen stehen und denke … oh nein. Ich wollte die Tür nicht aufmachen, wir sind Bauern, wir haben traditionell kein so gutes Verhältnis zur Regierung … wir wollen mit Regierungsangelegenheiten wirklich nichts zu tun haben, wir sind auch nicht so gebildet wie die von der Regierung. Ich tue also, als würde ich das Klopfen nicht hören, bis jemand so heftig dagegenhaut, dass ich denke, jetzt fällt gleich die Tür ab. Als ich aufmache, halten sie mir diese Plakette hier entgegen. ›MODELLBETRIEB DER ZUKUNFT‹.« Ren lacht glucksend.

Jetzt ist Ren selbst Parteisekretär des Dorfes und jemand von der Regierung. »Ich wollte gar nicht Dorfparteisekretär werden. Das ist anstrengend – es gibt so viel zu tun. Schließlich muss ich immer noch die Firma leiten, unsere Kinder großziehen und mich dann auch noch um die Angelegenheiten des Dorfes kümmern. Aber das Dorf hat mich nun einmal gewählt. Sie haben mich auf den Posten gewählt, also werde ich versuchen, mein Bestes zu geben. Das Wichtigste ist für mich, die Lebensqualität hier im Dorf zu erhöhen.«

Das erklärt Rens Generalangriff gegen die Pappeln. Er ist felsenfest überzeugt, dass die Bäume sich auf wertvollem Ackerland breitmachen. Dank des warmen Geldregens aus dem E-Commerce kann das Dorf es sich leisten, lukrative Marktfrüchte anzubauen und die Pappeln durch Obstbäume zu ersetzen. Laut Ren ist bei den Jüngeren im Dorf Chili als Nutzpflanze am beliebtesten. Weil ihr Platzbedarf im Anbau recht gering ist, verdienen die jungen Bauern sich ein zusätzliches Einkommen, indem sie ihr Land verpachten. Ren findet das zwar befremdlich, zumal das Klima in Shandong für den Anbau von Chili nicht besonders günstig ist, er erwartet von der jüngeren Generation aber auch nicht, die gleiche Einstellung zur Umwelt zu haben wie er. Er hat sich damit abgefunden, dass ihr Verhältnis zur eigenen Landwirtschaft ein anderes ist. Zurück in den Vereinigten Staaten starte ich eine Amazon-Suche nach Schneewittchenkostümen. Dropshipping ist auf Amazon heute gang und gäbe – ja, dieses Geschäftsmodell nimmt inzwischen einen Großteil von Amazon und dem amerikanischen Online-Handel insgesamt ein. Im Gegensatz zu gewöhnlichen Shops halten Dropshipper nichts von dem, was sie anbieten, auf Lager, sondern ordern direkt bei einer dritten Partei, die die Ware an den Verkäufer schickt. Die globale Reichweite von Dropshipping ist auf Alibaba und AliExpress zurückzuführen, die Dropshipping-Unternehmern Zugang zu Millionen von Artikeln ermöglichen, die zu Tiefstpreisen direkt aus China versandt werden. Im Internet finden sich zahllose Anleitungen, wie man ins lukrative Dropshipping-Geschäft einsteigt, und viele dieser Unternehmen stecken hinter all den Instagram-Anzeigen, mit denen man täglich zugemüllt wird: schicke Trinkflaschen von Lifestyle-Marken, Reisetaschen, Koffer… Die Artikel stammen oft von AliExpress selbst, während die Dropshipper für Werbung und Marketing sorgen.

Nachdem ich mich durch einige Seiten gescrollt habe, stoße ich auf Rens Kostüm. Man erkennt es an der dreieckig zulaufenden goldenen Bordüre auf der Vorderseite, ein Detail, das in der Disney-Version des Schneewittchenkleids fehlt. Was ich empfinde, ist schwer zu beschreiben – es ist, als ob jemand aus dem Familien- oder Freundeskreis berühmt geworden ist und ich ihn plötzlich in einem Film sehe. Als ob das Gefühl für Dimension und persönliche Nähe einen Knacks bekommt. Als würde ich eine unerlaubte Abkürzung nehmen. Als sei es wider alle Natur, in einer auf Anonymität setzenden globalen Wirtschaft ein plötzliches Aufblitzen von Vertrautheit zu erkennen. Es scheint bizarr: Eine Schar »Süßes oder Saures« rufender Kinder in der amerikanischen Vorstadt befördert den Anbau von Obstbäumen oder Chilischoten in Shandong und treibt die Verpachtung von Land voran. Die Umgestaltung der Lebenswelt durch das Internet ist in Dinglou mit Händen zu greifen.

7.

Einige wenige Dinge gibt es, die in Dinglou eindeutig fehlen. Darunter sind Halloween, die Natur, Grenzen innerhalb der Familie und harte Währung. Außer in manchen städtischen Enklaven Pekings oder Shanghais wird Halloween in China nicht begangen. Eltern und der Staat gleichermaßen sehen die westlichen, christlichen Bezüge von Halloween mit zunehmendem Missfallen. In Dinglou ist Halloween kein Feiertag, sondern eine besonders hektische Zeit zwischen der Arbeit im Familienbetrieb und Erntesaison.

Auch die Natur macht sich rar. Für Stadtbewohner auf der ganzen Welt existiert die Natur entweder als natürliche Ressource oder in Form eines Schutzgebiets, das es in seiner imaginären wilden Schönheit zu erhalten gilt. In Dinglou ist die Natur hässlich und kahl. Sie hat ihre eigene Kraft. Jeder Quadratzentimeter Boden in Dinglou ist bereits bepflanzt, bebaut, in irgendeiner Weise von Menschenhand bearbeitet worden, auch von den Toten. Wenn im Dorf jemand stirbt, wird die Person auf den staubigen gelben Feldern bestattet und die Gräber mit kleinen Steinen markiert, verstreut zwischen Anbauflächen für Gemüse und Weizen. Nach Jahrtausenden nachhaltig betriebener Landwirtschaft in China zwangen Urbanisierung und Industrialisierung ab den 1980er Jahren die Menschen auf dem Dorf dazu, mehr aus ihrer Beziehung zur Natur herauszuholen. Dass Dinglou ein Taobao-Dorf ist, hat diese Tendenz zusätzlich verschärft und zu mehr Schadstoffbelastung und Müllaufkommen geführt. Eine vielschichtige Beziehung zur Natur wurde plattgemacht und beschränkt sich nun auf den Anbau lukrativer Nutzpflanzen und die Ausbeutung der Erde als Rohstofflager. Wo einst fruchtbarer Boden war, ist heute Dreck.

Dass Familie keine Grenzen kennt, war der Schlüssel zu Rens Erfolg. Er hat seinen Verwandten das Anschubdarlehen von 1.400 RMB längst zurückgezahlt. Die Kreditvergabe innerhalb der Familie ist eine in ganz China verbreitete Praxis, die manchmal als »ökonomischer Konfuzianismus« bezeichnet wird. Von Kindern wird kindlicher Respekt erwartet, was auch bedeutet, im Alter für die Ausgaben ihrer Eltern aufzukommen, als Dank für die harte Arbeit, die sie in ihre Erziehung gesteckt haben. Entfernte Cousins vom Dorf werden irgendwann bei wohlhabenden Verwandten in der Stadt anklopfen und Startkapital für ihr Business erbitten. Diese Praxis der Geldvergabe ist derart gang und gäbe, dass die Frühlingsfest-Gala zur Feier des chinesischen Neujahrs 2019 (ein alljährliches TV-Ereignis, bei dem ganz China vor dem Fernseher sitzt) mit einem Sketch über *sifangqian* (私房钱) – etwa: private Geldreserven – begann, in dem Ehemann und Ehefrau einander hereinlegen, in dem sie beide via Handy heimlich Geld an Angehörige schicken. Und da der Staat sich nach und nach aus der Sozialfürsorge und der Zahlung von Renten herausnimmt, wird die Familienbank mehr und mehr zur Notwendigkeit, um die Alten vor dem Abrutschen in die Armut zu bewahren. Im Jahr 2018 kursierte eine Online-Umfrage der beliebten Nachrichten-App Toutiao, derzufolge 54 Prozent der Eltern auf die Unterstützung ihrer Kinder angewiesen sind, um ihre Lebenshaltungskosten zu decken.

Die Familie als ökonomische Einheit ist zentral. Und wie in jeder Ökonomie hat das Ineinanderfließen familiärer und monetärer Beziehungen das Potential zum Drama. An Eheschließungs- und Geburtsritualen zeigt sich besonders, wie dieses ökonomische Netzwerk der Familie expandiert – Rituale, die ihre eigenen Schwierigkeiten haben. Im Augenblick aber setzt die Regierung alles auf »traditionelle Familienwerte«, um die Familieneinheit zusammenzuhalten, und propagiert auf allen Kanälen das Idealbild lächelnder, alleinseligmachender Heteronormativität.[36]

Das Nichtvorhandensein harter Währung in Dinglou zeigt an, dass Banken im landläufigen Sinne ersetzt wurden. Kaum eine Transaktion im Dorf wird noch mit echtem Geld abgewickelt. Mobiles Bezahlen ist die einfachste Weise, Sesamöl oder ein Großgebinde Kostüme zu kaufen. Das läuft vollständig über Alipay. Alipay ist zum in einem mobilen Gerät enthaltenen Finanzinstitut geworden. In ganz China hat das mobile Bezahlen das Bargeld ersetzt. Für Verkäufer wie Ren hat Alipay das Problem gelöst, nach Versand einer Ware jeden Tag den Kontostand zu prüfen. Alipay funktioniert wie ein ausgeklügeltes Treuhandkonto. Jemand kann einem Verkäufer via Alipay Geld schicken, und Alipay hält den Betrag so lange zurück, bis die Rückmeldung kommt, dass die Ware beim Kunden oder der Kundin angekommen ist. Erst dann wird das Geld an den Verkäufer freigegeben. Wer seinen Eltern heimlich Geld schicken will, ohne den Ehepartner zu erzürnen, kann das über Alipay tun. Selbst Kredite können über Alipay aufgenommen werden, was besonders bei der jüngeren Generation beliebt ist, während die Älteren den Untergang der chinesischen Gesellschaft beklagen. Alipay ist zu einem maßgeblichen Bestandteil der ökonomischen Infrastruktur auf dem Lande geworden, wo das traditionelle Bankgeschäft für viele Dörfler wie Ren Qingsheng unpraktikabel geworden ist.

Im Jahr 2019 hatte Alipay 700 Millionen Nutzer und wickelte fast 200 Millionen Transaktionen pro Tag ab. Für Alipay-Kredite gibt es auch ein System zur Kreditwürdigkeitsprüfung, Sesame Credit, das häufig mit dem nationalen Sozialkreditpunkte-System in einen Topf geworfen wird. Die Hauptsache aber ist, dass Alipay das Vertrauensproblem zwischen Verkäufern und Käufern gelöst hat, eine Kernfrage von »Plattform-Unternehmen«, seit im Japan der 1990er Jahre zum ersten Mal die Idee dazu aufkam.

Alipay hegt noch weitere ehrgeizige Pläne. Bei Ant Financial, einem Schwesterunternehmen von Alibaba und heute Eigentümer von Alipay, widmen sich ganze Unternehmensbereiche der Finanzierung im ländlichen Raum. Einmal hörte ich mir in Guangzhou einen Vortrag von Zheng Jia an, dem stellvertretenden Geschäftsführer des Bereichs ländliche Finanzierung von Ant Financial. Er stellte ein detailliertes Diagramm vor, das zeigte, wie Alipay sich in die Wirtschaft in den ländlichen Regionen einklinken wird. Alibabas System *ET Agricultural Brain* werde den Bauern helfen, ihre Einkünfte zu verbessern. Ein höheres Einkommen erleichtere die Anschaffung neuer landwirtschaftlicher Geräte, was wiederum über die vielen anderen E-Commerce-Plattformen von Alibaba laufen soll. Jia präsentierte ein elaboriertes Computer-Vision-Projekt, das in der Provinz Henan bereits in der Pilotphase steckt. »Bauern brauchen Zugang zu Krediten«, sagte Jia. Doch die Sicherheiten, über die sie verfügen, sind typischerweise andere als bei Stadtbewohnern. Das Vermögen eines Bauern besteht etwa aus Schweinen oder

Hühnern. Also installiert Ant Financial auf den Betrieben Kameras, die die Vermögensbestände eines Bauern in Echtzeit wiedergeben und auf diese Weise die Kreditwürdigkeit und die Risiken bei der Darlehensvergabe einschätzen können. Die gleichen Daten können von *ET Agricultural Brain* genutzt werden, um Landwirte bei der Tierzucht zu unterstützen. Sind diese Kameras zur Risikoeinschätzung einmal installiert, können die Bauern Alipay nutzen, um Kredite zu beantragen. Schon hat ein Hühnerzüchter aus dem Bezirk Lankao in der Provinz Henan dieses »System zur Bewertung des biologischen Vermögensbestands« genutzt, um einen Kredit in Höhe von 200.000 RMB bei Alipay zu beantragen.

Werden diese Plattformen weiterhin so frei und unreguliert laufen können? Einmal sprach ich mit einem Juristen, der unter anderem für die chinesische Lebensmittel- und Arzneimittelbehörde tätig war. Er wies darauf hin, dass es in letzter Zeit öffentliche, weithin sichtbare Sicherheitsproblematiken auf Plattformen gegeben hat, die darauf hindeuten, dass es zu einer Regulierung kommen wird, und nannte Beispiele: Leute, die erkrankten, nachdem sie Lebensmittel über Taobao eingekauft hatten; Landbewohner, die mit Peer-to-Peer-Krediten betrogen wurden und nun bankrott sind; und der DiDi-Chuxing-Vorfall von 2018, als eine Passagierin von einem DiDi-Fahrer vergewaltigt und getötet wurde. Der öffentliche Aufschrei, der diesen Meldungen folgte, zog sofortige Änderungen auf der jeweiligen Plattform nach sich. Die Regierung greift hier nur zu gerne ein, auch in einer Zeit, in der sie mehr und mehr dazu übergegangen ist, private Unternehmen zunächst einmal machen zu lassen und erst später zu regulieren.

8.

Nach den Terroranschlägen vom 11. September 2001 wandte Präsident George W. Bush sich über das Fernsehen mit einer wichtigen Botschaft an die Bevölkerung: Bleiben Sie vor allen Dingen ruhig, setzen Sie Ihr tägliches Leben fort, gehen Sie einkaufen. Nach der Wahl von Donald Trump zum US-Präsidenten fünfzehn Jahre später hatten gewisse Aktivisten von der Linken einen ähnlichen Rat: Stimmen Sie mit Ihrem Geldbeutel ab. Sowenig man gegen die amtierende Regierung unternehmen konnte, so konnte man doch immerhin eines tun: bestimmte Marken nicht mehr kaufen.

Shopping hat den Konsum zum Schauplatz politischen Handelns gemacht anstatt zu dessen Widerpart. Zwar haben viele von uns Jobs, die uns beschäftigt halten, doch die eigentliche Arbeit, die wir alle heutzutage verrichten, ist Shopping. Vor allem Online-Shopping. Auf der ganzen Welt sind sich die Wirtschaftswissenschaftler einig, dass wir uns in einer konsumgetriebenen Ökonomie befinden. Shopping versetzt uns in Ekstase. Es ist ein flüchtiger Kitzel, der uns kurz mit dem von uns erträumten Leben verbindet, ein Rauschgefühl, mit dem wir uns belohnen. Shopping ist eine Weltreligion geworden, in deren Diensten so vieles steht. Die kommerziellen sozialen Medien sind aus dem Shopping entstanden. Zwischen Nachrichtenschnipseln und persönlichen Mitteilungen ploppen ständig Werbeanzeigen auf unseren Bildschirmen auf und ziehen uns in eine spielerische Endlosschleife, unterlegt vom emsigen Summen der Algorithmen, die uns immer passendere Produkte empfehlen. Unternehmen wie Facebook und Tencent machen riesige Gewinne mit Werbeanzeigen und sammeln und monetarisieren Daten, um noch mehr Werbung verkaufen zu können. Kleinere Plattformen tüfteln daran, wie sie Daten sammeln können, um sie durch Weiterverkauf an Vermarkter ebenfalls zu Geld zu machen.

Shopping kennt keine Grenzen, ob in Dinglou oder in den Vereinigten Staaten. Dinglou war Chinas erstes Taobao-Dorf, und es gibt tausende davon. Vom Holzspielzeug über Kleidung und Bonbons bis zu PC-Lüftern wird dort einfach alles produziert. Diese Waren landen nicht nur in China, sondern auch im Ausland. Der Handelskrieg zwischen den Vereinigten Staaten und China mag einige Opfer gefordert und Globalisierungsriesen wie zum Beispiel Walmart in größte Schwierigkeiten gebracht haben, doch die vielen kleinen Produktionsbetriebe für den E-Commerce in China entwickeln sich im Kielwasser des Shoppings auf das Prächtigste.

Verkäufer auf Amazon, unabhängige Dropshipper und Plattformen wie Wish.com nutzen die Macht von AliExpress, um diese Kleinbetriebe in ganz China und eben auch in Dinglou anzuzapfen. Mit einer wahren Flut professionell aufgezogener Instagram-Kampagnen mit prominenten Influencern werden täglich neue Lifestyle-Marken beworben – von Unternehmen mit Sitz außerhalb Chinas, die ihre Ware direkt bei AliExpress beziehen. Die Hersteller auf AliExpress reagieren blitzschnell, wenn es um die Anpassung von Designs geht. Sie übernehmen sehr oft auch die Herstellung von via Crowdfunding auf Kickstarter finanzierten Produkten. Wish.com, das seinen Hauptsitz in Menlo Park hat, ist eine sonderbare Ausführung von Amazon mit einer halben Milliarde Nutzern: ein Dropshipper, der seine Waren über AliExpress bezieht, seinen Kundenstamm aber im Mittleren Westen, in Texas und in Florida hat. Zur bunten Schar der Nutzer zählen Leute, die sich auf Flohmärkten und Kleidertauschbörsen tummeln, genauso wie Rassisten, die auf 4chan Posts über »Schlitzaugen«, »Chinafraß« und »Billigramsch« teilen.

Einer meiner bevorzugten Newsletter, eine wöchentliche Shopping-Kolumne des *New York Magazine* namens *The*

Strategist, rät mir zum Kauf des neuesten Mode-Hypes in Gestalt des Daunenmantels Orolay, der gerade »viral geht«, exklusiv bei Amazon.com erhältlich, mit über siebentausend positiven Reviews. Bei einem Preis von 130 US-Dollar und einer Vier-Sterne-Bewertung scheint mir das ein guter Deal zu sein. Der bekannte Modeblog Man Repeller findet das auch, meint zwar, die Herkunft des Mantels sei »undurchsichtig«, aber angesichts von 90 Prozent Daunenanteil gibt er eine klare Empfehlung ab. Die undurchsichtige Herkunft liegt, wie sich herausstellt, im ländlichen China, und zwar, um genau zu sein, im Kreis Jiaxing in der Provinz Zhejang, wo die lokale Bevölkerung für Orolay Daunenjacken herstellt. Sie profitieren dabei von den neuen Amazon-Richtlinien, die es ausländischen Unternehmen leichter machen, über die Website zu verkaufen.

Matilda, die Gründerin von Bits x Bites, hatte es so formuliert: Während große Unternehmen wie der Kekshersteller Nabisco stellvertretend für die Neunziger stehen, werden kleine und kleinste Unternehmen die Zukunft beherrschen und das ganze Kontinuum wechselnder Vorlieben und Moden bedienen können. Manch einer will in dieser fragmentierten Landschaft kleinerer Anbieter ein Anzeichen für die Neuordnung des gesamten Handels sehen, die unter dem Stichwort »New Retail« bereits im Gange sei und von den Rändern des verarbeitenden Gewerbes her betrieben werde. New Retail geht von Orten wie Dinglou aus.

Shopping ist mächtig. Es passt sich großräumigen kulturellen Verschiebungen geschmeidig an und reagiert blitzschnell auf die Myriaden von Subkulturen und Identitäten im Internetzeitalter. Eine beliebige Suche auf Taobao, Etsy, Instagram und Xiaohongshu (der chinesischen Variante von Instagram) ergibt eine verlockende Vielfalt an beworbenen Produkten, die so gut wie jede Identität ansprechen, die man sich nur denken kann.

Wider besseres Wissen fesseln uns Werbeanzeigen, weil sie »grausamen Optimismus« einflößen. Die Theoretikerin Lauren Berlant beschreibt das so: »Der Gegenstand, von dem man dachte, er würde einen glücklich machen, wird zu einem Gegenstand, der die Bedingungen dafür, endlich glücklich zu werden, verschlechtert. Doch seine Präsenz steht für die Möglichkeit des Glücks als solche.«[37] Als Beispiel nennt sie den Traum vom »schönen Leben«, während uns das schöne Leben angesichts der gegenwärtigen wirtschaftlichen Realität, in der viele von einem Monat zum nächsten rechnen müssen, meist versagt bleibt. Dennoch jagen wir diesem Traum nach, und nicht wenige stylen sich selbst und ihr Zuhause entsprechend, um das ersehnte schöne Leben widerzuspiegeln, und wir verschulden uns dafür, arbeiten uns krumm, lassen Beziehungen in die Brüche gehen. Das gilt nicht nur für die Vereinigten Staaten – in China ist es dasselbe, wo die ausgabefreudigen Millennials die Verschuldung der Privathaushalte im Land nahezu verdoppelt haben.[38]

Im Unterschied zur Religion dringt Shopping zu unseren innersten Wünschen vor, zu unserer Hingabe und unseren Sehnsüchten, nur um uns dann hilflos und ohne den sicheren Halt einer Gemeinde liegenzulassen. Aber zum Glück winkt da ja schon das nächste Werbeversprechen, das neue Sehnsüchte und neue Bindungswünsche weckt.

Rein technisch gesehen ist Taobao eine kostenlose Plattform, deren Geschäftsmodell darin besteht, dass die Verkäufer Anzeigen kaufen. Ren meinte ganz pragmatisch zu mir, er sehe das als eine Art digitale Mietzahlung. In einer guten Geschäftslage mit Laufkundschaft einen Laden zu betreiben, würde ihn viel teurer kommen.

Ein paar Straßen von Rens Haus entfernt bleibe ich vor einer Werkstatt stehen, in der Schuhe hergestellt werden. Es lässt sich nicht vermeiden – aus dem Eingang riecht es beunruhigend stark nach Plastik. Der Besitzer des Schuhbetriebs teilt Rens Meinung nicht. Nicht nur, dass von Taobao immer mehr Druck ausgeübt wird, Anzeigen zu kaufen, sondern es gibt seit neuestem auch das Livestreaming für Verkäufer, eine Art Tele-Shopping in der Onlinevariante. Das kostet die Verkäufer zusätzlich Zeit und Ressourcen. Diese Art der Produktwerbung ist keine Mietzahlung mehr. Beim Livestreaming muss der Verkäufer etwas vermitteln, das über das reine Produkt hinausgeht, etwas wie eine Aura, eine Stimmung, eine Verlockung. In dem Laden werde ich allmählich schwindlig von den Plastikausdünstungen, müde von all der Aura in Dinglou. Auch der Besitzer wirkt müde.

»Alibaba saugt uns aus«, sagt er. »Es saugt uns das Blut aus, und es wird dem ganzen Dorf das Blut aussaugen. Unser ganzes Geld als Verkäufer liegt bei Alibaba, weil das der Weg ist, über den die Kunden bezahlen können. Mit einem Klick können sie ihr Geld zurückverlangen, und wegen des Treuhandsystems bekommen sie eine Erstattung, auch wenn ich die Bestellung schon verschickt habe. Oder vielleicht gefällt ihnen das Material nicht, sie denken, es sei minderwertig. Aber wir müssen weiter Sachen von schlechterer Qualität herstellen. Wie sollen wir sonst die Preise niedrig halten und dann noch mit anderen konkurrieren? Die Regierung hält sich für großartig und baut andauernd Straßen und verlegt Glasfaserkabel. Alibaba nutzt die ganze schöne Infrastruktur für umsonst, während uns die Entscheidung überlassen bleibt, die Qualität unserer Ware noch weiter herunterzuschrauben. Aber was passiert dann? Irgendwann ist Schluss, mehr gibt es nicht abzuknapsen. Irgendwann können wir nicht noch mehr Anzeigen kaufen und noch mehr Lügen über unsere Produkte erzählen. Was passiert, wenn das ganze System zusammenbricht?«

9.

Zur Zeit des Sonnenuntergangs beginnen die Menschen in Dinglou, ihre Stände für den Nachtmarkt aufzubauen. Sie rollen metallene Wägelchen herbei und bringen kleine Hocker. Der Nachtmarkt findet an jedem neunten Tag statt und folgt damit dem traditionellen chinesischen Mondkalender, der im ländlichen China nach wie vor weit verbreitet ist und dem in der Stadt verwendeten gregorianischen Kalender entgegensteht. Dieser Mondkalender richtet sich nach den Pflanzzeiten in der Landwirtschaft und unterteilt die Zeit in ungleiche, uneinheitliche Abschnitte.

Wie bei jedem Kult ist es auch beim Shopping schwierig, davon loszukommen. Ich liebe Shopping. Ich kenne keine Scham. Auch wenn ich weit fort bin, zum Beispiel in Dinglou, weiß ich, dass sich zuhause vor meiner Wohnungstür die Pakete stapeln. Ich kaufe Geschenkpapier über Amazon, Versandumschläge, Klebeband, die perfekte Kühlbox, ein Gebinde Gewürzgläser. Alles Artikel von Marken, von denen ich noch nie gehört habe und die ich ebenso gut auf Alibaba oder AliExpress hätte finden können. Mir ist bewusst, dass ich einen leichten Aufschlag zahle, wenn ich die Sachen über Amazon-Verkäufer kaufe, die sie ihrerseits bei Alibaba beziehen. Manchmal kaufe ich handgemachte Sachen auf Etsy, wunderschöne Stücke, doch aus Stoffen, die in Südchina hergestellt wurden.

Online-Shopping hat für mich etwas Meditatives, wenn ich Bewertungen studiere, Blogs durchforste und darüber sinniere, welche Potentiale mein künftiges Leben wohl hätte, wenn ich nur dieses neue Produkt besäße. Stundenlang stöbere ich auf Xiaohongshu und Instagram, lasse die Ästhetik der Werbeclips auf mich wirken, genieße das Verlangen, das sie in mir wecken. In meinem Dunstkreis tendenziell linksgerichteter Stadtmenschen wetteifern zwei dominierende

Konsumlogiken miteinander: Shopping positioniert sich als politisches Handeln, wenn man sich dem Kaufzwang entweder verweigert oder nur Marken kauft, die man unterstützt. Eine deutliche Parallele zu Ansätzen, das eigene Social-Media-Verhalten zu steuern: Entweder man lässt sich überall löschen, oder man wechselt den Kanal. Und es kostet mich natürlich nichts, auf den Kauf eines Schneewittchenkostüms zu verzichten. Anders sieht es mit der Frage aus, ob mich diese Designerkaraffe aus Glas oder jene plastikfreie Bambuszahnbürste nicht doch ein wenig glücklicher machen würden. Zumindest für ein paar Monate.

Verweigerung und solidarisches Kaufverhalten sind beides Formen des grausamen Optimismus, die ein falsches Gefühl der Kontrolle vermitteln. Gerade dieses Kontrollgefühl trägt zur Lust am Shopping bei. In einer durch und durch vernetzten Welt, deren Probleme eine Größenordnung angenommen haben, dass ich sie nicht mehr fassen kann – Klimawandel, Plastik in den Weltmeeren, Elektronikschrott, Kriege und politische Instabilität infolge der Globalisierung –, in einer solchen Welt besteht die Quintessenz des Shoppings darin, dass es mir das Gefühl vermittelt, ich könne irgendetwas an diesen Problemen ändern. Ich behaupte damit meine Selbstwirksamkeit und Handlungsfähigkeit, die mir als amerikanischer Staatsbürgerin verheißen wurde. Mein kleiner Entscheidungsspielraum, ob ich nun auf »JETZT KAUFEN« klicke oder nicht, übt Kontrolle über die Welt aus, wie ich sie sehen möchte – wie ich sie mir vorstelle, vielleicht umweltfreundlicher, vielleicht nachhaltiger, wer weiß.

Aber wenn ich nun gar keine Kontrolle ausüben müsste? Was würde es heißen, mein Leben ohne eines der Pakete zu definieren, die Tag für Tag vor meiner Haustür landen, wie wäre ein Leben zu denken, das keine materiellen Besitztümer verlangte? Klingt gut, diese Idee, alle Kontrolle aufzugeben, denke ich, während ich nebenher scrolle, Beschreibungen lese, etwas dem Warenkorb hinzufüge. Irgendwo, nicht in Dinglou, aber sehr wahrscheinlich in einem anderen Dorf in China, fertigt gerade eine freundliche Familie eine Zahnbürste aus Holz mit Wechselköpfen für mich, die mir im Abonnement regelmäßig nach Hause geschickt werden. Das ist umweltfreundlich. Im Jahr 2018 ging Alibaba mit Plänen an die Öffentlichkeit, das Taobao-Dorf zu exportieren. Die Weltbank zeigt sich daran interessiert, das Modell in anderen Weltgegenden zu implementieren, etwa in Südafrika. Ein ehemaliger Berater bei Alibaba erzählte mir, dass Jack Ma eine Electronic World Trade Organisation (eWTO) im Sinn hatte, bevor ihm jemand riet, lieber doch einen anderen Namen zu verwenden. Dieser lautet jetzt Electronic World Trade Platform oder eWTP. Die eWTP ist Teil des Projekts Neue Seidenstraße oder Belt and Road Initiative. Bis 2018 wurden drei Außenposten des eWTP eingerichtet: in Malaysia, in Ruanda und in Südafrika. Die Experten in Alibabas Forschungsinstitut für die Landregionen überwachen weiterhin, wie sich die Produktionskosten im ländlichen China und den Vereinigten Staaten entwickeln, und verweisen auf die umfangreichen Investitionen, die chinesische Firmen derzeit tätigen, um den Aufschwung ländlicher amerikanischer Städte anzukurbeln.

Im Hinausgehen hörte ich den verdrossenen Schuhhersteller wiederholt sagen: »Alles Betrug. Alles Beschiss.« Mit dem würdevollen Ernst eines Mantras.

Anleitung
Wie man die Welt isst

»Software frisst die Welt«, verkündete 2011 Marc Andreessen, und in gewissem Sinne hatte er recht. In Krisenzeiten ist immer öfter Software die Antwort, wenn es darum geht, effizientere Systeme aufzubauen und zu stützen. Gleichzeitig hat die Softwareindustrie für enorme Ungleichheit gesorgt, indem sie andere Industrien wie den Abbau Seltener Erden und die Gig-Economy massiv vorangetrieben hat. Gut möglich also, dass die Software dabei ist, die Welt zu fressen, ein unentrinnbares Schicksal ist das jedoch nicht. Das Versprechen von Software und Technologie lautet, dass sie bei der Lösung unserer derzeitigen Probleme helfen, ohne sich damit abzugeben, wo diese Probleme eigentlich herrühren – Probleme, die unter anderem die ungleiche Verteilung grundlegender Ressourcen wie Nahrungsmittel betreffen. Das folgende Rezept imaginiert eine Welt, in der wir Technologie weiterhin nur zur Lösung von Problemen einsetzen, ohne uns je die Zeit zum Nachdenken zu nehmen, wie wir erhalten und schützen können, was wir vor uns haben.

Zutaten für den Teig

45 g Klebreismehl
45 g Reismehl (Thai-Qualität)
20 g Weizenstärke
30 g Puderzucker
130 ml Kokosmilch
18 g Pflanzenöl
Klebreismehl zum Bestäuben und Kneten

Zutaten für die Füllung

45 g Butter
40 g Mond-Maismehl (kann durch gewöhnliches Maismehl ersetzt werden)
40 g Sahnepulver (oder Milchpulver)

40 g	Puderzucker (plus 5g für eine süßere Füllung)
2	große Eier

Utensilien

– Rührlöffel, hitzebeständig
– Dampfgarer
– Schüssel oder Schale aus Metall, die in den Dampfgarer passt
– Große Metallschüssel zum Anrühren der Füllung
– Mondkuchenform (ein einfaches Muffinblech ist völlig ausreichend; wer ausgefallenere Formen und Dekors wünscht, wird online fündig)

Der Teig für diese zarten »Eishaut«-Mondkuchen ist nicht wie üblich aus Weizenmehl, sondern aus Klebreismehl, was sie als köstliche südchinesische Spezialität auszeichnet. Sie sind eine besonders beliebte Leckerei beim Mond- oder Mittherbstfest.

Die Füllung besteht aus einer Creme aus Mondmais von großer geschmacklicher Tiefe, die den traditionellen Klebreisteig perfekt ergänzt. 2018 wurde mit den ersten Experimenten des chinesischen Mondforschungsprogramms ein autarkes Ökosystem für die landwirtschaftliche Nutzung des Mondes begründet. Zum allerersten Mal überhaupt wuchs biologisches Material auf dem Mond.[39] Bei den Folgemissionen Chang'e 5 und 6 machte die Mondagrikultur weitere Fortschritte. Rasch entwickelte das Unternehmen Syngenta Saatgut für speziellen Mondmais, dessen Zuchteigenschaften an die geringere Schwerkraft und an Wasserknappheit angepasst waren.

Das Leben auf dem Mond hat sich bisher zwar nicht im gewünschten Umfang entwickelt, doch sind Lebensmittel aus dem Mondanbau inzwischen ungeheuer beliebt. Infolge von Waldbränden, Umweltverschmutzung und Klimawandel nehmen Qualität und Nährwert der auf der Erde gewachsenen landwirtschaftlichen Erzeugnisse seit geraumer Zeit immer mehr ab. Gerade Gemüse ist oft mit Kadmium oder Blei belastet. Dafür boomt, als Reaktion auf die Nachfrage der gehobenen Mittelschicht, die automatisierte Landwirtschaft auf dem Mond. Für diejenigen, die es sich leisten können, liefert der Mondanbau nicht nur nährstoffreichere, sondern auch viel gesündere Lebensmittel. Studien haben gezeigt, dass die mittlere Lebenserwartung einer Person, die sich von Lebensmitteln aus terrestrischem Anbau ernährt, etwa fünfzig Jahre beträgt, während jene, die seit ihrer Geburt Mondprodukte zu sich nehmen, im Durchschnitt bis zu hundert Jahre leben. Feinschmecker heben hervor, dass die Bodenbeschaffenheit des Mondes und die spezielle Mondmais-Züchtung in Kombination mit dem einzigartigen Gravitationsfeld des Mondes den Produkten aus Mondanbau ein komplexes, intensives Aroma verleihen. Mondmais ist jedoch mehr als nur eine neue Züchtung. Im Moment erproben private Firmen aus dem Landwirtschaftssektor den Einsatz kleiner, kostengünstiger UAVs (unbemannter Fahrzeuge) für Aussaat und Ernte, damit alle Erdenmenschen in den Genuss von Mondprodukten kommen können.

Für dieses Rezept empfehlen wir besonders die Sorte »Lora«, die biologisch angebaut wird und die besten Eigenschaften von herkömmlichem Mais mit der Süße der Mondzüchtung verbindet. Während man bei Hema für diese Mondmais-Mondkuchen tief in die Tasche greifen muss, kann man sie für einen Bruchteil der Kosten auch zu Hause zubereiten. Vergessen Sie nicht, die fertigen Kuchen gut abzudecken, damit sie nicht austrocknen. Fröhliches Chang'e-Fest![40]

Zubereitung

Teig

In einer Schüssel Klebreismehl, Reismehl, Weizenstärke, Puderzucker, Kokosmilch und Pflanzenöl vermengen und so lange rühren, bis die Mischung glatt ist und keine Klümpchen mehr vorhanden sind. Der Teig sollte nun eine zähe, klebstoffähnliche Konsistenz aufweisen.
Die Mischung in eine Metallschüssel oder einen tiefen Teller umfüllen, der in den Dampfgarer passt. Auf höchster Stufe 15 Minuten dämpfen.

Die Schüssel aus dem Dampfgarer nehmen und den Teig vorsichtig auf eine mit Klebreismehl bestäubte Fläche legen (Achtung, er ist heiß!). Den Teig 5 bis 10 Minuten energisch durchkneten und dabei nach Bedarf mehr Klebreismehl einarbeiten, damit er nicht am Untergrund haften bleibt. Je länger er geknetet wird, desto geschmeidiger und öliger fühlt er sich an. Den Teig fest in Frischhaltefolie wickeln und für 2 Stunden in den Kühlschrank legen.

Füllung

Die in Stücke geschnittene Butter, Mondmaismehl, Sahnepulver und Puderzucker in eine große Metallschüssel geben und die Schüssel im Wasserbad mit kochendem Wasser erhitzen. Auf diese Weise wird verhindert, dass die Creme an der Schüssel haften bleibt. So lange rühren, bis die Butter geschmolzen ist und die Zutaten sich zu einer homogenen Masse vermischt haben. 2 Eier zugeben und kräftig rühren, dass sich eine glatte Mischung ergibt. Weiterrühren, bis die Mischung einzudicken beginnt. Die Creme ist fertig, wenn sie nicht mehr an der Schüsselwand oder am Rührlöffel haftet. Die Füllmasse in einen kleineren Behälter umfüllen und mit Frischhaltefolie verschließen. Für 2 Stunden kalt stellen.

Fertigstellung der Mondkuchen

Wenn Teig und Füllung gut durchgekühlt sind, die Arbeitsfläche erneut mit Klebreismehl bestäuben. Den Teig je nach Größe der verwendeten Form in Portionen von 20–25 g teilen. Von der Füllung 25–30 g schwere Portionen abmessen. Die Teigkugeln mit einem Nudelholz ausrollen und auf einer Seite mit Reismehl bestäuben, damit die Kuchen nicht an der Form haften bleiben. Falls eine hölzerne Mondkuchenform benutzt wird, den Teig oben auf die Form legen. Die Füllung auf die Teighülle geben, diese umklappen und mit sanftem Druck verschließen (nicht zu fest drücken, da sonst die Füllung hervorquellen könnte). Die Mondkuchen aus der Form nehmen und vor dem Lagern mit Reismehl bestäuben, damit sie nicht zusammenkleben.

Willkommen bei meiner Perlenparty

1.

Meine Hand steckt in einer großen Muschel, mit den Fingern im hellrosa Fleisch fische ich nach kleinen runden Perlen. »Tja, wissen Sie, wir füttern den Muscheln Hühnerscheiße und Schweinemist, also vielleicht waschen Sie sich danach besser die Hände«, sagt mein Gastgeber Zhao. An der Innenseite eines etwa zwanzig auf zehn Zentimeter großen Muschelgehäuses wachsen lauter Perlen, die ich eine nach der anderen ablöse, aus dem schleimigen Glibber des Muschelfleischs pule und in einen roten Plastikeimer lege.

Der Himmel ist grau und wolkenverhangen an diesem Tag. Ich stehe bei den Perlmuschelteichen, im Hintergrund zeichnen sich undeutlich die Konturen von Bergen ab. Etwas weiter weg steht ein kleiner, behelfsmäßiger Unterstand aus Blechresten, Holz und Plastikfolie. Daneben ist ein unentwegt bellender räudiger Hund angekettet, der den Auftrag hat, die Teiche vor Perlendieben zu bewachen. Untereinander sind die Teiche durch ein Raster schmaler, schlammiger Fahrwege verbunden. Hier und da sieht man Leute auf kleinen Booten sitzen, die nach den Muscheln sehen. Zhao trägt bei der Kälte nur eine dünne Jeansjacke, außerdem blütenweiße neue Sneakers, die in all dem Matsch aus irgendeinem Grund sauber geblieben sind.

Über 70 Prozent der Süßwasserperlen weltweit stammen aus China, und die meisten davon kommen aus Zuchtteichen wie denen, die ich gerade besichtige. Sie liegen im ländlich geprägten Hinterland der Stadt Zhuji in der Provinz Zhejiang, die den Beinamen »Perlenstadt« trägt. Ich bin zu einer Zuchtperlenfarm in den Ort Shanxiahu gefahren, etwa eine Stunde außerhalb von Zhuji. Zhao ist ein lebhafter Mann Ende zwanzig mit dem Auftreten eines CEO aus dem Silicon Valley. Anders kann ich es nicht beschreiben: sein Gehabe, seine ausufernde, sorgfältig gesetzte Rede, aus der die Begeisterung klingt, seine wiederholte Versicherung, er werde die gesamte Perlenindustrie auf den Kopf stellen, seine Unfähigkeit, die kleinste Gesprächspause auszuhalten. Er redet und redet und redet, schildert mir seine Vision, winkt seine Marketingleiterin herbei, die mir ein Bild zeigen soll, versucht mir seine Zukunftspläne glaubhaft zu machen. Sein Haar trägt er akkurat kurz geschnitten, und ständig hat er die Hände in Bewegung, zeigt in die Ferne, malt etwas in die Luft, deutet gestisch Neuanfänge oder Explosionen an. *Neu. Jenseits des Gewohnten. Anders.*

Zhao und seine Marketingleiterin Lisa waren extra nach Zhuji gekommen, um mich vom Bahnhof abzuholen. Er lud uns auf der Stelle zum Essen ein. Wir sitzen in einem kleinen Restaurant, in dem überall benutzte Servietten am Boden liegen. Die lokale Spezialität ist eine Schale Nudeln mit winzigen Krabben, die beunruhigend große Scheren haben. Eine andere, sehr viel wohlschmeckendere Delikatesse sind mit feingehacktem Gemüse gefüllte Klebreisbällchen, die Mochi ähneln. »Ich will Ihnen sagen, was wir hier tun«, sagte er, »wir krempeln die komplette Perlenindustrie um. Wir mischen die Kiste gehörig auf. Die paar verknöcherten Alten auf dem Perlenmarkt haben keine Ahnung, was auf sie zukommt.« Geräuschvoll schlürft er eine Nudel ein und wirft eine leere Krabbenschale auf den Tisch.

Zusammen mit seiner Frau und zwei Freunden, keiner von ihnen hat die Dreißig überschritten, betreibt Zhao ein kleines, agiles Perlenunternehmen. Während er den hyperaktiven Firmenchef mimt, der ohne Punkt und Komma von seiner Mission daherredet, spielt sein Freund, der uns hinaus auf die Muschelteiche mitnimmt, die Rolle des beherrschten, nimmermüden technischen Leiters. Im Unterschied zu anderen Perlenfirmen mit weit verzweigter Belegschaft und mehreren Standorten ist Zhaos Unternehmen schlank aufgestellt. Sie haben nur einige wenige Teiche und setzen bei den Perlen auf Klasse, nicht auf Masse. Außerdem haben sie keine angestellten Mitarbeiter, sondern zapfen für das Öffnen der Muscheln und das Sortieren der Perlen die Dienste anderer Perlenfirmen an.

Agile Methoden waren seit jeher ausschlaggebend für das Wachstum moderner Technologien. Zwar haben Fortschritte bei der Hardware auch ausgefeiltere Software ermöglicht, doch ohne die spezifischen Arbeitsprozesse und kooperativen Methoden, die Techfirmen zusammenhalten, gäbe es diese Software nicht. Diese Prozesse, die Firmen am Laufen halten, gründen auf *gemba kaizen,* bzw. der Kunst kontinuierlicher Verbesserung, wie sie japanische Wirtschaftstheoretiker gelehrt haben. Bei *gemba kaizen* geht es darum, Verschwendung zu eliminieren und die Arbeit von Führungskräften und Mitarbeitern so einander anzupassen, dass Fehlkommunikation und Zeitverluste weitestmöglich verhindert werden. Entwickelt wurde das Verfahren für Arbeitsprozesse in japanischen Fertigungsbetrieben, doch mittlerweile schwappen agile Methoden aus der Softwarebranche in andere Bereiche der Industrie über. Zhaos Firma ist klein und agil – zukünftige Vorhaben und Fehler aus der Vergangenheit werden fortwährend evaluiert und neu bewertet, und dabei wird ständig geschaut, dass deutlich und transparent kommuniziert wird und dass Führungskräfte und Arbeiter aufeinander abgestimmt arbeiten.

»Perlmuscheln zu züchten ist gar nicht einfach«, belehrt mich der technische Leiter, der in Gummistiefeln, Camouflage-Hosen und einer schwarzen, mit schlammigen Pfotenspuren bedruckten Jacke vor mir steht. Er macht eine wedelnde Handbewegung zu den Teichen hin. Auf jedem

Teich dümpeln etliche leere Softdrink-Flaschen. Der Teich, neben dem wir gerade stehen, sieht aus, als sei er von Sprite gesponsort. Die Flaschen tanzen an der Wasseroberfläche wie Bahnmarkierungen in einem Schwimmbad. Unter jeder Flasche schwimmt ein Netz mit mehreren großen Perlmuscheln darin.

»Es dauert fünf Jahre, bis man eine gute Perle gezüchtet hat. Zuerst muss man in die Muschel das Fleisch einer anderen Muschel einsetzen wie ein Samenkorn. Jede dieser Perlen hat einmal als rundes Stückchen Fleisch einer anderen Muschel angefangen. Ein anderer Aspekt sind Pflege und Versorgung. Wir füttern den Muscheln Hühner- und Schweinekot, aber wenn man zu viel davon in den Teich tut, fangen die Algen an zu blühen und die Muscheln ersticken. Algen lieben warmes Wasser, aber im warmen Wasser wachsen die Perlen nun mal schneller. Mit das Schwierigste ist, die nächste Generation Muscheln aufzuziehen. Während der Fortpflanzung haken sich die Larven nämlich an den Kiemen von Fischen fest. Man braucht wirklich sehr viel Wasser, damit die Larven die Fische loslassen und zu ordentlichen Muscheln heranwachsen.«

Zhaos Schwiegervater war einer der ersten Perlenzüchter rund um Shanxiahu und ein Pionier der industriellen Perlenzucht. Zwar gibt es Perlenzucht in China schon seit dem 13. Jahrhundert, doch auf industrielles Niveau wuchs sie erst in den 1980er Jahren heran, als Deng Xiaoping seine Reform- und Öffnungspolitik ausrief und der Staat Privatisierungen einzuleiten begann. Der Sprung zu industriellen Produktionsmengen erforderte es, auf andere Muschelarten auszuweichen. Die ersten industriellen Perlenzüchter wie Zhaos Schwiegervater stiegen auf *Hyriopsis cumingi* um, die »Dreiecksmuschel« (*sanjiaobang*, 三角蚌), die deutlich größere Erträge liefert als die gewöhnliche Perlmuschel. Die ökologischen Bedingungen vor Ort haben sich seit den

1980er Jahren drastisch verändert. Wasserläufe sind mit Stickstoff und Phosphor aus dem Tierkot belastet, der als Futter für die Muscheln dient.

Die Provinz Zhejiang liegt im Süden Chinas im Einzugsgebiet des Jangtse. Eine Unzahl an Teichen, ein hoher Grundwasserspiegel und viel Regen liefern Wasser im Überfluss. Seit tausenden von Jahren ist Südchina mit Wasserreichtum gesegnet, und Xi Jinping ordnete erst vor kurzem die Wiederbelebung eines alten Planes an, Wasser vom Süden in den trockenen Norden zu leiten. Während Zhaos Schwiegervater seine Muschelzucht zuerst in allgemein zugänglichen Teichen aufzog, begann die Regierung in den 1990er Jahren die industrielle Nutzung öffentlicher Wasserflächen zu regulieren. Da beeilten sich die Bauern, ihre teilweise winzigen Stücke Land zu lukrativen Perlenteichen auszubaggern. Im Jahr 2017 produzierten Shanxiahu und die umliegenden Dörfer eintausend Tonnen Perlen, was das Gebiet zum weltweiten Zentrum der Zuchtperlenindustrie macht.

2.

»Wissen Sie, warum ich zurückgekommen bin? Ich bin zurückgekommen, weil mir klar war, dass es ein Kinderspiel ist, in diesem Geschäft Erfolg zu haben, wenn alle anderen Betriebe hier von Trotteln und Dummköpfen geleitet werden«, verkündet Zhao mit erhobener Stimme. Wir sitzen in seinem Büro im ersten Stock seines dreistöckigen Wohnhauses, mit Blick auf einen Kanal und eine Brücke. Es ist still. Sein Büro ist ganz in Weiß gehalten, an der Decke hängt eine Leuchtschiene, die Einrichtung besteht aus Billigkopien dänischer Mid-Century-Möbel. Ein Drucker spuckt fortwährend neue Aufträge aus. An einem Arbeitstisch für Schmuckherstellung sitzt seine Frau. Sie trägt handgestrickte fingerlose Handschuhe aus grauer Wolle. Drinnen ist es sehr kalt, und wir haben alle unsere Mäntel anbehalten.

Südchina ist berühmt-berüchtigt dafür, dass es dort keine Zentralheizung gibt. Ein willkürlicher stadtplanerischer Beschluss der 1950er Jahre wollte es, dass Nordchina von der Regierung mit Zentralheizung versorgt wurde, während es dem Süden das Landes überlassen blieb, diese Frage in Eigenregie zu regeln.[41] Kürzlich entschied die Regierung in dem Versuch, eine »ökologische Zivilisation zu errichten«, hart gegen Luftverschmutzung vorzugehen und billige Kohleheizungen gegen natürliches Erdgas und strombetriebene Heizgeräte auszutauschen. Auf dem Land blieben die Löhne jedoch so niedrig wie zuvor, und heizen ist ein Luxus.[42] Nachdem es gestern geschneit hat, ist es in Zhaos Büro heute besonders kalt.

Auf der anderen Seite des Kanals heiratet an diesem Tag zufälligerweise ein Kindheitsfreund von Zhao. Ein zweifach glückverheißender Tag, scherzt Zhao, mit einer Hochzeit und einem Besuch aus Amerika. Große vergoldete Elefanten und ein aufblasbarer roter Pavillon begrüßen die Gäste. Eine Blaskapelle spielt, frische Blumen säumen die Straßen. Das Perlengeschäft hat die Wirtschaft im Dorf angekurbelt, und wie es scheint, herrscht überall Wohlstand.

Zhao hat seinen Bachelor in Wirtschaft an einer kleinen Hochschule in Hangzhou erworben. Das Leben als Student war sorglos, wenn auch ab einem gewissen Punkt langweilig, was Zhao zum Finden kreativer Lösungen veranlasste, um seine Zeit anderweitig zu füllen.

»Wissen Sie, ich hab wirklich alles gemacht. Ich hatte sogar mal einen Job als Essenslieferant. Das ist schon echt seltsam, oder? Die meisten, mit denen ich zur Schule gegangen bin, haben hinterher entweder gar nicht studiert oder hatten Eltern, die mit Perlen stinkreich geworden sind. Die haben sie dann mit den Taschen voller Geld auf die Universität geschickt. *Fuerdai* waren das [富二代, ein oft verwendeter Ausdruck für die Kinder reicher Eltern]. Aber ich konnte das einfach nicht, wissen Sie, rumsitzen und nichts tun wie die *fuerdai*. Meine Eltern hatten kein Geld. Ich musste hart arbeiten, um studieren zu können. Ich bin nicht dumm, wissen Sie. Aber mir war ziemlich schnell klar, in der Stadt konnte ich nicht gewinnen. Nicht gegen die Kinder, deren Eltern Geld haben.«

Ich will wissen, welche Arbeit Zhaos Vater hatte. »Körperliche Arbeit. Er hat seine Arbeitskraft verkauft. Haben Sie eine Ahnung davon, was für schwere Arbeit das ist? Die ganzen Häuser hier im Dorf, all die schönen Häuser, an denen hat er mitgebaut. Jetzt ist er gerade mal sechzig, aber wissen Sie was, er hat sein Leben lang so hart gearbeitet, dass er kaum noch gehen kann. Rückenprobleme.«

Das Schicksal spülte Zhao zurück in seine Heimat. Er meint, er habe das Stadtleben satt gehabt. Außerdem, sagt er noch, habe er dann geheiratet und er und seine Frau hätten einen Sohn. Der Sohn sei Autist.

»Ich bin eigentlich eher jemand, der sich auch mal gehen lässt … in der Stadt, als ich noch studiert habe, hab ich das auch gemacht. Sie wissen schon, KTV [Karaoke], in Bars herumhängen, ein Lotterleben führen halt. Aber ich hatte immer meine Zukunft vor Augen, ich wusste, in der Stadt würde ich mir nie eine Wohnung leisten oder die Schulgebühren für mein Kind bezahlen können. So ist es eben, wenn du aus dem Nichts kommst. Ich wusste, ich musste mir was aufbauen, und dafür brauchte ich einen ruhigen Ort. Um Teil von *shehui* [社会, Gesellschaft] zu sein, um in der Gesellschaft durchzukommen [*hun shehui*, 混社会], brauchst du eine Strategie«, sagt Zhao philosophisch.

Zhao hat mit seinem Perlengeschäft inzwischen Kunden auf der ganzen Welt – Italiener, Japaner, Briten. Er legt Wert auf die Feststellung, dass er ausschließlich Spitzenware führt, weil er genug hatte »von dem Ramsch aus Zhuji, der uns allen den Ruf versaut hat«. »Wissen Sie«, sagt er, »ich versuche hier einen Markt, ein Ökosystem aufzubauen, indem ich ein Unternehmen mit schlanken Strukturen führe, das zuverlässig höchste Qualität produziert. Viel zu lange waren wir in Zhuji dafür bekannt, Perlen von schlechter Qualität herzustellen oder sogar gefälschte Perlen! Wenn ich dagegen eine Ernte von eintausend Perlen vor mir habe, dann sortiere ich, wenn es hochkommt, hundert Perlen aus, die ich an meine Kunden verkaufe. Den Rest, also die neunhundert Perlen von minderer Qualität, verkaufe ich an die Leute vom Markt in Zhuji. Die kaufen sie mir ab und verkaufen sie weiter. Und wenn die Qualität ganz schlecht ist, dann mache ich Perlenpulver daraus.«

Die Gelegenheit lässt er sich nicht entgehen. Umstandslos starrt er mir prüfend ins Gesicht. »Wissen Sie was, Sie könnten ein wenig Perlenpulver gebrauchen. Das ist was ganz Herrliches für Ihre Haut. Es macht die Poren frei und hellt den Teint auf. Sie könnten wirklich, *wirklich* ein wenig Perlenpulver gebrauchen.«

3.

Zhuji ist stolz darauf, als die Perlenstadt zu gelten, und es gibt dort sogar ein Engelstränen-Perlenmuseum. Wie der Elektronikmarkt Huaqiangbei in Shenzhen ist auch der Perlenmarkt von Zhuji eine schwindelerregende Ansammlung der verschiedensten Marktstände und Läden. Überall Stimmengewirr, lautes Geschrei und Gefeilsche, grelles Neonlicht und natürlich Perlen. Perlenketten, aus Perlen gewirkte Handtäschchen, tonnenweise Perlen. In den Gängen drängen sich Kunden aus aller Welt, kaufen Perlen en gros und verkaufen sie in ihren Heimatländern weiter. Inder, Japaner,

Nigerianer, Europäer treten einander auf die Füße und halten Ausschau nach den besten Angeboten. Taschenrechner mit dem jeweiligen Gebot im Display werden hin- und hergereicht, bis man sich auf den Preis geeinigt hat.

»Ich hasse diesen Markt«, sagt Zhao, »also wirklich, so kann man doch keine Geschäfte machen«, und verschwitzt, wie ich bin, stimme ich zu. Ich merke, dass bei mir wieder mal die »Marktgrippe« im Anflug ist, wie ich es nenne.

Die Marktgrippe kann einen jederzeit erwischen, aber das blendend grelle Neonlicht eines Großhandelsmarkts bietet die besten Voraussetzungen dafür. Man verfällt in einen Zustand fahriger Nervosität, ist nicht mehr in der Lage, sich auf eine einzelne Sache zu konzentrieren, wird ständig von den blitzenden und blinkenden Dingen ringsum abgelenkt. Irgendwann verlässt man mit brummendem Schädel den Markt, ohne zu wissen, wie viel Zeit man dort eigentlich verbracht hat. Während mich an Orten wie Shanxiahu, Yiwu oder Huaqiangbei die Marktgrippe befällt, saugen andere begierig den Duft des Geldes ein und stürzen sich erst recht ins Gewühl.

Überall, wo es Geld zu verdienen gibt, wimmelt es auch von Fälschungen und es droht so mancher Schwindel. Manche Verkäufer haben Perlen minderster Qualität im Angebot, die nicht mit Muschelfleisch, sondern mit Plastik angezüchtet werden. Auf dem Plastikkügelchen bildet sich lediglich eine hauchdünne Schicht Perlmutt, was im Handumdrehen große Perlen ergibt. Diese überaus kostensparende Methode unterscheidet sich von der natürlichen Perlenbildung, bei der eine Muschel den implantierten Fremdkörper bis zu fünf Jahre lang mit Perlmuttschichten umlagert.

Häufig wird auch die Farbe einer Perle manipuliert, damit der Verkäufer seinen Kunden einreden kann, es handle sich um eine ganz andere Perlenart, eine Meeresperle zum Beispiel. Mabé-Perlen lassen sich ebenfalls leicht fälschen, indem billige Perlen zersägt und in Form geschliffen werden.

Die ultimative Betrugsmasche so mancher Verkäufer aus Shanxiahu ist derart dreist, dass ich sie gar nicht unbedingt als Betrug bezeichnen würde. Zhao weist mich auf zwei Männer hin, die mit Messschiebern über einen Behälter gebeugt stehen und eine Perlenkette untersuchen. »Der Messschieber zeigt doch 6,5 Millimeter an, hab ich recht?«, fragt er. Ich nicke. »Tja, hier im Shanxiahu-Perlenmarkt werden 6,5 Millimeter zu 7 Millimetern!«, kichert er und lacht sich kaputt über die Verkäufer, die mit voller Absicht den Messschieber falsch ablesen, um übertriebene Angaben zur Größe einer Perle machen zu können.

Dann sagt er düster: »Wissen Sie, was diese älteren, traditionell denkenden Händler so besonders dumm macht? Sie kapieren nicht, dass Fälschungen unseren Markt in Verruf bringen. Es ist ein Ökosystem. Ich will auf gar keinen Fall, dass unser Dorf, unser Markt, ja unser ganzes Land für falsche Perlen bekannt sind. Das treibt den Preis für echte Perlen nach unten und verleitet die Kundschaft zu dem Glauben, sie könnten uns immer noch weiter im Preis drücken.«

Je mehr Zeit ich mit Zhao und seinen Leuten verbringe, desto mehr lerne ich über die verschiedenen Perlenarten. Barockperlen, Akoya-Perlen, Edison-Perlen, Meeresperlen, Abalone-Perlen, Conch-Perlen, längliche Perlen, die wie Puffreis aussehen, Perlen von derart vollendeter Kugelform, dass man schwören möchte, sie seien im Labor gefertigt. Und natürlich Wunschperlen. Wunschperlen sind der eigentliche Grund, warum ich überhaupt hier bin. Wunschperlenaustern sind kleine, tote Austern, die eine Perle in sich tragen. Diese Austern werden vakuumversiegelt und in die Vereinigten Staaten verschickt. Zhao verkauft keine Wunschperlenaustern, aber er kann mir Händler nennen, die welche im Angebot haben, also nur für den Fall, dass ich welche kaufen möchte.

Als ich später auf Alibaba.com nachsehe, stelle ich fest, dass die meisten Produzenten von Wunschperlen in Zhuji sitzen. Um diese Wunschperlenaustern in die Vereinigten Staaten zu bringen, brauche ich eine Wildtiergenehmigung, belehrt mich Zhao. Auch wenn die Austern bereits tot sind.

4.

Eines Freitags Anfang 2017 sitze ich zuhause in Kalifornien und mache mir einen gemütlichen Abend mit Facebook Live. Bei all den sich überschlagenden politischen Nachrichten der letzten Monate habe ich mir in bestimmten Nischen des Internets, in diesem Fall Livestream, Möglichkeiten zur Entspannung gesucht. Außer mir verfolgen noch zehntausend andere Menschen den Livestream Kristie's Krazy Kultured Pearl Parties. Kristie erscheint nun selbst auf dem Bildschirm und trällert: »Like a pearl-gin! Shuckin' for the very first time!« zur Melodie von »Like a Virgin« von Madonna. Kristie ist eine 36-jährige weiße Frau aus Georgia, die ein Perlenimperium auf Facebook betreibt. Ihr Facebook-Kanal Kristie's Krazy Kultured Pearl Parties hat über fünfzigtausend Likes.

Sie steckt die Hand in ein Plastikgefäß, mischt einmal alles durch und zieht eine kleine Auster heraus. »Jessicas erste Auster! Ohhhh, ja wen haben wir denn da?«, flötet Kristie und macht es extra spannend. »Vielleicht sind es ja – Zwillinge??«

Was ich mir da ansehe, ist eine Perlenparty – eine Art Tupperparty für die Facebook-Ära, bei der Moderatorinnen auf ihrem Social-Media-Kanal per Livestream alle möglichen Dinge verkaufen. Solche Verkaufspartys gibt es nicht nur für Perlen. In den sozialen Medien gedeiht das sogenannte Multi-Level-Marketing (MLM) prächtig, und Millionen Menschen verscherbeln Aromaöle, Yogahosen und Vitaminpillen über Instagram und Facebook. Früher standen MLM-Unternehmen in dem Ruf, räuberische Schneeballsysteme zu betreiben, heute achten einige MLMs wie Rodan + Fields sehr auf ihre weiße Weste und unterhalten luxuriöse Büros in downtown San Francisco, direkt neben Salesforce und Google. Andere Unternehmen wie das risikokapitalfinanzierte Stella & Dot ploppen andauernd in meinem Facebook-Feed auf, damit ich bloß den Hype nicht verpasse und endlich auch in die Riege der Verkäufer aufsteige.

Die Perlen, die Kristie verkauft, sind von minderer Qualität, aber die Auster, die sie gerade in der Hand hält, ist für mich etwas Besonderes. Es ist eine Wunschperlenauster, eine tote Muschel wie die, von der Zhao mir erzählt hat, sie ist einmal um die halbe Welt geflogen, den ganzen weiten Weg von Shanxiahu bis hierher.

Um an einer Perlenparty teilzunehmen, genügt es, auf Facebook Live dabei sein und zuzuschauen. Außerdem kann man eine Auster für sich vormerken, bevor die Party beginnt, indem man ein Bestellformular ausfüllt. Eine Reservierung kostet um die 20 US-Dollar. Die Perle in der Auster darf man behalten. Man kann auf Facebook Live dabei zusehen, wenn die Gastgeberin der Party die für einen reservierte Auster in der Sendung öffnet. Im branchenüblichen Jargon nennt Kristie sich »Perlenberaterin« für ein Multi-Level-Marketing-Unternehmen, das diese Art Austern vertreibt. Als Beraterin erwirbt sie die Wunschperlenaustern bei dem Unternehmen im Voraus und steht dann unter Erfolgsdruck, weil sie auf den Austern sitzen bleibt, die sie nicht losgeworden ist. In allen Austern steckt eine Perle, in manchen sogar zwei. Im Perlenparty-Sprech heißt das »Zwillinge bekommen«. Wenn die Moderatorin Ihre Auster geöffnet und die Perle gesäubert hat, schickt sie sie wieder an das MLM-Unternehmen, wo sie in ein Schmuckstück Ihrer Wahl eingefügt wird – einen Schlüsselanhänger in Hundeform oder eine versilberte Muschel an einer Halskette –, welches Ihnen schließlich bequem nach Hause geschickt wird.

Kristie ist unabhängige Perlenberaterin für Vantel. Wie bei den meisten MLM-Unternehmen muss man auch bei Vantel für jegliche Ware, die man verkaufen möchte, in Vorleistung gehen. Ob es einem dann gelingt, die Sachen, die man eingekauft hat, auch wieder loszuwerden, liegt in der eigenen unternehmerischen Verantwortung. Als »Beraterin« kann man noch Zusatzpakete wie Verkaufstipps und Geschäftsstrategien erwerben, und man muss jede Menge Werbeanzeigen auf Facebook und anderen Social-Media-Kanälen kaufen, die bei den Betriebskosten ordentlich zu Buche schlagen.

Im Laufe des Jahres hat Kristie einige Gefolgsleute für die sogenannte direkte Downline gewonnen, die ihr unterstehen und ihrerseits Perlenpartys veranstalten. Andere Moderatorinnen haben ihre eigenen kleinen Imperien mit ihren eigenen direkten Downlines.

Kristies neue »Vertriebspartnerinnen« zahlen eine Einstiegsgebühr zu ihrer »Pearlfect Pearl Family« (ihre Wortschöpfung). Es gibt einen langen Facebook-Feed, in dem die Vorstellungsvideos aller Familienmitglieder versammelt sind. Ihre Perlenpartys finden zuweilen zu Uhrzeiten statt, die ich erstaunlich finde – mittwochs um 13.00 Uhr, frühmorgens an einem Donnerstag. Nahezu alle Perlenparty-Moderatorinnen sind Frauen mit Südstaatenakzent oder aus dem Mittleren Westen, deren wundervoll gedehnte Sprechweise ich inzwischen als sehr wohltuend empfinde.

Im Direktvertrieb der Downline sind alle möglichen Arten von Menschen tätig: Hausfrauen oder Mütter, die nicht wieder in den Beruf gegangen sind, Buchhalterinnen, die sich etwas dazuverdienen, examinierte Pflegefachkräfte oder einfach Menschen, die in dieser verführerisch perlschimmernden Existenz einen Ausweg aus ihrem derzeitigen Job sehen. Eine ist zum Beispiel eine frisch geschiedene Veteranin der Armee, die es irgendwie möglich machen will, zuhause bei ihren Kindern zu bleiben. Eine andere Vertriebspartnerin in Kristies Downline hat früher als Krankenschwester gearbeitet, bis sie wegen Gesundheitsproblemen ihren Beruf aufgeben musste. Sie ist noch jung, höchstens dreißig, und lebt in einer Kleinstadt im Mittleren Westen. Während die meisten Moderatorinnen von geradezu manischer Fröhlichkeit sind, strahlt sie vor der Kamera eine tiefe Traurigkeit aus, die ihre Perlenparty unfreiwillig zum tragischen Bekenntnis werden lässt. Ihre braunen Augen sind groß und dunkel, das Haar ist lilarot gefärbt. Sie spricht langsam und leise. »Gestern ging es mir nicht gut«, sagt sie und starrt direkt in die Kamera, »aber ich dachte, ich stelle mich trotzdem mal vor. Früher war ich examinierte Pflegehelferin. Aber ich musste aufhören, weil ich von der Arbeit Rückenschmerzen bekam. Jetzt versuche ich es mit Perlenpartys. Danke fürs Zuschauen.«

Mehr als 70 Prozent der MLMler (im offiziellen Sprachgebrauch auch als »Direktverkäufer« bekannt) sind Frauen. Die Direct Selling Association (Verband für Direktvertrieb) vermerkt stolz, dass »Direktvertrieb einen überdurchschnittlich hohen Anteil von Frauen und anderen Minderheitengruppen hat« und dass »65 Prozent der Befragten ›Flexibilität und Work-Life-Balance‹ als wichtige Motivation« für ihre Tätigkeit angaben. In ihren Vorstellungsvideos auf Kristies Facebook-Seite äußern alle ihr unterstellten Verkäuferinnen den Wunsch nach mehr Flexibilität, um sich um ihre Kinder kümmern und gleichzeitig Geld verdienen zu können. Die drei Bundesstaaten mit dem höchsten Anteil an Direktverkäufern sind North Dakota, Iowa und Wyoming. Vielleicht erraten Sie, welche Staaten als nächste kommen, wenn Sie die Ergebnisse der Wahlen von 2016 danebenhalten.

Im Jahr 2017 waren fast 19 Millionen Amerikanerinnen und Amerikaner im Direktvertrieb tätig. North Dakota hat die meisten Direktverkäufer gemessen an der Bevölkerungszahl und gleichzeitig die höchste Arbeitslosigkeit in den Vereinigten Staaten. Auch in Staaten wie Iowa, Wyoming und Montana gibt es auffällige Überschneidungen zwischen hoher Arbeitslosigkeit und der Zahl der Direktverkäufer. Die Nächstplatzierten, Minnesota, Montana und Georgia, gehören zu den zehn Bundesstaaten mit dem höchsten Rückgang der Haushaltseinkommen nach der Rezession von 2008. Direktvertrieb ist alles andere als die muntere Erholungspause vom Alltag, wie die Werbeanzeigen suggerieren, sondern ein verzweifelter Versuch, irgendwie über die Runden zu kommen.

Was Kristie und all die anderen anbieten, hat nichts mit dem Produkt zu tun, das da verkauft wird. Je mehr Videos ich schaue, desto gebannter verfolge ich, wie bedachtsam und fürsorglich Kristie jede einzelne Auster öffnet und wie nett der Umgangston in der Community ist. Am rechten Bildschirmrand ploppen Kommentare auf, man erzählt sich, was im Alltag so passiert ist, oder reißt Witze. Kristie antwortet stets darauf, manchmal mit einem »Gott segne euch« oder »Ich werde für dich beten«. Die Routine dieser Videos grenzt ans Langweilige, und aus der Langeweile heraus entsteht eine repetitive Struktur. Nach wenigen Wochen wirkt die repetitive Struktur nach meinem hektischen Arbeitsalltag auf mich wie beruhigender Balsam.

Wird bei einer Perlenparty eine Auster für Sie geöffnet, nennt die Gastgeberin dem Publikum im Livestream Ihren Namen, sagt, woher Sie kommen und was Sie so machen. Während des Zuschauens können Sie Kommentare für die Gastgeberin hinterlassen, sich am Gespräch beteiligen und hören, wie sie Ihnen in Echtzeit antwortet. Diese Art der Aufmerksamkeit und Fürsorglichkeit ist anrührend. Sie als

Zuschauende zahlen für emotionale Arbeit. Die Gastgeberinnen geben der Person, deren Auster gleich geöffnet wird, das Gefühl, etwas wirklich Besonderes zu sein. In einer Zeit, in der man sich selten irgendwie besonders fühlt, tut es so unendlich gut zu hören, dass sich *irgendjemand* Gedanken um einen macht.

Das Modell des Multi-Level-Marketings, das auf persönliche Beziehungen und selbstständigen Unternehmergeist setzt, ist an sich nichts Neues. Es war schon in den 1950er Jahren im Schwange, als Avon-Beraterinnen zum Heimverkauf kamen und zu Tupperpartys geladen wurde. Wirklich an Zugkraft gewannen MLMs allerdings in den 1970er Jahren mit einer Spielart der New-Age-Bewegung unter dem Schlagwort »Human Potential Movement«. In der Kombination aus Spiritualismus und Selbstverwirklichung, verbunden mit dem Streben nach persönlichem Wohlstand, wuchs und gedieh das Multi-Level-Marketing. Figuren wie der Pfarrer und Autor Norman Vincent Peale verkauften die »Kraft des positiven Denkens« und ein »Evangelium« des Wohlstands, während der Unternehmer William Penn Patrick als Erster die MLM-Taktik einführte, von den Verkäufern in seinem Multi-Level-Marketing-Unternehmen Holiday Magic Gebühren für Kurse in »geistiger Dynamik« zu verlangen. Diese Mischung aus Mystizismus und Kapitalismus ebnete den Weg in die 1980er Jahre, als Multi-Level-Marketing als Unternehmensform schleichend überall Fuß fasste und seine heutige, dem Raubtierkapitalismus angemessene Gestalt annahm. Die heutige Form ist weitaus ausbeuterischer als frühere Varianten, wenn die Menschen mit der Illusion flexibler Arbeitszeiten und dem Mantra »Sei dein eigener Chef« angelockt werden, um sie dann tief in die Verschuldung zu treiben, indem man sie dazu bringt, auf eigenes Risiko Waren für tausende Dollar einzukaufen, die oft genug unverkäuflich und minderwertig sind.

Während des ersten Dotcom-Booms in den 1990er Jahren stieg die Beteiligung an MLM-Modellen in Reaktion auf die wachsende ökonomische Ungleichheit sprunghaft an. 1997 erschien ein Buch mit dem Titel *False Profits: Seeking Financial and Spiritual Deliverance in Multi-Level Marketing and Pyramid Schemes* von Robert Fitzpatrick und Joyce Reynolds. Die Autoren dokumentieren darin diese erste Welle von großen MLM-Unternehmen. Trotz ihres räuberischen Charakters wurden diese MLMs durch die gleiche Deregulierung, die zur Rezession von 2008 führte, noch weiter gestärkt. Die Federal Trade Commission hielt sich beim Schutz der Verbraucher vor MLM-Praktiken merklich zurück.

Laut Fitzpatrick und Reynolds ist der Aufstieg der MLMs als Reaktion auf die gegenwärtigen gesellschaftlichen Bedingungen zu sehen, indem sie den spirituellen und sozioökonomischen Bedürfnissen breiter Gesellschaftsschichten im heutigen Amerika entgegenkommen. Mit dem Niedergang des American Dream seien die typischen Strukturen und Gemeinschaften zur sozialen Unterstützung dem Druck des zügellosen Kapitalismus gewichen. Immer mehr Menschen, so die Autoren, werden in MLM-Systeme gelockt und lassen sich zu Verkäufern machen. Sie tun dies, weil sie an die Versprechungen der Unternehmen glauben, auf diese Weise für sich den American Dream verwirklichen zu können. Obwohl alle Anzeichen darauf hindeuten, dass es sich um Betrug handelt, lassen Verkäufer wie Käufer sich von dem Gemeinschaftsgefühl und der persönlichen Bindung, die sie dabei empfinden, immer weiter hineinziehen.

An das Ende ihres Buches stellen Fitzpatrick und Reynolds eine unheilverkündende Warnung: Ohne jede ökonomische Regulierung durch den Staat würden die Menschen weiterhin alles daran setzen, die Stabilität der Mittelklasse zu erringen. Spiritualität und Gemeinsinn würden im täglichen Leben an Bedeutung immer weiter abnehmen, alles werde der Hektik des Materialismus erliegen. Wenn die Regierung nicht versuche, den amerikanischen Traum möglich zu machen, das gemeinschaftliche Zusammenleben zu stärken und ein gemeinsames Ziel neu zu beleben, dann würden die Menschen sich über kurz oder lang andere Formen suchen, um ihrer Frustration Ausdruck zu verleihen, und sich für etwas vereinnahmen lassen, dass weitaus schlimmer sei als MLMs.

Man kann die unkontrollierte Blüte der MLMs natürlich ohne Weiteres den sozialen Medien und der Technologie anlasten, genau wie die Verbreitung von Falschinformationen, bizarre Gesundheitstipps oder den Selfie-Wahn. Die Wirklichkeit ist jedoch komplizierter. Die sozialen Medien und die Online-Community tragen sicherlich zu einem guten Teil zur Beschleunigung von Informationen bei, ebenso wie zur Senkung der Schranken beim Zugänglichmachen von Inhalten. Aber diese Online-Interaktionen sind bloß ein Ausdruck der allgemeinen sozioökonomischen Bedingungen.

Angesichts eines der schlechtesten, fehleranfälligsten Gesundheitssysteme in den entwickelten Ländern ist es kein Wunder, wenn die Menschen in den Vereinigten Staaten medizinische Beratung im Internet suchen oder nach alternativen Erklärungen für ihre Krankheiten googeln. Und wenn der eigene Arbeitsplatz in Gefahr ist und der amerikanische Traum in immer weitere Fernen rückt, warum sollte man dann nicht zumindest den Versuch machen, Onlineverkäufer für ein MLM-Unternehmen zu werden?

Vor diesem Hintergrund sind die Appelle infolge der Wahlen von 2016, uns aus allen Kanälen auszuloggen und im wirklichen Leben einfach mehr miteinander zu reden, schlicht naiv. Wir reden im wirklichen Leben schon sehr lange nicht mehr miteinander. Höchstens dann, wenn wir versuchen, einander etwas zu verkaufen.

In einem Interview mit der Zeitschrift *The Atlantic* meinte Robert Fitzpatrick 2017, Multi-Level-Marketing sei präsenter als je zuvor. Die Zahl derer, die sich für den Direktverkauf anwerben lassen, steigt und steigt. MLMs ködern die Menschen weiterhin, denn »sie erzählen eine schöne Geschichte, eine verlockende Geschichte, fast ein Wunder – dass sich im Amerika des Jahres 2017, bei all der Arbeitsplatzunsicherheit, eine Alternative auftut, und zwar eine Alternative, die nicht von der Wall Street oder von der Regierung ausgeht. Es ist eine Art Massenbetrug. Erst kommt der psychologische Ausverkauf, dann der wirtschaftliche, und beides geht Hand in Hand.«

Was Kristie in all ihren Videos ausstrahlt, ist eine geradezu lächerlich selbstvergessene Privilegiertheit, wenn sie in ihrem fortwährenden Geplauder aktuelle Ereignisse streift, eine beklemmende Zurschaustellung des Weißseins. Ihr Publikum besteht hauptsächlich aus weißen Frauen, was die Perlenparty zu einer Art gespiegeltem Bühnenstück macht. Ich klicke mich durch die Liste ihrer Follower und lese, was da so gepostet wird. Es überwiegt ein konspirativer Unterton. Manche sind eindeutig evangelikale Christen, andere teilen Videos zum Thema Deep State. Je prekärer die Zustände und je unsicherer die Zeiten, desto mächtiger scheint der Glaube an alternative Erzählungen zu werden. Während in den zurückliegenden Jahrzehnten in den Vereinigten Staaten noch das Gefühl des Fortschritts dominierte, ist unsere Zeit vom Verschwörungsglauben beherrscht – als die letzte Zuflucht, um persönliche Handlungsfähigkeit zu demonstrieren.

Und wie steht es mit der Warnung, die Fitzpatrick und Reynolds in ihrem Buch von 1997 ausgesprochen haben? Dass die Menschen sich etwas suchen könnten, was noch schlimmer ist als MLM? In den ersten Jahren des neuen Jahrtausends trat Donald Trump unter anderem als Fürsprecher und Werbefigur von Trump Network und ACN auf, zwei großen Multi-Level-Marketing-Unternehmen, die es nach einer Reihe von Betrugsfällen heute nicht mehr gibt (Trump

Network) oder die in zahlreiche Verfahren verstrickt sind (ACN). ACN ist auf Telekommunikationsausrüstung spezialisiert, darunter Bildtelefonie und Internetservice. Trump Network verkaufte Vitaminpillen. Trump pries das Trump Network explizit als »Rettungsprogramm« für all jene, die unter der Rezession von 2008 litten. Unter Trumps Beteiligung schossen die Verkäufe beider Unternehmen in die Höhe. Auch damals schon besaß er die unheimliche Fähigkeit, ein großes Publikum einzuwickeln und in einem Universum alternativer Fakten zu einer Gemeinde zusammenzuschweißen.

5.

Auf dem Display meines Handys ist eine geisterhaft bleiche Frau zu sehen. Sie trägt Hotpants und lässt ein wenig linkisch die Hüften schwingen. Ihrem Akzent und ihrer geographischen Verortung nach zu schließen, ist sie Han-Chinesin und hätte normalerweise schwarzes Haar und braune Augen, sie trägt jedoch farbige Kontaktlinsen, was ihren Augen einen sonderbaren Blaustich verleiht. Ihre Haare hat sie hellbraun gefärbt. Ausleuchtung und Videoeffekte lassen ihr Gesicht schmaler und spitzer erscheinen und verleihen ihm die derzeit so begehrte Form eines »Schlangengesichts« (*shejinglian*, 蛇精脸), mit dem sie aussieht wie ein Gespenst. Als sie sich setzt und zu sprechen beginnt, klingt ihre Stimme hoch, und fast jedes Wort endet in einen suggestiven, gurrenden Seufzer, als würde sie gleich in Ohnmacht fallen. Zhao deutet auf sie. »Die Leute mögen sie. Die Leute finden sie cool. Das ist die Sorte KOL [Key Opinion Leader], die unsere Perlen tragen sollen. Genau wie Peng Liyuan, die Frau von Xi Jinping. Die brauchen wir auch.«

KOLs sind im chinesischen Internet in den letzten paar

Jahren wie Pilze aus dem Boden geschossen. Während KOLs über langjähriges »Expertenwissen« in irgendeinem Bereich verfügen, zum Beispiel zum Thema Lippenstifte oder Autos, bildete sich gleichzeitig eine weitere Kategorie Online-Persona heraus, die *wanghong* (网红), Influencer im allgemeineren Sinne. KOLs und *wanghong* sind auf Chinas nicht wegzudenkenden Video-Apps allgegenwärtig. In den Städten sind KOLs das chinesische Hochglanzpendant zu Instagram-Celebrities und Influencern. Xiao Hong Shu (»Kleines Rotes Buch«, 小红书), eine App für Shopping und Lifestyle, ist voll von minimalistisch eingerichteten Coffee-Shops, Prada-Täschchen, Boho-Klamotten und knallroten Lippenstiften. Die Normen einer globalen Ästhetik des Luxuslebens entwickeln sich heute in Guangzhou wie in San Francisco gleichermaßen.

Im ländlichen China hingegen zeigen KOLs und Online-Influencer dem urbanen China auf gut bäuerliche Art den Mittelfinger. Das urbane China der oberen Mittelschicht pflegt ein Selbstbild, das von hohem *suzhi* (素质) geprägt ist – man hat geistiges Niveau, guten Geschmack, Bildung und höfliches Benehmen. Und so scrollen sich Büroangestellte, die stets nur mit gedämpfter Stimme sprechen, durch Videos von Menschen, die *echte* Zara-Blusen und *echte* Miu-Miu-Schuhe bei der Arbeit tragen. Auf dem Land hingegen sind die Livestreams bevölkert von *shanzhai*-Marken, Leuten, die zu den stampfenden Beats elektronischer Musik abtanzen, Brüdern, die sich fachmännisch darüber austauschen, wie das Fleisch von Bambusratten schmeckt, und irgendwelchen mit Schweißgeräten bewaffneten Bastlern, die sich Baoding Edison nennen und ihre neuesten Erfindungen präsentieren wie zum Beispiel einen Kamm, der aus einem Fleischermesser hergestellt wurde.

Lisa, Zhaos Marketingleiterin, ist siebenundzwanzig, schüchtern und kommt aus dem gleichen Dorf wie Zhao.

Sie verließ das Dorf, um zum Studium zu gehen, kam aber zurück, als ihre Schwester ins E-Commerce-Geschäft auf dem Land einstieg und von Zhao hörte. Ihr Englisch hat sie hauptsächlich aus der Serie *Friends*, erzählt sie, und dass sie vor allem Lisa Kudrow mag. Sie trägt eine große, schwarzrandige Brille, die ihr dauernd auf die Nase rutscht, und lange Ponyfransen. Ihre perfekt lackierten Fingernägel sind mit Glanzgel verstärkt, was besonders edel wirkt, wenn sie ein Perlenarmband hält. Von ihr lerne ich, wie der Direktverkauf auf ländlichen Livestream-Kanälen funktioniert – was inzwischen ein gangbarer Weg ist, um zu Wohlstand zu gelangen.

Wie schon Ren Qingsheng mit seinem Kostümgeschäft in Dinglou nutzt auch Lisa Alibaba.com, um Großbestellungen an Kunden im Ausland zu verkaufen. Schon mit einigen wenigen dieser Großaufträge lassen sich ansehnliche Gewinne machen und langfristige Geschäftsbeziehungen aufbauen.

Um den chinesischen Inlandsmarkt zu bedienen, nutzt Lisa eine ganze Reihe von Strategien. Livestreaming ist nur eine davon. Auf Plattformen und Apps wie zum Beispiel Kuaishou (wörtlich: »Schnelle Hände«) preisen Menschen alle möglichen Waren zum Verkauf an: Orangen, Glasperlen, Ferienhäuser auf dem Land oder Parfüm, um nur einige zu nennen. Außerdem gibt es inzwischen eine ganze Menge Livestream-Stars, die als Online-Idole ihr Geld verdienen. Sie schauspielern, sie singen, sie haben ihre eigenen Talkshows. Ihre Fans kaufen ihnen für einen bestimmten Betrag »Sticker« – kleine Icons, die im Livestream am Bildrand aufploppen –, im Preis zwischen 1 und 10.000 RMB. Die Fans »schenken« diese Sticker – etwa in Gestalt von Rosen oder Ferraris – ihren Stars in Echtzeit, und diese können die erhaltenen Sticker gegen Bares eintauschen.

Menschen, die vom Livestreaming leben, stehen unter hohem Druck, ein bestimmtes Aussehen zu haben. Manche

Livestream-Stars lassen mehrere plastische Operationen pro Jahr über sich ergehen, und viele aufstrebende Sternchen unterwerfen sich drastischen Maßnahmen, damit ihr Gesicht am Ende die hochbegehrte Schlangenform hat – übergroße Augen und ein spitzes Kinn.

Das Livestream-Gewerbe ist stark geschlechtsspezifisch besetzt: 70 Prozent derer, die sich und ihr Angebot präsentieren, sind Frauen. Und letztlich ist der Erfolg begrenzt, denn Livestream-Plattformen sacken bis zu 50 Prozent der Gewinne der Streamer ein, und dass dem Aussehen so großer Wert beigemessen wird, begünstigt jüngere Stars.[43]

Bei einer ganzen Reihe neuer Geschäftsmodelle spielt Livestreaming auch weiterhin eine wesentliche Rolle. Auf Shopping-Plattformen wie Taobao.com ist die Funktion inzwischen direkt auf der Seite integriert. Andere Plattformen wie Kuaishou haben integrierte Shops. Als eine viel persönlichere und noch schneller süchtig machende Variante des Homeshoppings im Fernsehen lässt Livestream-Shopping die Unterscheidung verschwimmen, ob nun ein Produkt oder ein Gefühl verkauft wird. Eine gute Verkäuferin etabliert eine energetische Beziehung zu ihrem Publikum, ganz wie Kristie mit ihren Krazy Kultured Pearls.

Wie beliebt Livestreaming ist, steht in direkter Korrelation zur Einkommensschicht. In der urbanen Elite, deren Leben vom Rhythmus ihrer Angestellten- und Dienstleistungsjobs diktiert wird, verfolgt kaum jemand regelmäßig Livestreams, die meisten allerdings schauen auf der App Douyin (TikTok) kurze Videoaufnahmen. Der kometenhafte Aufstieg von Kuaishou zu einer der beliebtesten Apps in China hat vor allem damit zu tun, dass ihre Nutzerbasis in den ländlichen Gebieten verankert ist. Eine breit angelegte Studie des Anthropologen Chris Tan über Kuai hat ergeben, dass die typischen Nutzer von Kuaishou unter fünfundzwanzig sind, keinen Hochschulabschluss haben und auf dem Land oder in Städten der unteren Ebene leben. Sie sind meist entweder arbeitslos oder haben Niedriglohnjobs als Wanderarbeiter oder Bauern mit einem Monatseinkommen von weniger als 3.000 RMB.[44]

Die volksnahe Presse in China gießt gerne Öl ins Feuer, was den Einfluss von Kuaishou auf die ländliche Gesellschaft angeht. Ein Beispiel: Zheng Tao, ein junger Mann vom Land, der aus seinem Dorf in die Stadt zieht, um dort in der Fabrik zu arbeiten.[45] Ein Loser an den Rändern des urbanen Lebens. Bis er irgendwann wieder heimkehrt, um dort eine Livestream-Berühmtheit zu werden. Heute lebt er davon, dass seine Fans ihn verehren. Solche Erfolgsgeschichten stacheln Millionen von Jugendlichen an, Geld und Ruhm in der Online-Welt zu suchen. In der Popularität des Livestreamings in China spiegeln sich dieselben Wünsche wie im amerikanischen Livestream, egal, ob es Perlenpartys samt den Strippenziehern im Hintergrund sind oder Youtube-Stars, die ihre Nische besetzen. Nie war die Sehnsucht, Teil einer Gemeinde zu sein, der Wunsch nach Gemeinschaftlichkeit und – vor allem – nach der Monetarisierung von Gefühlen mächtiger als heute.

6.

Die meisten von uns kennen Peppa Wutz, das ein wenig naseweise, aber sonst sehr niedliche Schweinchen aus der britischen Zeichentrickserie. Die Peppa Wutz, die gerade auf meinem Handydisplay erscheint, trägt Sonnenbrille und raucht eine Zeichentrickzigarette, ein wirklich *sehr* unartiges Schwein. Nie und nimmer würde Peppa Wutz in der offiziellen Fassung rauchen. Ganz selten mal macht sie irgendeinen Blödsinn, aber im Großen und Ganzen ist sie nur ein unbedarftes Schweinchen, das lernt, ein nützlicher Teil der Gesellschaft – *shehui* – zu werden.

In China lebt Peppa Wutz ein Doppelleben. Man begegnet ihr auf Kaffeebechern und T-Shirts, als Werbefigur für Babykekse und als Vorbild für Kinder, die nett und artig werden sollen. Im Internet ist Peppa Wutz das selbstgewählte Wahrzeichen einer ausgeschlossenen Jugend. Sie ist ein Meme, eine Onlinefigur für eine wachsende Gruppe Menschen, die der Ansicht sind, dass das herrschende Gesellschaftssystem nicht nur keinen Platz für sie hat, sondern dass dieses System auch inwendig verrottet ist. In den Peppa Wutz-Memes drückt sich nicht nur die Ironie der Unterlegenen aus, sondern auch die anarchische Hinwendung zu »antisozialem« Verhalten.

Die zweckentfremdete Peppa Wutz ist ein Erkennungszeichen der sogenannten *shehui ren*, ein Begriff, der im Livestream-Kontext aufkam und wörtlich übersetzt »Gesellschaftsmensch« bedeutet. Was sich dahinter verbirgt, beschreibt recht genau die Zielgruppe von Kuai: Menschen, die himmelweit davon entfernt sind, jenes Hochglanzleben der oberen Mittelschicht zu führen, das die chinesische Werbung ihnen flächendeckend verheißt. Das Peppa-Wutz-Meme ist aus der Flüchtigkeit der Livestreaming- und Internet-Subkultur geboren, doch von dem Ethos, das diese Bewegung antreibt, droht eindeutig Gefahr. Peppas Status als subversive Ikone bündelt sich in einem kurzen Internetvideo, in dem jemand ein seinen gesamten Rücken füllendes Tattoo von Peppa Wutz präsentiert.

Um Peppa Wutz scharte sich eine Bewegung, deren gemeinsamer Nenner ein Scheißegal-Nihilismus und die Ablehnung gesellschaftlich etablierter Werte ist. Wie in so vielen anderen Ländern ist der Konsum auch in China zum heiligsten Wert des täglichen Lebens avanciert. Der von Autoritätspersonen und Eltern vorgezeichnete Weg sieht vor, gute Noten zu schreiben, um auf eine gute Schule gehen zu können, auf eine gute Schule zu gehen, um einen guten Job zu bekommen, und einen guten Job zu haben, um sich alles kaufen zu können, Kinder zu kriegen und sich noch mehr zu kaufen. Statt folgsam diesen Lebensweg einzuschlagen, haben *shehui ren* schlicht keine Lust, sich in den Konkurrenzkampf von Schule und Berufsleben zu stürzen. Sie durchschauen die Erwartungen der Gesellschaft. Und die Regierung zeigt sich beunruhigt über diese Sorte Nihilismus, in gesellschaftlicher wie in ökonomischer Hinsicht.

Infolgedessen wurden die Peppa-Wutz-Memes als anstößig und ordinär eingestuft und im Frühjahr 2018 von der staatlichen Zensurbehörde im Zuge einer »Säuberung des Internets« entfernt. Zensoren und staatliche Quellen bezichtigten die *shehui ren*-Kultur rund um Peppa Wutz explizit, zu antisozialem Verhalten anzustacheln und »eine potentielle Beeinträchtigung für das positive Wachstum der Gesellschaft darzustellen«.[46] Zum Glück für alle Kinder blieb ihre heißgeliebte Zeichentrick-Peppa im Staatsfernsehen vom Großreinemachen verschont.

Das ist das subversive Potential der Peppa-Wutz-Memes und der Kultur der *shehui ren*. Videos von *shehui ren* kursieren nach wie vor überall im Livestreaming und auf anderen Plattformen. Was die Zukunftsangst der Jugend in einer Zeit wirtschaftlicher Unsicherheit und astronomischen Wohnungspreisen weltweit betrifft, steht die *shehui-ren*-Kultur Chinas nicht alleine da. Die in den 1990er Jahren verheißenen Hoffnungsschimmer sind verblasst. Junge Menschen in China tragen eine gewaltige ökonomische Last, und ihre Chancen auf den chinesischen Traum sind illusorisch. Viele flüchten sich auf Kuaishou, um sich anderen verbunden zu fühlen, Dampf abzulassen und, in manchen Fällen, als Livestream-Star zu Reichtum zu kommen.

Yang Yuting von der Beijing Normal University hat sich in seiner Forschung mit der Kultur der *shehui ren* befasst.

Yuting beschreibt, wie die Kultur der Peppa-Wutz-Memes im Livestream aus Erfahrungen entstand, die jungen Menschen im ganzen Land gemeinsam waren. Angesichts der ewigen, doch unerfüllten Verheißung einer stabilen Mittelschicht und wachsender Einkommensungleichheit scharten sich immer mehr junge Menschen um den Schlachtruf *»shehui, shehui!«* oder *»Gesellschaft, Gesellschaft!«* Ein ordentlicher Teil der Gesellschaft zu sein (*rong dao shehui*, 融到社会) ist das, was ein moralisch einwandfreier, aufrechter Bürger Chinas nach allgemeinem Verständnis anzustreben hat. Die Internetkultur von *shehui ren* parodierte und verspottete diese Normvorstellung. Laut Yuting wenden die selbsternannten *shehui ren* sich gegen alles, was einen anständigen Bürger nach allgemeiner Auffassung ausmacht. *Shehui ren* pfeifen auf einen festen Job, *shehui ren* pfeifen auf die Zukunft, *shehui ren* sind unproduktive Mitglieder der Gesellschaft, manche weigern sich sogar, zu heiraten und Kinder zu bekommen. Für viele *shehui ren* gilt als ausgemacht, dass man seinen Lebensunterhalt oder sein Business ohne Weiteres mit Diebstahl oder dem Verticken von Raubkopien betreiben kann. *Shehui ren* existieren in krassem Gegensatz zu dem materiellen Leben, das ihnen strahlend aus der Fernsehwerbung entgegenlacht. Ein *shehui ren* muss clever und mit allen Wassern gewaschen sein, um durchzukommen in der Gesellschaft – *hun shehui*, wie Zhao sich ausdrückt. *Hun shehui* heißt, jede Menge Jobs zu machen, die sich in den Verwerfungen der »anständigen« Gesellschaft anbieten. Ob jemand sich entscheidet, gefälschtes Chanel No. 5 zu verkaufen oder Livestream-Karaoke zu machen, ist egal. An der Art der gewählten Arbeit gibt es nichts zu beanstanden, wenn man einfach nur zu leben versucht. Die urbane Elite verhöhnt die *shehui ren* naserümpfend als ungehobelte Klötze. Die *shehui ren* jedoch interessiert es nicht die Bohne, was man von ihnen hält.

Bei all dem antisozialen Verhalten der *shehui ren* bleibt immer noch ein Fünkchen Hoffnung: Wenn man nur genügend Jobs macht, mit kleinen Betrügereien oft genug Erfolg hat, sich genug ins Zeug legt, dann reicht das verdiente Geld vielleicht am Ende, um Herr seines eigenen Lebens zu werden und das System zu seinen eigenen Gunsten auszunutzen. Wie in Zhaos Traum.

In einer kleinen Stadt im Umland von Chengdu freunde ich mich mit einer Frau namens Nicly an, die mehrere Wohnungen vermietet. Sie ist ziemlich erpicht darauf, mich zur Freundin zu gewinnen, weil ich Amerikanerin bin – vielleicht habe ich viel Geld, vielleicht bringe ich ihr Geschäfte ein. Jeden Tag schickt sie mir Sticker über WeChat und nennt mich *jie* (姐, Schwester). Ich antworte ihr auf WeChat oder über ihren Kuaishou-Kanal. Sie ist eine *shehui ren*, auf ihrem Livestream laufen ständig Videos über Gesichtsmasken, die sie verkauft. Ich klicke ein Video nach dem anderen an und stoße schließlich auf eines, in dem sie erzählt, was sie gerade so alles am Laufen hat und wie andere von ihr lernen können. Manchmal ist *hun shehui* einfach wichtiger, als zur Schule zu gehen, sagt sie. Es ist Zeitverschwendung, immer nur in der Schule zu hocken und darauf zu hoffen, dass man es auf dem üblichen Weg irgendwann schon zu etwas bringen wird. Außerdem sind die Chancen sowieso gering: Wer heute Geld hat, hatte auch schon reiche Eltern. Besser, man verlässt sich auf sich selber und lässt sich nicht ins Bockshorn jagen. Sie war clever genug, zu wissen, wie der Hase läuft, erzählt sie – und letztes Jahr konnte sie sich dann ein Auto davon kaufen. Das Video hat 1,2 Millionen Likes.

7.

Ich halte einen Behälter mit Formaldehyd in der Hand, in dem eine tote Auster dümpelt. Vor meiner Abreise aus Zhuji erklärt Lisa mir noch das Verfahren der Perlenfarm zur Herstellung einer Wunschperle. Zuerst werden in eine große Dreiecksmuschel kleine Plastikkügelchen implantiert. Man wartet ein Jahr, bis sich eine Schicht Perlmutt gebildet hat – der Standard für eine Qualitätsperle sind fünf Jahre. Jede Dreiecksmuschel bildet zwischen dreißig und vierzig Perlen aus. Weil das Öffnen einer Auster, in der eine oder vielleicht zwei Perlen stecken, den ganzen Reiz einer Perlenparty ausmacht, nimmt man kleine, billige Austern, öffnet sie und transferiert eine Perle aus der großen Muttermuschel in die kleinere Auster. Diese kleine Auster ist nun eine Wunschauster. Lisa meinte, ich könne bei meiner Bestellung als Extrawunsch angeben, dass farbige Perlen in die kleine Auster eingesetzt werden. Dahinter steht, dass die Perlenparty-Moderatorinnen gerne verkünden, was die Farbe der Perle jeweils symbolisiert – Glück im Spiel, Glück in der Liebe, Freundschaft. Der Wert jeder Auster liegt unter 5 RMB.

Was ihnen noch Kopfzerbrechen bereite, sei der Versand, erklärt Lisa. Eine von den Perlenfirmen in Zhuji erprobte Methode besteht darin, die kleinen Austern einzeln vakuumdicht zu versiegeln. Vor der Vakuumversiegelung werden die Austern in Formaldehyd gebadet, einer leicht krebserregenden, beißend riechenden Chemikalie, die das tote Muschelfleisch konserviert und an der Verwesung hindert. Eine andere Chemikalie, an deren Namen Lisa sich nicht erinnert, wird eingesetzt, um sicherzugehen, dass die kleinen Austern geschlossen bleiben – schließlich zeigt eine geöffnete Auster an, dass die Auster tot ist, und der ganze Witz an einer Perlenparty ist ja gerade, Austern zu knacken, die lebendig aussehen. Die Vakuumversiegelungsmethode hat zwar erfolgreich dazu geführt, die Versandkosten zu senken, aber durch das Gewicht hunderter Austern muss man auch einige Bruchschäden in Kauf nehmen. Eine andere Methode ist, die Austern einzeln in Formaldehyd zu verschicken. Die Austern auf Kristie's Krazy Kultured Pearl Parties sind nach diesem Verfahren konserviert, wie ich bemerke, als Kristie eines Abends erwähnt, von den beißenden Dämpfen der Austern würden ihr die Hände brennen. Es gibt noch kein Geruchsfernsehen, was vermutlich ein Grund ist, warum die Illusion der Perlenparty via Livestream so hervorragend funktioniert.

Mir ist klar, dass es noch ganz andere Dinge gibt, die ich auf dem Bildschirm nicht erkennen kann, aber ich bin trotzdem versucht, eine Auster zu kaufen – allein um zu hören, wie Kristie meinen Namen sagt, mir alles Gute und viel Freude wünscht, und um zuzusehen, wie die Randspalte sich mit Kommentaren füllt, die mich für meine Perlenausbeute beglückwünschen. Ich frage mich, ob Kristie weiß, woher die Perle kommt und was sie über Zhuji und über China im Allgemeinen so denkt. Während einer Party, in einem Moment scheinbarer Selbstvergessenheit jenseits der sperrigen Situation des Gefilmtwerdens, starrt sie ausdruckslos vor sich hin. Um den Hals trägt sie eine Perlenkette. Sie hat die Augen weit aufgerissen, ihr Makeup ist schlichtweg perfekt, ich wünschte, ich hätte das Händchen zu einem solchen Makeup.

In seinem Buch *No Future: Queer Theory and the Death Drive* regt Lee Edelman dazu an, Zugänge zu einer ausweglosen Politik, einer Theorie des Scheiterns zu denken. Im politischen Alltag definiert sich Politik als dauerndes Hin und Her zwischen der Linken und der Rechten, aber Edelman gibt zu bedenken, dass die meisten von uns letzten Endes einer Kultur anhängen, in der politisches Handeln stets von der imaginären Figur des »Kindes« ausgeht. Im Hintergrund jedes Aufrufs zu politischem Handeln steht das mahnende

Bild »unserer Kinder«, ob nun die Zerstörung der Umwelt heraufbeschworen wird oder eine chaotische Zukunft, in der »traditionelle Werte« nichts mehr gelten. Immer mühen wir uns, für das noch nicht geborene Kind zu leben oder für unsere bereits geborenen Kinder die Welt in Ordnung zu bringen und ihren Wünschen unsere Erwartungen aufzuprägen. Das sind politische Visionen, die aus Untergangsängsten entspringen oder deren Schreckgespenst der Kontrollverlust ist. Ihnen gemein ist ein tiefsitzendes Bedürfnis nach Zukunft – das heißt, nach irgendeiner Erzählung, nach einem Sinn, der uns zum Weiterleben motiviert. Eben dieses Bedürfnis ist auch der Grund dafür, dass wir auf ewig der Zukunft hinterherjagen, einer Zukunft, die sich, wenn sie einmal eintritt, nie als so perfekt erweist, wie wir sie uns vorgestellt haben. Der einzige Ausweg, behauptet Edelman, sei es, das Ende der Zukunft zu verkünden und sich den Schlachtruf »No Future« auf die Fahnen zu schreiben. Das wäre per definitionem eine Befreiung, die dem buddhistischen Nirvana nahekommt.

Uns allen, nicht nur den *shehui ren* von Facebook Live oder Kuaishou, hat man die Zukunft die längste Zeit als Lotterie verkauft. Vielleicht winkt das Glück, vielleicht droht die Katastrophe. Ich verstehe mich selbst zwar nicht als *shehui ren*, die gegen das System aufbegehrt, aber je mehr ich in Livestreams unterwegs bin, desto lauter stellt sich mir die Frage: Was bringt eigentlich die ganze Wohlanständigkeit, was nützt es, für imaginäre Zukünfte zu leben? Auf dem Display meines Mobiltelefons erscheint wie in einem Reigen eine Figur nach der nächsten: junge Chinesen vom Land, gebückte, zahnlose Großeltern, die ihren Enkeln beim Moonwalk und beim Verkauf von Akne-Creme zusehen, Kristie, die zum x-ten Mal »Like a Pearl Gin« trällert. Ich spüre fast körperlich die Verzweiflung, in der sehnlicher Wunsch und Zukunft eins werden.

Ich denke an meine Eltern, an meine Großeltern. An meine Großmutter und ihre Albträume. Daran, wie die letzten paar Jahre ihres Lebens davon geprägt waren, dass die Tiefen ihrer Vergangenheit sie einholten, obwohl sie in ihrer Jugend so sehr für die Zukunft gelebt hatte. Die Besessenheit, mit der meine Mutter an der Idee eines besseren Lebens festhielt, wie sie es nannte, wie sie voller Erwartungen an die Zukunft ihrer Kinder war, die weder meine Schwester noch ich zu erfüllen vermochten. Ihre Fingerspitzen, die rissig und trocken waren von der vielen Arbeit. Wie sie sparte und sparte für ein Leben, von dem sie selbst wusste, dass es nicht ihres war. Und ich selbst, warum mache ich ständig Überstunden, um pflichtbewusst den fünfstelligen Studienkredit abzuleisten, den ich seinerzeit aufgenommen habe, den Traum von einem besseren Leben im Kopf? Selbst *wenn* ich die Schulden irgendwann abbezahlt habe, ist dann die schuldenfreie Zukunft, die mich erwartet, so perfekt, wie ich es mir vorstelle?

Ich glaube, ich komme aus dem gleichen Grund jeden Tag zur Arbeit wie Kristie und Nicly. Aus einem Gefühl der Sinnhaftigkeit heraus, aus dem Gefühl, gebraucht zu werden. Als Teil einer Gemeinschaft, wie klein sie auch sein mag. Brav fahre ich jeden Morgen mit dem Nahverkehrszug von der East Bay nach San Francisco und begebe mich in ein durch und durch austauschbares Büro voller Stehpulte und Aeron-Stühle. Ich gehe zur Arbeit, obwohl ich weiß, dass meine Zeit und meine Tätigkeit dort auf nichts anderes hinauslaufen, als reiche Männer noch reicher zu machen. Das Beste an der Arbeit ist die Interaktion mit anderen Menschen, und selbst Konflikte tragen zu einem Gefühl von Gemeinschaft bei. Mit meinen Kolleginnen und Kollegen verbringe ich mehr Zeit als mit Freunden oder Partnerinnen. Mein Alltag besteht aus Schlafen und Arbeiten. Es ist, als hätte ich eine Familie, aber ich frage mich doch, ob das die Familie ist, für die ich mich bewusst entschieden hätte. Wenn ich abends im Zug nach Hause sitze, höre ich Musik über meine Kopfhörer und beobachte die Mitreisenden mit ihren schicken Rucksäcken mit Start-up-Logos, wie sie in ihre Smartphones vertieft sind, eifrig auf dem Display herumwischen und mal lächeln, mal das Gesicht verziehen. Umso mehr empfinde ich meine Einsamkeit. Zuhause erwartet mich Kristies nächste Perlenparty, geliefertes Abendessen aus der Schachtel und ein paar Pakete von Fair-Fashion-Onlineshops.

Vielleicht ist das nur ein kleiner Ausschnitt jener mühevollen Arbeit, die wir am liebsten überspringen würden: die Arbeit, eine Gemeinschaft aufzubauen, die durch die Abwesenheit von Schranken und durch Zugehörigkeit getragen wird, durch eine Sinnhaftigkeit jenseits der Reduktion von Arbeit und Leben auf das rein Ökonomische. Ich denke an das Peppa-Wutz-Meme und halte mir vor Augen, welche Kraft die neue Kultur einer Gemeinschaft, unterstützt von Symbolen, entwickeln kann. Die Macht des Peppa-Wutz-Memes lässt sich leicht als Ausgeburt des Internets missdeuten. Dabei ist nicht die Technologie die treibende Kraft hinter seiner Wirkung und seinem Bedrohungspotential für die Elite, sondern Kultur und Gemeinschaft. Wie Soziologen und Internetforscher wie An Xiao Mina gezeigt haben, war die Triebfeder jedes breiteren soziopolitischen Wandels immer die Kultur, ob mit oder ohne Internet.[47] Der kulturelle Wandel geht dem politischen Wandel voraus, und jener kulturelle Wandel beginnt mit uns. Es ist an uns, Sinn und Bedeutung zu schaffen und neue Symbole zu kreieren.

Was in den letzten Jahren immer mehr in Mode gekommen ist, sind visionäre Übungen. Im Internet stolpert man ständig darüber. Der Grundgedanke ist ganz einfach. Wenn Sie nur Ihre Augen fest genug schließen und sich Ihre Zukunft in allen Details vorstellen, dann werden Sie sie auch verwirklichen. In derlei Übungen im magischen Denken klingt dieses Verwirklichen ganz einfach, so als würde Ihr Traum von mehr Reichtum, Ruhm und vielen Freunden ohne weiteres Zutun plötzlich Realität.

Ein Meme, das in einer Perlengruppe auf Facebook zirkuliert, sagt in lustig-krakeliger Schreibschrift: »Mach die Augen zu, denk an die Zukunft, was siehst du?«

Ich bin es müde, von dem glücklichen Tag zu träumen, an dem ich meinen Studienkredit abbezahlt habe, an dem die Ärzte endlich ein Heilmittel gegen meine fortschreitende, unheilbare Krankheit gefunden haben, an dem ich Millionen für den Kauf eines Hauses in der Bay Area von San Francisco angespart habe, ich bin es müde, mir die verschwommenen Umrisse jener rundum unbeschwerten Zukunft auszumalen, die uns vorgegaukelt wird.

Wenige Tage vor Anbruch eines neuen Jahrzehnts sitze ich in einer ruhigen Bar auf dem Dach eines Hauses in Hongkong, während die Abenddämmerung hereinbricht. Die Stadt ist in diesen Wochen Schauplatz der seltsamsten Gegensätze: Vor Kosmetikläden, in denen die Menschen Wimperntusche kaufen, steht die Bereitschaftspolizei Wache, während nebenan in der Luxus-Einkaufsmeile die Protestierenden brutal niedergeknüppelt werden. An Banken und Geschäften, die der chinesischen Regierung nahestehen, sind die Rollläden heruntergelassen, vorsorglich verrammelte Fassaden sind über und über mit Protestparolen besprüht. Berichte über eine neuartige, vom Tier auf den Menschen übergegangene Krankheit aus dem Mutterland China, die offenbar grippeähnliche Symptome hervorruft, haben die Unruhe in der Stadt zusätzlich angeheizt. Die Erinnerung an die SARS-Epidemie ist noch recht frisch. In der tropischen Luft hängt ein schwacher süßlicher Geruch, geschwängert mit den Bildern der kolonialen Vergangenheit Hongkongs und des imperialen Niedergangs. Ich probiere die Übung aus, die mir auf Facebook vorgeschlagen wird.

Ich schließe die Augen. Und Stille überkommt mich, wie Asche, die hier und da inmitten der aufsässigen Metropole leise vor sich hin glimmt.

Ich starre ins Dunkel, das von gelegentlichen Lichtbahnen durchkreuzt wird, und es will mir nicht gelingen, vor meinem inneren Auge die zuckrige Vision einer sorglosen Zukunft aufkommen zu lassen. Was ich stattdessen sehe, ist die dem Leben zutiefst innewohnende Wahrheit, dass es seinem Wesen nach schwierig und beständigem Wandel unterworfen ist. Ohne eine Zukunft muss ich mich der Gegenwart ausliefern und mich der Arbeit überantworten, die getan werden muss.

In Augenblicken der Ruhe – das heißt, wenn ich gerade erschöpft nach Hause gekommen bin, meinen Laptop aber noch nicht aufgeklappt habe, um *noch ein* Video zu schauen – fällt es mir leicht zu ahnen, dass es auch noch andere Wege gibt. Ich spüre, dass es etwas gibt, das jenseits von glühendem Nationalismus und jenseits vom genussvollen Eintauchen in die Technik liegt, jenseits von endlosem Scrolling und von blinder, einsamer Wut, jenseits der virtuellen Welt und des pausenlosen Gelabers, das wie Schaum auf der Oberfläche tanzt. Sowohl Nationalismus als auch Techno-Optimismus zeichnen Wege vor, wie unsere Sehnsüchte und Wünsche ausgeschlachtet werden. Und sich in Wohlgefallen auflösen. Die Regierungen buhlen um nationalistische Unterstützung, indem sie Stabilität und Kontrolle über unsere Zukunft versprechen. Tech-Unternehmen schlagen Kapital aus diesem Nationalismus. Strahlende Werbeanzeigen versprechen Vorhersagbarkeit, Kontrolle und die an Sicherheit grenzende Wahrscheinlichkeit einer reibungsfreien Welt, in der die Kühlschränke Lebensmittelbestellungen erledigen und ewige Glückseligkeit winkt. Dann gibt es noch eine weitere Strömung des technologischen Fortschrittsdenkens, die sich in unser politisches und soziales Leben drängt und uns einredet, wir müssten unsere politischen Aktionen und Entscheidungen nur möglichst effizient gestalten und unsere guten Taten optimieren, um die Zukunft zu erreichen, die *wir* alle wollen. Ganz einfach. Ich aber bin auf diese erdrückende Singularität gar nicht so erpicht. Viel interessanter finde ich den mehr und mehr zutage getretenen Zustand des »Interseins«: ein Begriff, den der buddhistische Mönch Thích Nhất Hạnh eingeführt hat, um die schlichte Binarität von Sein und Nichtsein zu ersetzen.

Immer noch starre ich ins Dunkel. Die Gegenwart starrt zurück. Das Jetzt verspricht nichts – es fordert nur. Es fordert den Aufbau von Gemeinschaften, die Kulturen in Bewegung versetzen und das Intersein, die Verwobenheit, die Bezüglichkeit aufblühen lassen. Der gegenwärtige Moment fordert die *Arbeit* von bewusster Wahrnehmung und Fürsorglichkeit, nicht die *Werkzeuge* von Effizienz und Maximierung. Das Jetzt fordert, in der individuellen Freiheit nichts anderes zu sehen als eine Art und Weise, uns alle zu unterdrücken. Und vor allem fordert die Gegenwart von uns die empathische, aufrichtige Arbeit im Bemühen, Bedeutung zu schaffen, statt immer nur zu suchen, zu warten oder zu wollen. Durch das Jetzt hindurch vermeine ich einen Schimmer der Befreiung im Inneren der Arbeit zu erkennen, die wir in der gegenwärtigen Zeit tun müssen. Denn was können wir sonst tun?

Anmerkungen

1 Siehe Kakuzo Okakura, *Das Buch vom Tee*, Berlin 2016.

2 Wie sowohl der Politikwissenschaftler Jean C. Oi von der Stanford University als auch Yasheng Huang, Ökonom am MIT, unterstrichen haben.

3 Yasheng Huang, *Capitalism with Chinese Characteristics: Entrepreneurship and the State*, New York 2010.

4 Zhihong Zhang, »Rural Industrialization in China: From Backyard Furnaces to Township and Village Enterprises«, *East Asia* 17, 3 (September 1999), S. 61–87.

5 Eric Holt-Giménez, »Part 1: The Agrarian Transition«, Interview mit Tracy Frisch, *EcoFarming Daily*, https://www.ecofarmingdaily.com/the-agrarian-transition/.

6 C. Cindy Fan, »Why Rural Chinese Are in No Rush to Settle in Cities«, *Nikkei Asian Review*, 27. Juli 2017, https://asia.nikkei.com/Economy/C.-Cindy-Fan-Why-rural-Chinese-are-in-no-rush-to-settle-in-cities. Vgl. auch The Institute, Inc., »The Chinese State, Local Communities, and Rural Economic Development«, *Urban Anthropology and Studies of Cultural Systems and World Economic Development* 41, 2/3/4 (Summer/Fall/Winter 2012).

7 An Chen, »How Has the Abolition of Agricultural Taxes Transformed Village Governance in China? Evidence from Agricultural Regions«, *The China Quarterly* 219 (2014), S. 715–35, https://doi.org/10.1017/S030574101400071X.

8 Siehe Guobin Yang, »Contesting Food Safety in the Chinese Media: Between Hegemony and Counter-Hegemony«, *The China Quarterly* 214 (9. Mai 2013), https://doi.org/10.1017/S0305741013000386.

9 韩长赋, »任何时候都不能忽视农业忘记农民淡漠农村 (深入学习贯彻习近平同志系列重要讲话精神)«, *Renmin Daily*, 13. August 2015, http://politics.people.com.cn/n/2015/0813/c1001-27453126.html.

10 黄哲程, »探索区块链在食品安全领域的运用, 新京报«, *Beijing News*, 4. Nov. 2019, http://www.xinhuanet.com/food/2019-11/04/c_1125189022.htm.

11 Kenneth G. Lieberthal und Michel Oksenberg, *Policy Making in China: Leaders, Structures, and Processes*, Princeton, NJ 1988.

12 »Garrett Hardin«, Southern Poverty Law Center, https://www.splcenter.org/fighting-hate/extremist-files/individual/garrett-hardin.

13 Ähnliche Konzepte wie zum Beispiel auch die Idee vom *survival of the fittest* oder dem Recht des Stärkeren, die auf Darwins Theorie der natürlichen Auslese beruht, unterfüttern ökonomische Konzepte wie den Kapitalismus samt seiner aggressiven Betonung des Wettbewerbs mit wissenschaftlicher Glaubwürdigkeit. Auch das Dogma vom »Überleben der Angepassten« ist inzwischen widerlegt. Die Biologin Lynn Margulis hat gezeigt, dass die treibende Kraft der Evolution nicht die natürliche Auslese ist, sondern die Symbiose.

14 付永军, »痛心 | 洋猪入侵中国30年: 正在爆发一场生态灾难, 31种土猪已濒临灭绝!«, 原乡味觉, 6. Dezember 2018, https://mp.weixin.qq.com/s/auURR08y2mIW6cc91exKlQ; Vincent ter Beek, »ASF China: Kitchen Waste Blamed; Outbreaks in the South«, *Pig Progress*, 29. Oktober 2018, https://www.pigprogress.net/Health/Articles/2018/10/ASF-China-Kitchen-waste-blamed-outbreaks-in-the-south-352451E/; Ann Hess, »ASF Prevention: Should Meat Be Removed from Garbage Feeding?«, *National Hog Farmer*, 2. November 2018, http://web.archive.org/web/20181102201534/https://www.nationalhogfarmer.com/business/asf-prevention-should-meat-be-removed-garbage-feeding.

15 »Chinese Tech Companies Get into Farming«, *The Economist*, 27. Oktober 2018, http://www.economist.com/business/2018/10/27/chinese-tech-companies-get-into-farming.

16 Dipendra Thapaliya, Blake M. Hanson, Ashley Kates, Cassandra A. Klostermann, Rajeshwari Nair, Shylo E. Wardyn und Tara C. Smith, »Zoonotic Diseases of Swine: Food-Borne and Occupational Aspects of Infection«, in *Zoonoses – Infections Affecting Humans and Animals*, hg. von Andreas Sing, Dordrecht 2015, S. 23–68.

17 Henry A. Kissinger, Eric Schmidt und Daniel Huttenlocher, »The Metamorphosis«, *The Atlantic*, August 2019, https://www.theat-

lantic.com/magazine/archive/2019/08/henry-kissinger-the-metamorphosis-ai/592771/.

18 Sylvia Wynter, »Unsettling the Coloniality of Being/Power/Truth/Freedom: Towards the Human, After Man, Its Overrepresentation – an Argument«, *CR: The New Centennial Review* 3,3 (Herbst 2003), S. 257–337, https://doi.org/10.1353/ncr.2004.0015.

19 Terry Winograd und Fernando Flores, *Understanding Computers and Cognition: A New Foundation for Design*, Boston 2008, S. 106 (Dt. Terry Winograd, Fernando Flores, *Erkenntnis Maschinen Verstehen – Zur Neugestaltung von Computersystemen*, Berlin 1989; A.d.Ü.).

20 Audre Lorde, »Lyrik ist kein Luxus«, in dies.: *Sister Outsider Essays*, aus dem Englischen von Eva Bonné und Marion Kraft, München 2021, S. 31.

21 Audre Lorde und Adrienne Rich, »An Interview with Audre Lorde«, *Signs* 6,4 (1981), S. 713–736, https://www.jstor.org/stable/3173739.

22 Lorde, »Lyrik ist kein Luxus«, a.a.O., S. 31.

23 Rodrigo Ochigame, »The Invention of Ethical AI«, *The Intercept*, 20. Dezember 2019, https://theintercept.com/2019/12/20/mit-ethical-ai-artificial-intelligence/.

24 James Boggs, »Blacks in the Cities: Agenda for the 70s«, *The Black Scholar* 4,3 (November 1972), S. 50–61, https://doi.org/10.1080/00064246.1972.11431284.

25 程盟超, »这块屏幕可能改变命运«, 中国青年报 (*China Youth Daily*), 18. Dezember 2018, https://mp.weixin.qq.com/s/l4f4r2d7bw06mqBst JL-mA.

26 Ruth Oldenziel, *Making Technology Masculine: Men, Women, and Modern Machines in America, 1870–1945*, Amsterdam 2011.

27 Die Diaoyu- bzw. Senkaku-Inseln sind ein Archipel im Ostchinesischen Meer, in dessen Umgebung große Rohstoffvorkommen vermutet werden und um das seit geraumer Zeit ein Grenzkonflikt zwischen China und Japan schwelt (A.d.Ü.).

28 Buck Gee und Denise Peck, »Asian Americans Are the Least Likely Group in the U.S. to Be Promoted to Management«, *Harvard Business Review*, 31. Mai 2018, https://hbr.org/2018/05/asian-americans-are-the-least-likely-group-in-the-u-s-to-be-promoted-to-management.

29 Untersuchungen über geistiges Eigentum und Urheberrecht als Mittel zur Kontrolle der Kultur gibt es zuhauf; ich verweise besonders auf die Arbeit von Lawrence Lessig. Siehe außerdem Susan Sell, »Intellectual Property and Public Policy in Historical Perspective: Contestation and Settlement«, *Loyola of Los Angeles Review* 38 (Herbst 2004), http://digitalcommons.lmu.edu/cgi/viewcontent.cgi?article=2452&context=llr; William W. Fisher III, »The Growth of Intellectual Property: A History of the Ownership of Ideas in the United States«, in *Eigentumskulturen im Vergleich*, Göttingen 1999), S. 265–291, http://web.archive.org/web/20181116052143/https://cyber.harvard.edu/property/history.html

30 Einen guten Einblick bietet Zhang Xi, »›Cake Uncles‹: Formation of a Criminal Town in Rural China«, in Børge Bakken (Hg.), *Crime and the Chinese Dream*, Hongkong 2018.

31 Siehe Ruth Wilson Gilmore, *Golden Gulag: Prisons, Surplus, Crisis, and Opposition in Globalizing California*, Berkeley 2018, S. 5–29.

32 Zara Rahman, »Can Data Ever Know Who We Really Are?«, *Deep Dives*, 16. Mai 2019, https://deepdives.in/can-data-ever-know-who-we-really-are-a0dbfb5a87a0.

33 Mehr dazu, darunter auch einen durchaus faszinierenden Abriss einiger allgemein verbreiteter Gesundheits-»Daten«, siehe Philip B. Stark, »Quantifauxcation« (PowerPoint-Präsentation, European Commission Joint Research Centre, Ispra / Italien, 19. Januar 2015), https://www.stat.berkeley.edu/~stark/Seminars/fauxIspra15.htm.

34 Ruha Benjamin, *Race After Technology: Abolitionist Tools for the New Jim Code*, Cambridge 2019.

35 Frantz Fanon, *Schwarze Haut, weiße Masken*, aus dem Französischen von Eva Moldenhauer, Wien/Berlin 2015, S. 195.

36 Für eine ausführliche Untersuchung der Funktion traditioneller Familienwerte im neoliberalen Zeitalter siehe Melinda Cooper, *Family Values*, New York 2017.

37 Lauren Berlant, »Lauren Berlant on Her Book Cruel Optimism«, *Rorotoko*, 4. Juni 2012, http://rorotoko.com/interview/20120605_berlant_lauren_on_cruel_optimism/.

38 Agence France-Presse, »How China's Young People Became Addicted to Debt«, *South China Morning Post*, 28. Mai 2017, http://www.scmp.com/news/china/economy/article/2096019/how-chinas-young-people-became-addicted-debt.

39 »China's Moon Mission Sees First Seeds Sprout«, *BBC News*, 15. Januar 2019, www.bbc.com/news/world-asia-china-46873526.

40 Chang'e ist die chinesische Mondgöttin.

41 薇 宋, »The Annual Debate on Heating in China«, *China Daily*, http://web.archive.org/web/20191111090652/http://www.chinadaily.com.cn/china/2015-01/30/content_19449162.htm.

42 Zhuang Pinghui, »As Winter Grips Rural China, Who's Really Paying the Price for Beijing's Clean Air Plan?«, *South China Morning Post*, 24. Januar 2019, https://www.scmp.com/news/china/politics/article/2182521/winter-grips-rural-china-whos-really-paying-price-beijings-clean.

43 Peter Yang, »A Primer on China's Live Streaming Market«, *Hacker Noon*, 21. Juli 2018, https://hackernoon.com/a-primer-on-chinas-live-streaming-market-352409ad2c0b.

44 Zhang Bo, »The Performers Behind China's Much-Derided Livestreaming App«, *Sixth Tone*, 21. Dezember 2017. http://www.sixthtone.com/news/1001437/the-performers-behind-chinas-much-derided-livestreaming-app.

45 董志成, »Streaming out of Shanty Towns for Bigger Dreams«, *China Daily*, www.chinadaily.com.cn/hkedition/2018-12/21/content_37415794.htm.

46 Shan Jie, »Chinese Video App Removes Peppa Pig, Now a Subculture Icon in China«, *Global Times*, 30. April 2018.

47 An Xiao Mina, *Memes to Movements: How the World's Most Viral Media is Changing Social Protest and Power*, Boston 2019. Siehe außerdem Damian J. Ruck, Luke J. Matthews, Thanos Kyritsis, Quentin D. Atkinson und R. Alexander Bentley, »The Cultural Foundations of Modern Democracies«, *Nature Human Behaviour*, Dezember 2019, https://doi.org/10.1038/s41562-019-0769-1.